Le Cours sur le Livre de Job

HOMME DE CHAIR, HOMME D'ESPRIT (I)

Le Cours sur le Livre de Job

HOMME DE CHAIR, HOMME D'ESPRIT (I)

Dr. Jaerock Lee

URIM
BOOKS

HOMME DE CHAIR, HOMME D'ESPRIT (I) par le Dr. Jaerock Lee
Publié par Urim Books (Représenté par Seongkeon Vin)
253-3, Guro-dong 3, Guro-gu, Séoul, Corée
www.urimbooks.com

Toutes les citations de la Bible proviennent de la Bible de Genève, traduction Louis Second, sauf si spécifié autrement.

Publié précédemment en Coréen par Urim Books en 2007

Première publication Février 2012

Edité par Geumsun Vin
Traduit en Français par le Rév. Dr. Davidts Guy
Maquette par le Bureau d'Edition d'Urim Books
Pour plus d'informations, contactez urimbook@hotmail.com

Ouvrir la porte au Livre de Job

L'Ancien Testament est principalement divisé en Torah, Neviim et Ketuvim. La Tora reprend les cinq livres de Moïse qui parlent de la loi et d'autres enseignements. Le Neviim regroupe les prophètes et le Ketuvim est la sagesse de l'ancien Israël.

Le Livre de Job appartient au Ketuvim. Il parle des souffrances de l'homme, de la providence de Dieu et de la foi de Job. Le nom «Job» signifie 'Un homme qui s'est détourné' ou 'un homme qui crie', mais la signification exacte n'est pas certaine.

Job habitait dans une région appelée Uz, et cela se trouve quelque part près de la frontière entre l'IraK et l'Arabie Saoudite. Certains érudits pensent que Job est un personnage fictif qui apparait dans un livre littéraire. Mais Job a en fait existé. La Bible nous parle du lieu de naissance, du nombre de ses enfants et de l'étendue de ses biens dans le détail.

Ezéchiel, Noé et Daniel étaient tous des hommes historiques et la Bible nous dit que Job est aussi un homme historique (Ezéchiel 14 :14 ; 20). Jacques nous parle aussi dans le Nouveau Testament de l'endurance de Job (Jacques 5 :11) le symbole de ceux qui souffrent .

Le Livre de Job contient de nombreux mots de vocabulaire hébreux qui ne se retrouvent pas dans d'autres livres de l'Ancien

Testament. Il couvre aussi en profondeur de nombreux sujets avec une vaste connaissance, y compris l'astrologie, la géographie, la zoologie, l'océanographie, les mines, les voyages et la loi. C'est vraiment un chef d'œuvre de la littérature mondiale.

Un Livre de Sagesse vous Donnant de Claires Réponses aux questions habituelles de la vie et vous conduisant vers une Vie de Succès

Le Livre de Job est l'un des livres les plus difficiles de la Bible. La plupart du temps les gens pensent à Job dans le contexte d'un homme qui était droit et intègre; qui a été testé par Dieu sans aucune raison; il ne s'est pas plaint, et il a très bien passé tous les tests et a reçu une double portion des bénédictions qu'il avait possédées auparavant. Mais avec ce type de vague compréhension, nous ne pouvons pas recevoir les réponses à beaucoup de questions qui se posent dans ce livre.

Je voulais simplement convenablement comprendre la parole de Dieu et vivre selon elle. Depuis le moment où j'ai accepté Jésus, j'ai commencé à prier Dieu pour qu'Il m'explique la Bible dans les détails. Au travers de nombreux jeûnes et prières pendant 7 ans, Dieu a finalement répondu à mes prières. Sous l'inspiration du Saint Esprit Il m'a d'abord fait comprendre les passages difficiles dans la Bible, et j'ai compris que chaque verset contenait une profonde signification spirituelle.

Le Livre de Job scrute profondément le coeur de l'homme

et il nous parle du mal et de notre véritable nature dans les profondeurs de notre coeur, nous permettant ainsi de nous examiner nous-mêmes. Finalement au travers de ce livre nous pouvons découvrir si nous sommes un homme de chair ou un homme spirituel, et il nous donne aussi la méthodologie pour être transformés en homme spirituel. La 'Chair' représente quelque chose qui change, les contrevérités et les ténèbres, et 'l'Esprit' représente la vérité, les choses éternelles qui ne changent pas et un monde de lumière.

En Décembre 1986, j'ai commencé à prêcher ce que le Seigneur m'avait révélé au sujet du livre de Job, pendant les veillées de Vendredi soir et cela a duré 6 années entières jusqu'au 11 Décembre 1992. Pendant que je prêchais sur le livre de Job, beaucoup de membres de l'église se sont examinés au travers de la parole et ils ont essayé de briser leur égoïsme et de changer dans la vérité.

Le livre de Job traite de l'importance des paroles positives et les politiques d'interaction sociales adéquates et réussies. Mais ce livre a une telle profonde signification spirituelle que nous ne pouvons en comprendre l'entièreté que lorsqu'elle est interprétée sous l'inspiration du Saint Esprit. Il couvre une gamme très large de sujets qui concernent les différents problèmes de la vie et détaille grandement les trois voies du flot des lois spirituelles qui sont d'application entre Dieu, l'homme et Satan. Le livre de Job décrit le moyen de recevoir des bénédictions et comment et pourquoi Satan est capable d'apporter des accusations contre l'homme.

Dieu permet que tout soit révélé au travers de Job de la manière dont Il travaille dans nos vies de manière à ce que nous puissions trouver nos problèmes et les résoudre. Dieu a permis que les conversations entre Job et ses trois amis soient relatées dans ce livre de sorte qu'il y a des vérités et des contrevérités ensemble dans ce livre. Nous pouvons les discerner et déterminer si c'est vraiment correct ou pas lorsque nous les comparons à la parole de Dieu.

Si nous comprenons le livre de Job, nous pouvons gagner de la sagesse et de la force pour surmonter toute sorte d'épreuve ou de problème dans la vie.

Je remercie la poétesse Eunmi Lee qui a édité les scripts pour publier cette oeuvre *Le Cours sur le Livre de Job: Homme de Chair, Homme d'Esprit (I)*. Je remercie également la presse chrétienne pour l'avoir publié. Je donne toute gloire et reconnaissance à Dieu le Père qui nous a bénis en publiant ce livre.

Que tous les lecteurs de ce livre puissent gagner une plus grande espérance pour le royaume des cieux, que tout prospère pour eux, que leur âme prospère et qu'ils jouissent d'une bonne santé, dans le nom du Seigneur Jésus je prie!

Jaerock Lee

Ma vision spirituelle a été ouverte au travers de l'interprétation spirituelle et j'ai été captivé par la littérature et le côté artistique de ce livre

Job est le symbole de ceux qui souffrent. Bien sûr sa souffrance ne peut se comparer à celle de Jésus. Mais devoir gratter ses ulcères avec un tesson peut être l'exemple représentatif de la souffrance humaine.

Le Cours sur le Livre de Job : Homme de Chair, Homme d'Esprit I et II, écrits par le Révérend Dr. Jaerock Lee m'a donné une interprétation théologique complètement nouvelle qui a bouleversé ma compréhension précédente au sujet de Job.

Avant, je savais seulement que Job était un homme juste qui a réprimandé sa femme lorsqu'elle lui a dit, «Maudis Dieu et meurt» (Job 2 :9-10). Il n'a pas maudit Dieu mais a surmonté la douleur de la mort, et il a reçu des bénédictions au double de ce qu'il avait possédé auparavant. Ses amis étaient ceux qui lui avaient donné du mauvais temps sans raison.

Lorsque j'étais jeune, j'ai à un moment donné écrit une pièce au sujet de Job dans mon église. Je n'ai fait qu'écrire au sujet de Job et de ses trois amis. Mais le cours sur le Livre de Job par le Révérend Dr. Jaerock Lee m'a apporté un réveil. Il a ouvert mes yeux spirituels en ayant des références à divers livres à la fois de l'Ancien et du Nouveau Testaments, rendant facile les comparaisons avec des situations de la vie réelle.

Je me suis senti désolé que Job aurait pu rester calme pendant que ses amis essayaient de lui donner une leçon, et aurait simplement accepté son iniquité et ses manquements. Qui aurait pu croire que Job atteindrait le niveau de donner des excuses extraordinairement irraisonnables et des plaintes devant Dieu ?

Mais parce que le livre de Job et le livre de l'Apocalypse sont les livres les plus difficiles dans la Bible, et chacun d'eux peut avoir des interprétations différentes. Et quand le Révérend Dr. Jaerock Lee a dit, «Le Livre de Job est écrit avec le point de vue de la foi de Job, et ainsi tout ce qui est écrit dans ce livre n'est pas vrai. Les idées fausses de Job ont aussi été exprimées comme il l'a dit», Cela est très vrai.

Alors, j'ai eu une question. Les souffrances viennent-elles quand l'homme pèche ? Ou est-ce un coup de fouet de Dieu ?

Considérant le conseil d'Eliphaz, nous pouvons croire que les maladies et les souffrances sont causées par les péchés des hommes. Et le Révérend Dr. Jaerock Lee donne aussi une réponse très claire à cette question. C'est l'arrogance d'Eliphaz qui condamne Job.

Même lorsque nous disons quelque chose de juste, nous devons le dire de manière appropriée selon la parole de Dieu qui est la vérité. J'ai complètement réalisé que nous ne devons pas prononcer les paroles justes simplement avec notre intelligence.

J'ai aussi à nouveau réalisé au départ de ce livre qu'il n'y a personne qui puisse nous juger nous les croyants dans ce monde, mais seulement Jésus Christ, qui peut nous donner la vie et aussi le jugement.

J'ai essayé de comprendre les sujets que le cours sur Job veut dire réellement en les comparant à la Bible. Grâce aux explications détaillées et adéquates de chaque verset, j'ai même pu comprendre les versets difficiles, en les appliquant immédiatement à ma propre vie au travers de ce livre. J'ai une fois de plus été captivé par la littérature et le côté artistique du Livre de Job. J'en suis arrivé à réaliser pourquoi la Bible est devenue un best-seller mondial.

Je voudrais recommander ce livre à tous les chrétiens qui vivent aujourd'hui, à quiconque croit que les souffrances sont des bénédictions et qui ne se plaint jamais envers Dieu quand il traverse des situations difficiles.

Mars 2007
Yoorim Han (un Ecrivain de Retransmission TV en Corée)

Un des chefs d'œuvres terminaux
Sur les cours du Livre de Job

Le Dr. Jaerock Lee, Pasteur Principal de l'Eglise Centrale Manmin semble être un des plus heureux hommes du monde. C'est parce que non seulement il a fait grandir son église come l'une des plus grandes église au monde, mais qu'il a gagné une reconnaissance parfaite et la faveur des membres de son église.

De plus, il a guéri d'innombrables malades en Corée et à l'étranger par la puissance de Dieu qu'il a reçue de Dieu et il les a conduit vers Dieu. D'innombrables autres qui souffrent de douleurs de maladies aspirent encore à recevoir sa prière.

Mais il y a une chose que nous ne devons pas ignorer. La guérison au travers de la prière n'est pas le but ultime de son ministère. Le but ultime qu'il recherche dans son ministère est que ceux qui ont trouvé la guérison au travers de ses prières puissent gagner le salut de leurs âmes et possèdent l'espérance pour le ciel. Le ministère de guérison n'est qu'un intermédiaire sur la route du but final.

Notre Seigneur Jésus a passé la plus grande partie de Son

ministère public qu'il considérait précieux comme de l'or dans le ministère de guérison des malades. Alors, était-ce le but ultime du ministère du Seigneur de redonner la bonne santé aux gens? Pas du tout! La raison pour laquelle Il a accompli des œuvres de la puissance de Dieu était afin qu'ils connaissent Dieu, louent Sa toute puissance et atteignent le salut. De la même manière, le ministère de guérisons du Dr. Jaerock Lee a pour but que de nombreuses personnes puissent atteindre le précieux royaume des cieux.

Le Cours sur le Livre de Job survole toute la vie de Job, y compris ses maladies physiques, ses souffrances et sa restauration et nous présente un nouvel aspect spirituel de Job qui a redécouvert Dieu et a ouvert les yeux pour une espérance du ciel.

La compréhension que les gens ont d'habitude de Job est la suivante. Job était un homme juste à l'Orient et il a fidèlement servi Dieu. Un jour, il en est arrivé à rencontrer de sévères épreuves et maladies à cause d'irraisonnables accusations de Satan, mais parce qu'il avait été patient jusqu'à la fin, sans se plaindre contre Dieu, Dieu a permis que tout lui soit restauré et il a reçu le double des bénédictions. En conclusion, Job était toujours juste au milieu de telles souffrances, mais ses amis ont été trouvés injustes à cause de leurs perpétuels jugements et condamnations.

Maintenant, au travers de ce livre, «*Homme de Chair, Homme* d'Esprit», le Dr. Jaerock Lee a retourné la compréhension superficielle du livre de Job dès le commencement. Job était proclamé intègre et droit, mais en fait, il ne possédait pas la bonne compréhension du ciel et il n'était pas non plus certain de la justice de Dieu parce qu'il ne possédait qu'une foi charnelle. Il est vrai qu'il a fait de son mieux pour accomplir des actes parfaits, mais on comprend dans le détail qu'il a échoué à circoncire son cœur. Aussi les versets qui disaient qu'il avait peur de perdre ses possessions et ses richesses et sa prospérité sur la terre prouvent qu'il manquait de foi et de confiance en Dieu.

Lorsque sa foi s'est écroulée au travers d'épreuves et de tests excessifs, il a finalement éclaté dans sa colère et plaintes et le mal profondément enfoui dans son cœur a été révélé. Au travers de la période du processus des épreuves et des souffrances, il est devenu une personne avec une foi spirituelle.

Au travers de ce merveilleux drame sur le Livre de Job, je suis arrivé à comprendre que le but ultime du ministère de guérison du corps et de l'esprit du Révérend Dr. Jaerock Lee est de conduire autant d'âmes que possible vers le royaume des cieux.

Cette œuvre, «Le Cours sur le Livre de Job: Homme de Chair, Homme d'Esprit (I)» n'est pas séparée de ces autres œuvres «La Mesure de la Foi,» «Le Message de la Croix», «Le Ciel» et «Enfer». C'est parce que la grande histoire de la rédemption de l'humanité de Dieu se lève comme un arcen-ciel derrière les maladies, les épreuves, et la restauration de Job. Ici est caché le point crucial du Dr. Jaerock Lee, Pasteur Principal de l'Eglise Centrale Manmin. Il a sans cesse révélé les secrets du royaume des cieux et il a pressé autant de gens que possible de saisir le royaume par la force. Il n'a pas pour but de faire en sorte que les paralytiques jettent leurs béquilles, mais il les presse de manière urgente à marcher vers le ciel avec leurs fortes jambes.

J'ai entendu que l'auteur, le Dr. Jaerock Lee avait souffert de diverses sortes de maladies et était surnommé «Supermarché des Maladies» dans sa jeunesse. Dès qu'il a rencontré le Dieu vivant et a complètement été guéri de ses maladies, il s'est dévoué au royaume du Seigneur avec un cœur ardent. Parce qu'il avait souffert de graves douleurs corporelles et a sérieusement peiné à cause des maladies physiques, il présente de manière plus vivante les souffrances de Job au travers de cette œuvre, «La Lecture sur le Livre de Job». La gloire du ciel que Job a contemplée après la guérison de ses maladies semble plus magnifique dans ce livre.

Le message qui court au travers des livres du Dr. Jaerock Lee est aussi simple et puissant que ses messages. Et parce que son livre est fondé sur ses témoignages vécus, les émotions et les expressions demeurent longtemps. Sa prédication semble charismatique, mais il apparait tendre et doux lors d'une rencontre personnelle. Sa vie montre suffisamment d'humilité et d'amour pour ne pas traiter de haut même de petits enfants.

Je crois qu'ici se trouve la raison pour laquelle les membres de l'Eglise Centrale Manmin l'aiment tellement.

Maintenant je suis heureux de voir cette œuvre puissante qui peut réveiller de nombreuses personnes de leur somnolence spirituelle, et je veux partager cette joie avec autant de chrétiens au pays et à l'étranger.

Byung Jong Kim
(Ph.D. et Professeur à l'Université Nationale de Séoul)

Chapitre 1

Job était Intègre et Droit

1. Job était Intègre dans ses Oeuvres

2. L'origine de Satan

3. Satan accuse selon la loi du monde spirituel

4. Job passe le premier test de Satan

«Il y avait dans le pays d'Uts un homme qui s'appelait Job. Et cet homme était intègre et droit; il craignait Dieu, et se détournait du mal.» (Job 1:1)

1. Job était Intègre dans ses Oeuvres

«Il y avait dans le pays d'Uts un homme qui s'appelait Job. Et cet homme était intègre et droit; il craignait Dieu, et se détournait du mal.» (Job 1:1).

Les hommes jugent selon les apparences, mais Dieu regarde au coeur intérieur, et ainsi, Il sait exactement qui est honnête. Lorsque Dieu regardait le coeur de Job, il était intègre et droit.

Le Dictionnaire Webster Révisé définit le mot 'intègre ' en tant que 'Libre de tout blâme'; sans 'fautes; innocent; non coupable.' Le mot 'être intègre' signifie spirituellement 'Montrer de la bonté avec des oeuvres.' Une personne bonne a un caractère docile, doux, tendre et chaud avec de la vertu et la capacité d'embrasser les autres. Peu importe combien une personne peut sembler bonne vue de l'extérieur, si elle se fâche dans une situation extrême, telle que d'être frappé par quelqu'un sans raisons, on ne peut pas dire qu'elle est bonne.

Ensuite, le même dictionnaire se réfère au mot 'être droit' en tant que 'moralement debout; ayant de la droiture, honnête, juste; en tant qu'homme droit dans toutes ses voies'. Mais la signification spirituelle n'est pas uniquement être honnête avec les autres, mais d'être honnête et juste avec soi-même aussi. Dieu peut reconnaître quelqu'un comme une personne droite lorsqu'il garde ses promesses faites aux autres ainsi que celles faites à lui-même. Ceux qui ne trichent pas envers leurs propres pensées ne blesseront ni ne feront de mauvaises choses aux autres.

Dans le passage, Job était intègre et droit et il craignait Dieu. 'Craindre' c'est respecter et vénérer. Ceux qui craignent Dieu croient en Dieu, et ainsi ils Le vénèrent. Ils chassent toutes espèces de mal (1 Thessaloniciens 5:22) et gardent toutes les paroles de Dieu, en abandonnant les péchés.

Jésus est la parole qui est devenue chair et est venue dans ce monde. Il craignait Dieu. Il était fidèle en toutes choses et ne répondait à Dieu que par 'oui' et 'amen' (Apocalypse 3:14). Les patriarches de la foi dans la Bible craignaient aussi Dieu et ils étaient capables de s'humilier eux-mêmes et de dévouer entièrement leurs vies. Si vous vivez par la parole de Dieu sans vous opposer à la vérité, on peut dire que vous craignez vraiment Dieu.

Lorsque vous commencez une vie en Christ et que votre foi n'est pas encore très forte, vous pouvez dire que vous craignez Dieu, mais en réalité, vous ne le craignez en fait pas encore réellement. Mais tandis que votre foi grandit, vous apprenez à craindre Dieu. Tandis que votre foi grandit, vous apprenez à Le connaître plus clairement, et vous ne péchez pas. Alors vous n'aurez pas peur de Lui mais vous L'aimerez de tout votre coeur.

Job craignait Dieu, et ainsi il gardait la parole de Dieu et il se détournait du mal. Job ne péchait pas en raison de sa crainte de Dieu parce qu'il savait que le Dieu vivant haïssait les péchés. Nous pouvons maintenant comprendre que Job ne servait pas Dieu au départ de son amour véritable et une peur qui était grande et révérente, mais plutôt avec la peur de l'appréhension.

«Il lui naquit sept fils et trois filles. Il possédait sept

mille brebis, trois mille chameaux, cinq cents paires de boeufs, cinq cents ânesses et un très grand nombre de serviteurs. Et cet homme était le plus éminent de tous les fils de l'Orient. Ses fils allaient les uns chez les autres et donnaient tour à tour un festin, et ils invitaient leurs trois soeurs à manger et à boire avec eux. Et quand les jours de festin étaient passés, Job appelait et sanctifiait ses fils, puis il se levait de bon matin et il offrait pour chacun d'eux un holocauste; car Job disait: Peut-être mes fils ont-ils péché et ont-ils offense Dieu dans leur cœur. C'est ainsi que Job avait coutume d'agir.» (Job 1:2-5)

Ce passage nous parle des bénédictions données à ceux qui craignent Dieu et se détournent du mal. Job était appelé le plus éminent de tous les fils de l'Orient, parce qu'il était reconnu comme craignant Dieu et s'être éloigné du mal. C'est pareil aujourd'hui. Ceux qui sont reconnus par Dieu seront capables de jouir des bénédictions de la prospérité, des enfants et de la santé parmi de nombreuses autres bénédictions.

Dans ce passage, les chiffres 3.000 et 7.000 n'ont pas de significations particulières. Dans la Bible le chiffre 3 est le chiffre de la droiture et le chiffre 7 est celui de la perfection. La raison pour laquelle les chiffres 3 et 7 apparaissent souvent est pour montrer que Dieu Lui-même travaille pour Job parce que c'était un homme qui craignait Dieu et s'était détourné du péché. C'est à dire qu'ils nous disent que Job était un homme tellement béni.

Parce que Job était intègre et droit, ses enfants aussi s'aimaient les uns les autres et les relations entre eux étaient très bonnes. Si le chef de la famille montre un bon exemple, les enfants grandiront bien dans la paix les uns envers les autres. Les enfants de Job avaient des fêtes et des réceptions dans leurs maisons respectives et lorsqu'ils avaient des anniversaires, les frères invitaient même leurs soeurs pour se réjouir des festivités avec eux.

Mais la paix qu'ils connaissaient n'était pas spirituelle et vraie mais seulement une paix charnelle. Bien sûr, dans le monde d'aujourd'hui, où l'amour s'est refroidi, de nombreuses familles n'ont même pas la paix et la joie charnelles. Job était riche, mais à cause de ses enfants il avait toujours des soucis.

C'était parce que ses enfants n'avaient pas la crainte de Dieu. Job était soucieux de ce que ses enfants puissent faire quelque chose contre Dieu, c'est pourquoi il offrait continuellement des sacrifices pour les péchés pour ses enfants. Ses telles oeuvres ne changeaient jamais, et on pouvait par cela comprendre qu'il craignait réellement Dieu et rejetait le mal.

Pendant les temps de l'Ancien Testament, ils devaient être pardonnés de leurs péchés en offrant un sacrifice pour les péchés chaque fois qu'ils péchaient. Le péché dans les temps de l'Ancien Testament ne concernait que les péchés dans les oeuvres qui n'étaient pas en accord avec la loi. Job pouvait donc être parfait dans les oeuvres en offrant des sacrifices. Mais Dieu regarde aux coeurs intérieurs, et ce qu'Il désire réellement n'est pas uniquement la circoncision de l'extérieur, mais la circoncision du coeur.

Dans les temps du Nouveau Testament, le Saint Esprit est venu vers nous, et chacun d'entre nous qui croit dans le sang de Jésus peut circoncire son coeur par la puissance du Saint Esprit. Par la puissance du Saint Esprit; nous pouvons chasser les natures pécheresses et les choses mauvaises du coeur, et changer même des personnalités défavorables en vérité. La raison fondamentale pour laquelle Dieu a accepté des épreuves dans la vie de Job est parce qu'Il voulait que Job possède un coeur saint et sanctifié par la circoncision de son coeur, plutôt qu'une circoncision superficielle de l'extérieur dans les oeuvres.

2. L'origine de Satan

«Or les fils de Dieu vinrent un jour se présenter devant l'Eternel, et Satan vint aussi au milieu d'eux. L'Eternel dit à Satan: D'où viens-tu? Et Satan répondit à l'Eternel: De parcourir la terre et de m'y promener. L'Eternel dit à Satan: As-tu remarqué Mon serviteur Job? Il n'y a personne comme lui sur la terre; c'est un homme intègre et droit, craignant Dieu et se détournant du mal.» (Job 1:6-8)

Au sujet des 'fils de Dieu' dans ce passage, certains professeurs disent que c'étaient des anges. Mais Hébreux 1:5 dit, «Car auquel des anges a-t-Il jamais dit: Tu es Mon fils, je t'ai engendré aujourd'hui? Et encore: Je serai pour lui un père et il sera pour Moi un fils?»

Dieu n'appelle jamais les anges ou d'autres êtres spirituels Ses fils. Dans Genèse chapitre 1 est relatée la création de Dieu. Genèse 1:26 dit, «Faisons l'homme à Notre image, selon Notre ressemblance,» et nous pouvons comprendre que Dieu le Père, le Fils et le Saint Esprit ont aussi pris part à la création.

Job 38:6-7 dit, *«Sur quoi Ses bases sont-elles appuyées? Ou qui en a posé la pierre angulaire? Alors que les étoiles du matin éclataient en chants d'allégresse, et que tous les fils de Dieu poussaient des cris de joie.»* Cela mentionne aussi les 'fils de Dieu'. Lorsque Dieu a posé les fondations pour faire la terre, et pendant le processus de la création, les fils de Dieu se réjouissaient.

C'est à dire, ici les 'fils de Dieu' se référaient à Jésus Christ, le seul et unique fils de Dieu, et au Saint Esprit qui travaillerait comme notre Consolateur. C'est pourquoi les 'fils de Dieu' dans Job chapitre 1 se réfère à 'Dieu le Fils Jésus Christ' et 'Dieu le Saint Esprit,' les deux entités.

Certains pourraient se demander, «Dieu est un être parfaitement saint, et comment pourrait-il avoir des conversations avec le mauvais Satan?» C'est parce qu'ils croient que Satan peut aussi se rendre à l'endroit où se trouve Dieu et Lui parler. Mais Satan ne peut même pas entrer dans le Jardin d'Eden, alors ne parlons pas du royaume des cieux ou du trône de Dieu. Dieu sonde tout dans l'univers. Son trône est situé dans le royaume des cieux, mais Il peut aller partout où Il veut. Dans le monde spirituel, si Dieu le veut, Il peut parler à Satan quand Il le veut.

Maintenant quel type d'être est Satan? La Bible parle de l'origine de Satan.

«*Te voilà tombé du ciel, astre brillant, fils de l'aurore! Tu es abattu à terre, toi le vainqueur des nations! Tu disais en ton coeur: Je monterai au ciel, j'élèverai mon trône au-dessus des étoiles de Dieu; je m'assiérai sur la montagne de l'assemblée, à l'extrémité du septentrion. Je monterai sur le sommet des nues, je serai semblable au Très-Haut*» (Esaïe 14:12-14).

Certaines versions utilisent le mot 'Lucifer' pour l'étoile du matin. Lucifer était un archange qui avait la tâche de louer Dieu, avant que Dieu ne crée l'homme. Lucifer était aimé de Dieu pendant longtemps, mais Lucifer a développé de l'orgueil en lui en pensant qu'il pouvait devenir comme Dieu.

Le temps venu, Lucifer a tenté les anges sous son contrôle, les dragons, qui étaient en position de leaders parmi les chérubins, et aussi d'autres bêtes qui étaient sous le contrôle des dragons et avec eux, il a élaboré un complot de rébellion contre Dieu. Apocalypse 12:9 dit, «Et il fut précipité, le grand dragon, le serpent ancien, appelé le diable et Satan, celui qui séduit toute la terre, il fut précipité sur la terre et ses anges furent précipités avec lui.»

La raison pour laquelle la Bible mentionne des animaux détestables c'est parce que c'était le genre d'animaux qui ont participé à la rébellion contre Dieu avec Lucifer (Lévitique chapitre 11). Mais Lucifer a perdu le combat contre l'armée de Dieu et il a été banni de sa position d'escorte du trône de Dieu dans les airs. Après que Lucifer ait été précipité, il a formé l'organisation du monde des esprits impurs. Il a commencé à contrôler les esprits impurs tels que les dragons et ses anges, Satan et le diable, afin qu'ils s'opposent à Dieu.

Satan accuse nuit et jour

Lorsque les hommes pèchent ou font quelque chose qui est mauvais aux yeux de Dieu, Satan les accuse devant Dieu nuit et jour (Apocalypse 12:10). Le Dieu de justice contrôle tout selon la loi du monde spirituel, c'est pourquoi si nous accomplissons des contrevérités aux yeux de Dieu, Dieu doit permettre que des épreuves nous soient infligées par l'ennemi diable et Satan.

Mais Dieu ne permet pas que Satan pour nous apporter des épreuves et des difficultés sans raison valable. Adam a violé la loi du monde spirituel en mangeant le fruit défendu. Dieu lui a interdit de manger de l'arbre de la connaissance du bien et du mal, mais il a violé la parole de Dieu, et ainsi il a dû transférer au diable son autorité en tant que dirigeant de toute la création.

Dieu a maudit le serpent de sorte qu'il mange de la poussière tous les jours de sa vie (Genèse 3:14), et la poussière représente ici l'homme qui a été créé de la poussière de la terre, et le serpent est l'ennemi diable et Satan. C'est-à-dire que ceux qui vivent dans les ténèbres et la contrevérité en commettant des péchés seront les proies de l'ennemi diable et Satan.

Satan accuse les hommes devant Dieu tant qu'ils commettent des péchés et il leur apporte des épreuves et des tribulations et les contrôle comme il le veut. Mais il ne peut plus toucher ceux qui ont chassé toutes espèces de mal, marchent dans la lumière et vivent conformément à la parole de Dieu.

3. Satan accuse selon la loi du monde spirituel

Le livre de Job nous parle de la loi du monde spirituel au travers de la relation triangulaire qui existe entre Dieu, l'homme et Satan. Au chapitre 1 verset 7, Dieu demande à Satan d'où il vient. Ce n'est pas que le Dieu tout puissant ne sache pas où Satan avait été, mais la Bible ne fait que relater la conversation en détails pour nous faire connaître la manière dont les accusations contre l'homme se sont déroulées.

Comme Dieu avait ordonné à Satan de manger de la poussière, Satan consume ces personnes qui s'éloignent de la parole de Dieu et commettent des péchés. Mais même s'ils sont pécheurs, Satan ne peut dévorer les hommes qu'après en avoir reçu la permission de Dieu, le Dieu de justice et d'amour.

C'est pourquoi, Satan se promenait partout pour chercher quelqu'un qu'il puisse dévorer et il s'est présenté devant Dieu pour accuser (1 Pierre 5:8). Le Dieu de justice doit autoriser les accusations de Satan si elles sont justes en fonction de la loi du monde spirituel. Satan a attentivement observé Job parce qu'il était tant aimé par Dieu et Satan voulait le faire chuter.

C'est pourquoi le Dieu omniscient a demandé à Satan «As-tu vu mon serviteur Job?» Satan ne doit pas observer attentivement ceux qui ne croient pas en Dieu parce qu'ils commettent des péchés et marchent sur le chemin de la perdition étant donné que Satan les contrôle déjà. Mais Satan observe attentivement ceux qui agissent selon la vérité pour trouver quelque chose pour les accuser. De la même manière, Satan ne peut agir que sur ceux qui agissent dans la contrevérité.

Mais rien ne peut être fait à ceux qui croient en Dieu et qui marchent dans la lumière.

> **«Et Satan répondit à l'Eternel: Est-ce d'une manière désintéressée que Job craint Dieu? Ne l'as-Tu pas protégé, lui, sa maison, et tout ce qui est à lui? Tu as béni l'oeuvre de ses mains et ses troupeaux couvrent le pays. Mais étends Ta main et touche à tout ce qui lui appartient et je suis sûr qu'Il te maudit en face.» (Job 1:9-11)**

Satan connaissait le coeur tortueux des hommes qui ne rendent grâce à Dieu que lorsqu'ils reçoivent des bénédictions ou la prospérité, la santé et la réputation. C'est pourquoi Satan a apporté l'accusation que Job craignait l'Eternel uniquement parce que Dieu lui donnait de nombreuses bénédictions.

Il y a des gens qui rendent grâce à Dieu lorsqu'ils reçoivent des bénédictions de Dieu, mais lorsqu'ils rencontrent des tribulations, ils oublient la grâce de Dieu, tombent dans la tentation et se plaignent devant Dieu. La raison la plus importante pour laquelle les enfants de Dieu doivent le vénérer est parce que Dieu nous a sauvés et nous conduit sur le chemin de la vie éternelle. C'est pourquoi ce n'est pas juste de le vénérer uniquement lorsque nous sommes bénis.

Ensuite, 'Dieu l'a protégé, lui, sa maison et tout ce qu'il possédait', signifie que Dieu protégeait tout ce que Job faisait et lui donnait de l'abondance.

Mais Satan connaissait le coeur tortueux de l'homme et il a commencé à tester le coeur de Job au travers de ce point d'accusation.

«L'Eternel dit à Satan: Voici tout ce qui lui appartient, je te le livre; seulement ne porte pas la main sur lui. Et Satan se retira devant la face de l'Eternel.» (Job 1:12)

Satan sait que l'autorité de bénir ou de maudire appartient à Dieu, et c'est pourquoi il a demandé à Dieu d'enlever tout ce que Job possédait. Alors Dieu a permis que les possessions de Job lui soient enlevées, mais il n'a pas autorisé Satan à toucher à son corps. C'est parce que Dieu savait déjà que Satan Lui demanderait la vie de Job dans un deuxième temps, c'est pourquoi Dieu ne l'a pas permis.

Parce que l'autorité sur la vie et la mort n'appartient qu'à Dieu, même Satan ne peut ôter une vie qu'avec la permission de Dieu. C'est-à-dire, lorsque Dieu permet les accusations de Satan, les épreuves et les tribulations viennent sur les hommes. Mais la chose importante est que l'accusation de Satan n'était pas une simple accusation. Même lorsque Satan a enlevé toutes les possessions de Job et même la vie de ses enfants, Job n'a fait que louer Dieu plutôt que de se plaindre devant Lui.

Alors pourquoi le Dieu tout puissant a-t-Il permis les accusations de Satan contre Job? Dieu n'a fait que louer les bonnes choses de Job, qui sont qu'il était à la fois intègre et droit. Dieu ne s'est pas intéressé aux faiblesses de Job. Ainsi, Satan avait certaines choses pour lesquelles il pouvait accuser Job devant Dieu. C'est pourquoi Satan a pu accuser Job et Dieu a dû le permettre.

Si Job n'avait strictement aucune contrevérité en lui, Dieu n'aurait pas du tout permis les accusations de Satan, et cela peu importe combien il l'accusait.

4. Job passe le premier test de Satan

«Un jour que les fils et les filles de Job mangeaient et buvaient du vin dans la maison de leur frère aîné, il arriva auprès de Job un messager qui dit: Les boeufs labouraient et les ânesses se reposaient à côté d'eux; des Sabéens se sont jetés dessus, les ont enlevés et ont passé tes serviteurs au fil de l'épée. Et je me suis échappé moi seul pour t'en apporter la nouvelle.» (Job 1:13-15)

Comme Dieu a permis que les accusations de Satan se déroulent, Satan a commencé à éprouver Job. Dieu n'a permis que seules les possessions de Job lui soient retirées. 'Possessions' signifie ici tout ce qu'il possédait, y compris ses enfants. Pendant que les enfants de Job mangeaient et buvaient dans une fête dans la maison du frère aîné, un serviteur qui travaillait dans les champs est venu avec de mauvaises nouvelles. Les sabéens ont attaqué et ont pris leurs boeufs et leurs ânesses et ont tué les serviteurs.

Les épreuves frappent à la fois les croyants et les incroyants.

Les croyants peuvent découvrir leurs problèmes au travers de la parole de Dieu et se repentir de leurs péchés de manière à ce qu'ils puissent recevoir la grâce de Dieu pour être restaurés ou pour recevoir de plus grandes bénédictions qu'auparavant.

Mais les incroyants n'ont personne d'autre qu'eux-mêmes pour les aider. Dans certains cas ils peuvent facilement résoudre le problème, mais ils peuvent se retrouver dans des situations même encore plus difficiles.

Satan s'est arrangé pour que les Gentils prennent les possessions de Job. Même aujourd'hui, autour de nous, nous pouvons voir ceux qui prétendent être des croyants mais qui ne sont pas protégés des désastres et qui sont dépouillés de leur argent et souffrent d'autres lourdes pertes.

Dans de telles circonstances, ils ne devraient pas se plaindre devant Dieu en disant, «Pourquoi Dieu ne m'a-t-Il pas protégé?» Au contraire, ils devraient s'examiner et trouver la raison en eux pourquoi ils ont dû faire face à un tel problème. Alors ils devraient se repentir de leurs erreurs et s'en détourner et les problèmes seraient résolus.

> «Il parlait encore, lorsqu'un autre vint et dit: Le feu du ciel est tombé et a embrasé les brebis et les serviteurs et les a consumés. Et je me suis échappé moi seul pour t'en apporter la nouvelle.» (Job 1:16)

Avant que le serviteur ne finisse de parler, un autre serviteur est venu et lui a annoncé que le feu tombé du ciel et a consumé toutes les possessions de Job.

Dans l'Ancien Testament, il y avait des punitions par le feu, et Elie a aussi reçu la réponse par le feu. Dans les jours de l'Ancien Testament, qui est l'ombre du Nouveau Testament, les gens étaient sauvés par leurs oeuvres. C'est pourquoi Dieu montrait parfois le vrai feu. Mais dans le Nouveau Testament, Jésus Lui-même est venu dans ce monde et a montré tant de preuves au travers desquelles nous pouvons croire, et c'est pourquoi Dieu ne doit pas montrer le feu.

Ce désastre de Job pourrait être comparé avec les maisons de certaines personnes ou des usines qui sont entièrement brûlées par un grand feu ou subissent de graves dommages dans leurs récoltes à cause des typhons ou d'autres catastrophes naturelles.

Bien sûr, vous pourriez penser que ces catastrophes naturelles causent des dommages à tous de la même manière, mais ces croyants qui demeurent dans la parole de Dieu peuvent être protégés. Parce que le Saint Esprit remue leurs coeurs, ils peuvent aussi planter des semences qui ne seront pas détruites par ces catastrophes naturelles spécifiques.

> «Il parlait encore qu'un autre vint et dit: Des chaldéens formés en trois bandes se sont jetés sur les chameaux, les ont enlevés et ont passé les serviteurs au fil de l'épée, et je me suis échappé moi seul, pour t'en apporter la nouvelle.» (Job 1:17)

Satan a apporté la troisième situation de dommage aux possessions de Job. Ici, si Job avait connu les lois du monde spirituel, il se serait examiné lui-même et se serait repenti de ses manquements. Si nous nous repentons et nous détournons, nous ne rencontrerons plus de dommages, mais si nous ne nous détournons pas, de plus grands problèmes viendront vers nous.

Avec un plan détaillé, Satan a pris les possessions de Job au travers des Gentils. Dans le cas d'aujourd'hui, cela pourrait être comparé à cette situation où quelqu'un est dépouillé de son argent petit à petit par le plan d'un très ingénieux escroc.

«Il parlait encore lorsqu'un autre vint et dit: Tes fils et
tes filles mangeaient et buvaient du vin dans la maison
de leur frère aîné; et voici, un grand vent est venu de
l'autre côté du désert et a frappé contre les quatre coins
de la maison; elle s'est écroulée sur les jeunes gens et ils
sont morts. Et je me suis échappé moi seul, pour t'en
apporter la nouvelle.» (Job 1:18-19)

Par trois occasions, Satan a enlevé toutes les propriétés de
Job qui était l'homme le plus éminent de l'Orient et finalement,
Satan, a touché la maison et ses enfants. Lorsque les 7 fils et les
3 filles de Job mangeaient et buvaient à l'occasion d'une fête, un
grand vent est venu et la maison s'est écroulée et ils sont tous
morts.

Les coins de la maison signifient des positions importantes.
En frappant les quatre coins de la maison, cela signifie que Satan
a frappé les enfants qui sont comme les piliers de la famille.
Job avait le coeur brisé d'avoir perdu toutes ses possessions et
même ses enfants. Dans une telle situation, la plupart des gens
se plaindraient probablement et pleureraient tellement contre
Dieu. Mais Job qui était intègre et droit n'a fait que louer Dieu
et l'a remercié sans une seule plainte.

«Alors Job se leva, déchira son manteau et se rasa la
tête; puis se jetant à terre, il se prosterna et dit: Je suis
sorti nu du sein de ma mère et nu je retournerai dans le
sein de la terre. L'Eternel a donné et l'Eternel a ôté; que
le nom de l'Eternel soit béni! En tout cela, Job ne pécha
point et n'attribua rien d'injuste à Dieu.» (Job 1:20-22)

Déchirer sa robe signifie que Job s'est humilié. Il a exprimé ses manquements et ses faiblesses. Son acte signifie qu'il ne pouvait rien faire sans l'aide de Dieu. Il s'est complètement humilié en pensant, «Ce n'est pas par ma capacité que j'ai eu mes enfants ni gagné mes possessions. Toutes ces choses venaient de Dieu et je ne suis rien.»

Il a aussi exprimé son manque de sagesse et de vertu. Lorsqu'il a déchiré son manteau, il voulait exprimer son regret dans son incapacité d'élever correctement ses enfants.

Si nous abandonnons complètement le mal et ne vivons que selon la vérité, notre orgueil, notre 'moi' et notre égoïsme mourront. Seul Jésus Christ vivra et agira en nous. Si nous confessons que nous ne pouvons rien faire mais que tout est possible dans le Seigneur et que nous nous reposons entièrement sur Dieu, nous ne nous plaindrons plus devant Dieu même si Dieu prend toutes nos possessions.

Ensuite, se raser la tête signifie que toutes les possessions ont disparu.

La tête de l'homme est Christ (1 Corinthiens 11:3), et en se rasant la tête, il a exprimé que toutes ses possessions venaient de Dieu et que Dieu a tout repris et que donc il ne possède plus rien.

Dans l'Ancien Testament ils montraient leur foi en Dieu par leurs actes. Ainsi Job s'est rasé la tête et est tombé à terre et a adoré en disant, «Je suis sorti nu du sein de ma mère et nu je retournerai dans le sein de la terre. L'Eternel a donné et l'Eternel a ôté; que le nom de l'Eternel soit béni!» (V. 21). Il n'a fait que rendre grâce à Dieu, en ne se plaignant pas devant Lui. Au travers de cela, les accusations de Satan par lesquelles il disait que Job ne craignait l'Eternel parce que l'Eternel l'avait tant béni se révélaient fausses.

Au début du chapitre 2, les raisons pour lesquelles Satan a accusé Job et pourquoi Dieu a dû accepter ces accusation sont expliquées.

Chapitre 2

Job se plaint devant Dieu

«Et Job prit un tesson pour se gratter et s'assit sur la cendre. Sa femme lui dit: Tu demeures ferme dans ton intégrité! Maudis Dieu, et meurs! Mais Job lui répondit: Tu parles comme une femme insensée. Quoi! nous recevons de Dieu le bien, et nous ne recevrions pas aussi le mal! En tout cela Job ne pécha point par ses lèvres» (Job 2:8-10)

1. Le second test de Satan

« Or, les fils de Dieu vinrent un jour se présenter devant l'Éternel, et Satan vint aussi au milieu d'eux se présenter devant l'Éternel. L'Éternel dit à Satan: D'où viens-tu? Et Satan répondit à l'Éternel: De parcourir la terre et de m'y promener. L'Éternel dit à Satan: As-tu remarqué mon serviteur Job? Il n'y a personne comme lui sur la terre; c'est un homme intègre et droit, craignant Dieu, et se détournant du mal. Il demeure ferme dans son intégrité, et tu m'excites à le perdre sans motif.» (Job 2:1-3)

Même au travers des souffrances, la foi de Job n'était pas secouée parce qu'il était intègre et droit tel que Dieu l'avait reconnu. Alors, Satan aurait dû s'éloigner de lui. Pourquoi Satan l'accuse-t-il à nouveau?

Généralement, lorsque quelqu'un a quelque chose de difficile à discuter, il n'est pas très direct, mais il commence par parler de choses moins importantes et ensuite il attaque le point et parle du vrai sujet. De la même manière, Satan savait déjà que le test de la prospérité ne serait pas un problème pour Job, mais Satan était toujours là et accusait Job jusqu'à ce qu'il n'y ait plus d'accusations contre lui.

Si nous ne nous tenons pas fermement sur la vérité, nous souffrirons continuellement de tests et d'épreuves. Parce que

Dieu aime vraiment Ses enfants, s'ils vont sur le chemin de la mort à cause de leurs péchés ou s'ils ne se tenaient pas sur la vérité, Dieu détourne Sa face de sorte qu'ils puissent se détourner, se repentir et devenir plus parfaits. C'est pourquoi Hébreux 12:5-6 dit, «*Et vous avez oublié l'exhortation qui vous est adressée comme à des fils: Mon fils, ne méprise pas le châtiment du Seigneur, Et ne perds pas courage lorsqu'il te reprend; Car le Seigneur châtie celui qu'il aime, Et il frappe de la verge tous ceux qu'il reconnaît pour ses fils.*»

Si les enfants de Dieu peuvent se réjouir et rendre grâce dans toutes les circonstances, ils peuvent surmonter les tests et recevoir de grandes bénédictions. Parce que Job était intègre et droit, il a passé le premier test. Mais il avait toujours certaines contrevérités en lui de l'accusation desquelles il ne pouvait pas échapper.

Satan connaissait parfaitement le coeur de Job et l'intérêt présent de Satan n'était pas d'ôter la prospérité de Job. C'est pourquoi Satan ne s'est pas arrêté là, mais il a continué ses accusations. Le Dieu de justice a dû accepter les accusations contre Job.

«Et Satan répondit à l'Éternel: Peau pour peau! tout ce que possède un homme, il le donne pour sa vie. Mais étends ta main, touche à ses os et à sa chair, et je suis sûr qu'il te maudit en face. L'Éternel dit à Satan: Voici, je te le livre: seulement, épargne sa vie. Et Satan se retira de devant la face de l'Éternel. Puis il frappa Job d'un ulcère malin, depuis la plante du pied jusqu'au sommet de la tête.» (Job 2:4-7)

Satan a accusé Job en disant, «Peau pour peau!» C'est-à-dire que si sa vie était menacée, Job se plaindrait contre Dieu. Satan demande maintenant la permission de Dieu de toucher ses os et sa chair. Nous avons en Dieu, la vie, la mort, les bénédictions et les malédictions, mais si nous avons quelque chose pour laquelle Satan peut nous accuser, il nous accusera devant Dieu.

Parce que Dieu est juste, si l'accusation de Satan, est correcte, il doit permettre qu'elle se réalise. Ce n'est qu'avec l'autorisation de Dieu que Satan peut apporter des épreuves aux hommes. Dieu ne touche pas non plus les hommes à Sa discrétion ni Satan ne peut toucher les hommes sans la permission de Dieu.

Ensuite, 'toucher ses os et sa chair' signifie que si les os ne sont pas à la bonne place, la forme de l'homme changera aussi, et cela représente une situation critique de vie. Satan disait que Job continuait à vénérer Dieu parce que sa propre vie n'avait pas été menacée, et que si sa vie serait menacée, il se plaindrait contre Dieu.

Les os sont comme les piliers de support et la chair donne sa forme à l'homme. Si les os et la chair sont touchés, la structure fondamentale est déformée et la structure de l'homme est changée et gênée. Ceci se réfère donc à un test et une épreuve qui met la vie de quelqu'un en danger.

Satan a reconnu que Dieu avait toute autorité sur la vie et la mort et les bénédictions et les malédictions, et cela dit quelque chose comme: «Laisse-moi toucher les os et la chair de Job. Laisse-nous voir si Job est réellement le type de personne que Tu m'as dit qu'il était.» Si quelqu'un est parfaitement juste aux yeux de Dieu, Dieu le protègera toujours et Satan ne pourra apporter aucune accusation contre lui.

Ce n'est qu'avec la permission de Dieu que Satan apporte des tests et des épreuves aux hommes, et c'est pourquoi, si nous passons un test, nous devons nous repentir rapidement de nos manquements et nous détourner de nos péchés de sorte que nous pouvons être protégés par Dieu.

Lorsque Dieu a permis les accusations de Satan, Satan a attaqué Job avec des ulcères sur tout son corps. Des ulcères que Job avait des jointures de ses os et qui remontaient jusqu'à la peau, et ils s'ouvraient de nouveau sur la peau et causaient de telles démangeaisons. Au début, cela a commencé avec un petit ulcère, mais tandis qu'il se grattait de plus en plus, cela s'est répandu très rapidement et sur tout son corps, de la plante de ses pieds jusqu'au sommet de sa tête.

2. Job se méprend sur le fait que Dieu donne des bénédictions et des malédictions sans raison

«Et Job prit un tesson pour se gratter et s'assit sur la cendre. Sa femme lui dit: Tu demeures ferme dans ton intégrité! Maudis Dieu, et meurs! Mais Job lui répondit: Tu parles comme une femme insensée. Quoi! nous recevons de Dieu le bien, et nous ne recevrions pas aussi le mal! En tout cela Job ne pécha point par ses lèvres.» (Job 2:8-10)

Job était assis sur les cendres en se grattant avec les mains, mais lorsque c'est devenu trop dur, il a pris un tesson pour se gratter. Dans l'Ancien Testament, s'asseoir sur les cendres signifiait s'humilier devant Dieu au plus bas avec repentance.

Même dans cette situation, Job n'a pas maudit Dieu, mais sa femme a maudit son mari qui souffrait. «Tu demeures ferme dans ton intégrité! Maudis Dieu, et meurs!»

En fait, contrairement au caractère bon de Job, sa femme ne craignait pas Dieu. C'est pourquoi Job avait toujours des soucis que ses enfants puissent ressembler à leur mère et commettre des péchés, et c'est pourquoi il a toujours offert des sacrifices pour eux. Sa femme, au lieu d'essayer de le réconforter, lui a dit de maudire Dieu et de mourir, et elle l'a maudit pour tomber en enfer. Si vous maudissez Dieu et mourez, où iriez-vous si ce n'est en enfer.

Job a dit à sa femme, «Tu parles comme une femme insensée. Quoi! nous recevons de Dieu le bien, et nous ne recevrions pas aussi le mal!» Il ne s'est pas plaint de Dieu avec ses lèvres. Mais Job s'est mépris sur Dieu. Dieu n'est pas quelqu'un qui donne des bénédictions et des malédictions sans raison.

«Il dit: Si tu écoutes attentivement la voix de l'Éternel, ton Dieu, si tu fais ce qui est droit à ses yeux, si tu prêtes l'oreille à ses commandements, et si tu observes toutes ses lois, je ne te frapperai d'aucune des maladies dont j'ai frappé les Égyptiens; car je suis l'Éternel, qui te guérit» (Exode 15:26).

«Si tu obéis à la voix de l'Éternel, ton Dieu, en observant et en mettant en pratique tous ses commandements que je te prescris aujourd'hui, l'Éternel, ton Dieu, te donnera la supériorité sur toutes les nations de la terre. Voici toutes les bénédictions qui se répandront sur toi et qui seront ton partage, lorsque tu obéiras à la voix de l'Éternel, ton Dieu: Tu seras béni dans la ville, et tu seras béni dans les champs. Le fruit de tes entrailles, le fruit de ton sol, le fruit de tes troupeaux, les portées de ton gros et de ton menu bétail, toutes ces choses seront bénies. Ta corbeille et ta huche seront bénies. Tu seras béni à ton arrivée, et tu seras béni à ton départ.» (Deutéronome 28:1-6).

Etant donné que le Livre de Job a été écrit avec le point de vue de Job, nous ne devrions pas penser que tout ce qui a été dit par Job est correct. Les malentendus et les fausses idées que Job avait au sujet de la foi sont aussi exprimés. De manière à ce que nous puissions interpréter correctement ce livre, il est impératif que nous comprenions que beaucoup de choses qu'il a dites ne sont pas correctement comprises par lui lorsqu'elles sont comparées à la vérité.

Alors comment pouvons-nous recevoir les bénédictions, et comment sommes-nous accusés par Satan pour recevoir des tribulations? Dieu n'apporte pas de désastres aux hommes sans raison.

Il y a une raison précise lorsqu'Il punit. Si nous vivons selon Sa parole et que nous Lui obéissons, nous recevrons des bénédictions, mais si nous n'obéissons pas et ne gardons pas tous Ses décrets et commandements, des malédictions tombent sur nous (Deutéronome 28:15-19).

Comme Jésus l'a dit dans Jean 8:32, *«Vous connaîtrez la vérité et la vérité vous affranchira»*, si nous ne connaissons pas la vérité, nous aurons quelque chose dont Satan peut nous accuser, parce que nous n'avons pas de liberté venant de la vérité.

Job connaissait très bien le fait que Dieu donnait les bénédictions, mais il s'est mépris en pensant que Dieu donne aussi des désastres sans raison, et en fait, il a permis à Satan de travailler sur lui. Il s'est humilié en s'asseyant sur les cendres et en se rasant, mais il s'est trompé en croyant que Dieu a donné des maladies et des désastres sans raison. Et ainsi il n'a pas pu s'examiner lui-même, et il n'a pas été capable de trouver une chose pour laquelle se repentir. Job ne comprenait pas réellement la parole de Dieu et il pensait que Dieu est comme un dictateur, qui faisait tout ce qui Lui plaisait.

C'est pourquoi, à cause de la mauvaise compréhension de Job, il n'a pas pu être protégé, et il a dû faire face à l'accusation de Satan de traverser des désastres. Si Job avait compris pourquoi il souffrait, il aurait pu se repentir et s'en détourner, mais parce qu'il n'a pas pu s'examiner, il n'a pas pu trouver la raison. C'est pourquoi il a dû continuer à souffrir dans les tests.

3. L'apparition des trois amis de Job

«Trois amis de Job, Éliphaz de Théman, Bildad de Schuach, et Tsophar de Naama, apprirent tous les malheurs qui lui étaient arrivés. Ils se concertèrent et partirent de chez eux pour aller le plaindre et le consoler! Ayant de loin porté les regards sur lui, ils ne le reconnurent pas, et ils élevèrent la voix et pleurèrent. Ils déchirèrent leurs manteaux, et ils jetèrent de la poussière en l'air au-dessus de leur tête. Et ils se tinrent assis à terre auprès de lui sept jours et sept nuits, sans lui dire une parole, car ils voyaient combien sa douleur était grande.» (Job 2:11-13)

Généralement, Job était un homme très généreux et vertueux, et ainsi il avait de nombreux amis. Les amis de Job ont entendu la nouvelle que Job avait perdu toute sa prospérité et ses enfants et que lui-même était frappé par la maladie. Ils en ont douté, mais sont malgré tout venus pour le réconforter. Trois d'entre eux étaient Éliphaz de Théman, Bildad de Schuach, et Tsophar de Naama.

Même à distance, ils ont pu voir que la situation de Job était exactement la même que ce qu'ils avaient entendu, et ils étaient remplis d'émotion. Ils ont élevé la voix et ont pleuré. Et chacun d'eux déchira ses vêtements et jeta de la poussière en l'air au-dessus de sa tête. Alors ils se sont assis pendant 7 jours et sept nuits à terre avec lui, sans lui dire une parole.

Alors, que s'est-il passé? Job qui avait toujours craint Dieu et ne l'avait jamais maudit, a ouvert sa bouche et a commencé à maudire le jour de sa naissance.

Chapitre 3

Le Ressentiment et les Lamentations de Job

1. Job maudit le jour de sa naissance
2. Job a offert un sacrifice charnel

«Pourquoi ne suis-je pas mort dans le ventre de ma mère? Pourquoi n'ai-je pas expiré au sortir de ses entrailles? Pourquoi ai-je trouvé des genoux pour me recevoir, Et des mamelles pour m'allaiter?» (Job 3:11-12)

1. Job maudit le jour de sa naissance

«Après cela, Job ouvrit la bouche et maudit le jour de sa naissance. Il prit la parole et dit: Périsse le jour où je suis né, Et la nuit qui dit: Un enfant mâle est conçu! Ce jour! qu'il se change en ténèbres, Que Dieu n'en ait point souci dans le ciel, Et que la lumière ne rayonne plus sur lui.» (Job 3:1-4)

A partir de la Bible nous pouvons comprendre que notre corps est donné par Dieu, et ainsi, nous ne pouvons pas le traiter sans distinction. Mais Job maudissait sa propre naissance, et nous pouvons voir que la douleur de ses ulcères était si grande.

Dans les temps anciens, les gens considéraient la semence pour perpétrer leur famille beaucoup plus importante que nous aujourd'hui, et c'est pourquoi ils étaient beaucoup plus heureux d'avoir un fils qu'une fille. Les parents de Job ont dû aussi être très heureux de sa naissance. Mais parce que Job est tombé malade et a perdu toutes ses possessions, il a réalisé que d'être né en tant qu'homme était aussi inutile et que tout était insensé.

Donc, Job maudissait le jour de sa naissance et se lamentait. Les 'ténèbres' dont parlait Job se référent aux ténèbres totales et aussi à la tombe/Shéol. Cela se réfère à un être inutile qui n'a pas de vie et ne peut rien faire. Il voulait dire que son entité même qu'il considérait comme totalement sans valeur.

Job a maudit sa vie. Il maudissait ses parents et se lamentait, «Périsse le jour où je suis né» «Si au moins on ne m'aurait pas donné la vie!» Il se plaignait d'être né.

Parce qu'il a reconnu que Dieu est celui qui exerce le contrôle sur toutes les âmes, il se plaignait contre Dieu qui se préoccupait de son âme. Si Dieu ne s'occupait pas de son âme il n'y aurait pas eu de vie en lui ou s'il n'y avait pas eu la lumière de la vie, même quand un bébé nait, les cellules n'auraient pas grandi et la survie aurait été impossible. Mais parce que Dieu a donné la lumière, il a pu vivre. Il se plaignait de ces choses qui s'étaient déroulées.

> **«Que l'obscurité et l'ombre de la mort s'en emparent, Que des nuées établissent leur demeure au-dessus de lui, Et que de noirs phénomènes l'épouvantent! Cette nuit! Que les ténèbres en fassent leur proie, Qu'elle disparaisse de l'année, Qu'elle ne soit plus comptée parmi les mois!» (Job 3:5-6)**

Si les ténèbres et la sombre noirceur réclament l'anniversaire de Job, cela pourrait blesser Job, de sorte qu'il ne soit pas né. Et aussi 'des nuées établissent leur demeure au-dessus de lui' signifie qu'il va pleuvoir. Les parents de Job devaient être très occupés à soigner les cultures et le bétail, n'ayant pas le temps de faire l'amour et il ne serait pas né.

Job a continué à faire des comparaisons même avec une éclipse solaire. Quand une éclipse solaire a lieu, personne ne peut voir le soleil, et il fera donc noir même en plein jour. Nous qui vivons dans les temps modernes connaissons ce fait, et nous ne sommes pas effrayés, mais pour ceux qui vivaient en ces temps-là, ils tremblaient de peur quand ils voyaient une éclipse solaire.

Parce que le jour était sombre, ceux qui avaient peur ne

feraient pas l'amour et même lorsque la nuit est saisie par les ténèbres, ce serait pareil. C'est pourquoi il a voulu dire qu'il ne serait pas né dans de telles conditions. 'Qu'elle disparaisse de l'année' ou parler du nombre des mois signifie aussi qu'il souhaitait ne jamais être né. Il se plaignait de sa conception et avait du ressentiment pour sa propre naissance.

> «Que cette nuit devienne stérile, Que l'allégresse en soit bannie! Qu'elle soit maudite par ceux qui maudissent les jours, Par ceux qui savent exciter le léviathan! Que les étoiles de son crépuscule s'obscurcissent, Qu'elle attende en vain la lumière, Et qu'elle ne voie point les paupières de l'aurore!» (Job 3:7-9)

Aussi, si la nuit avait été stérile, ses parents n'auraient pas fait l'amour, et il ne serait pas né. 'Cri joyeux' signifie que ses parents ont poussé des cris de joie lorsqu'ils ont fait l'amour et qu'ils se sont réjouis lorsqu'il est né parce que c'était un fils. Il voulait dire que si ces jours heureux n'avaient pas existé, il ne serait pas né.

Léviathan est comme un grand crocodile et il est répulsif et méchant. Cela signifie le symbole même du mal. Si quelqu'un a une relation avec une autre personne que son épouse, son coeur est répulsif et sale comme le Léviathan. Quelqu'un qui est capable de réveiller le Léviathan peut faire des choses qui ne peuvent réellement pas être faites par des êtres humains.

C'est à dire, Job veut que quelqu'un prenne sa vie. Il pensait que tous étaient ok. Il voulait qu'un tel méchant homme maudisse cette nuit de sorte qu'il ne soit pas né. Job a dit toutes ces choses parce qu'il n'aimait pas sa naissance.

Dieu a promis à Abraham qu'il lui donnerait autant de descendants que les étoiles dans le ciel. De la même manière, 'étoile' se réfère à 'l'homme'. Aussi les 'étoiles du crépuscule' symbolisent 'la parole promise'. Les 'étoiles du crépuscule' se réfèrent aux parents de Job. C'est à dire que si ses parents n'avaient pas accompli la promesse de faire l'amour ensemble, il n'aurait pas été conçu.

Si ses parents n'avaient pas accompli la promesse de faire l'amour, ils n'auraient eu aucun enfant, peu importe combien elle était grande. De même s'il n'y avait pas de crépuscule dans ce monde, nous aurions les ténèbres complètes et le monde serait tombé dans la destruction, de sorte qu'il ne serait pas né.

> «Car elle n'a pas fermé le sein qui me conçut, Ni dérobé la souffrance à mes regards. Pourquoi ne suis-je pas mort dans le ventre de ma mère? Pourquoi n'ai-je pas expiré au sortir de ses entrailles? Pourquoi ai-je trouvé des genoux pour me recevoir, Et des mamelles pour m'allaiter?» (Job 3:10-12)

Job se lamente que si la matrice de sa mère avait été fermée, il n'aurait pas été conçu et il ne souffrirait pas de ces épreuves. Il a aussi dit que même s'il avait été conçu, s'il était mort à la naissance, il n'aurait pas souffert comme maintenant. Il se lamentait et se plaignait de ses parents.

Il disait aussi que même s'il était né, si sa mère ne s'était pas occupée de lui, il serait mort, mais parce que sa mère l'a nourri, il souffrait comme maintenant. Job savait que Dieu est celui qui contrôle la vie mais il maudissait sa propre naissance. Il se plaignait donc contre Dieu.

> «Je serais couché maintenant, je serais tranquille, Je dormirais, je reposerais, Avec les rois et les grands de la terre, Qui se bâtirent des mausolées, Avec les princes qui avaient de l'or, Et qui remplirent d'argent leurs

demeures. Où je n'existerais pas, je serais comme un avorton caché, Comme des enfants qui n'ont pas vu la lumière.» (Job 3:13-16)

Job disait que s'il n'était pas né ou qu'il était mort à la naissance, il aurait été dans la tombe, se reposant tranquillement. Il disait que dans cet endroit, il aurait été avec les rois et les grands de la terre, ceux qui se bâtissent des mausolées. S'il était mort-né, il ne serait pas comme un avorton caché, comme des enfants qui n'ont pas vu la lumière.

Ce que Job disait maintenant n'était pas la vérité aux yeux de Dieu mais ses pensées personnelles, qui étaient des paroles de contrevérité.

«Là ne s'agitent plus les méchants, Et là se reposent ceux qui sont fatigués et sans force; Les captifs sont tous en paix, Ils n'entendent pas la voix de l'oppresseur; Le petit et le grand sont là, Et l'esclave n'est plus soumis à son maître.» (Job 3:17-19)

Job a commencé à expliquer la vie dans la tombe en disant que s'il était mort à la naissance et était entré dans la tombe, là les méchants s'arrêteraient de s'agiter et ceux qui sont fatigués sont sans force. 'L'oppresseur' signifie ici 'être contrôlé' ou 'contrôler'. Cela se réfère à tout ce qui est restrictif ou sous contrôle, comme de se mettre soi-même dans une position de restriction ou d'être restreint dans la parole de Dieu.

Job expliquait la tombe et il disait que là-bas personne n'était sous le contrôle de personne, et que tous qu'ils soient grands ou petits y étaient semblables. Mais cela n'était que l'opinion de Job, et ce n'est pas réellement la vérité. Le mendiant Lazare qui craignait Dieu pendant sa vie sur la terre est allé dans le

Tombeau Supérieur après sa mort et il a pu se reposer dans le sein d'Abraham. Mais l'homme riche qui n'a fait que se réjouir sur la terre est allé dans le Tombeau inférieur, qui est l'Hadès et il a souffert pour toujours (Luc 16:19-31).

Ce n'est pas vrai que tous sont traités de la même manière dans la tombe, bon ou mauvais comme Job le disait.

> «Pourquoi donne-t-il la lumière à celui qui souffre, Et la vie à ceux qui ont l'amertume dans l'âme, Qui espèrent en vain la mort, Et qui la convoitent plus qu'un trésor, Qui seraient transportés de joie Et saisis d'allégresse, s'ils trouvaient le tombeau? A l'homme qui ne sait où aller, Et que Dieu cerne de toutes parts? Mes soupirs sont ma nourriture, Et mes cris se répandent comme l'eau.» (Job 3:20-24)

Job était dans un tel désespoir parce qu'il avait perdu toutes ses possessions et ses enfants, et il avait même des ulcères sur tout le corps. Job a maudit le fait de vivre et il voulait mourir, mais il ne pouvait pas le faire comme il le désirait. Si quelqu'un sait qu'il y a un trésor caché dans un champ, il essaierait certainement de le déterrer. Job voulait la mort plus que cela.

Son seul désir était la mort, c'est pourquoi quand il devait manger, il se lamentait. Ce n'est pas parce qu'il n'y avait pas de nourriture, mais parce que s'il mangeait sa vie serait prolongée, et à cause de la douleur des ulcères, des cris éclataient comme de l'eau.

Par ailleurs, il y a certaines personnes qui pleurent en prenant de la nourriture spirituelle. Beaucoup de gens vivent dans le monde dans les ténèbres, comme ils le veulent, sans connaître la vérité. Mais quand ils acceptent le Seigneur et sortent dans la lumière, ils écoutent les paroles spirituelles. Ils entendent «Gardez saint le jour du Seigneur,» «Ne buvez pas d'alcool,» «Ne soyez pas envieux et ne jalousez pas,» «chassez toute forme de mal». Tandis qu'ils mangent la parole de Dieu, le pain spirituel ils doivent maintenant essayer de chasser les anciennes habitudes et c'est douloureux pour eux.

S'ils ne les chassent pas, ils se sentent affligés dans leur coeur et ils perdent la plénitude de l'Esprit. Ils ne peuvent pas simplement chasser ces choses comme ils le désirent, et c'est pourquoi ils se lamentent. Ils mangent toujours du pain spirituel mais en même temps ils se lamentent et pleurent pour cela.

2. Job a offert un sacrifice charnel

«Ce que je crains, c'est ce qui m'arrive; Ce que je redoute, c'est ce qui m'atteint. Je n'ai ni tranquillité, ni paix, ni repos, Et le trouble s'est emparé de moi.» (Job 3:25-26)

Job avait peur que Dieu le punisse un jour sans raison, et tandis qu'il traversait l'épreuve, il confessait de son coeur. Il a généralement cru que Dieu le frapperait et il craignait que Dieu ne lui donne une maladie ou autre chose et cela s'est produit dans la réalité.

Job n'a pas offert un sacrifice spirituel d'un coeur aimant duquel Dieu se réjouit. C'est à dire qu'il n'a pas offert ses sacrifices avec un amour véritable pour Dieu ni de tout son coeur, sa pensée et son âme et il ne l'adorait pas non plus en vérité et en esprit. Il offrait des sacrifices parce qu'il avait des soucis. Il avait le souci que s'il n'offrait pas le sacrifice, de mauvaises choses pouvaient arriver à ses enfants ou que certaines malédictions pouvaient tomber sur sa famille. Il confessait qu'il offrait des sacrifices charnels au départ de sa peur et de son appréhension.

Apocalypse 21:8 dit, «*Mais pour les lâches, les incrédules, les abominables, les meurtriers, les impudiques, les enchanteurs, les idolâtres, et tous les menteurs, leur part sera dans l'étang ardent de feu et de soufre, ce qui est la seconde mort.*» Il est dit que les lâches qui ont peur ne seront pas sauvés.

Ils connaissent la parole de Dieu mais ils n'ont pas de foi véritable pour croire en Dieu. Ils aiment toujours le monde et font de mauvaises choses, et ainsi ils ont peur. Ces gens-là ne peuvent pas recevoir le salut.

Proverbes 26:2 dit, «*Comme l'oiseau s'échappe, comme l'hirondelle s'envole, Ainsi la malédiction sans cause n'a point d'effet.*» 1 Jean 3:21-22 dit aussi, «*Bien-aimés, si notre coeur ne nous condamne pas, nous avons de l'assurance devant Dieu. Quoi que ce soit que nous demandions, nous le recevons de lui, parce que nous gardons ses commandements et que nous faisons ce qui lui est agréable.*»

Une malédiction sans cause ne vient jamais, mais Job avait peur de Dieu parce qu'il ne comprenait pas réellement la parole de Dieu. Il ne donnait ses sacrifices que parce qu'il avait peur de Dieu. Il ne les donnait pas avec un amour véritable pour Dieu qui venait de son coeur.

Il a dit que, étant donné qu'il avait perdu toutes ses possessions et ses enfants, il n'avait maintenant plus de fondation pour un lieu de repos dans la vie. Il a dit cela, parce qu'il n'avait pas lieu de repos sur la terre. Cela nous dit que Job était un homme charnel qui n'avait pas la foi et l'espérance du ciel.

C'est pourquoi, ses lèvres n'étaient remplies que de ressentiment et de plaintes, de sorte qu'il ne puisse avoir ni paix ni repos. Il avait l'habitude de jouir de la paix et du repos en se reposant sur des conditions matérielles, mais la paix et le repos véritables ne viennent pas des choses matérielles mais ne sont données que par Dieu.

Ceux qui ont la foi véritable se reposeront entièrement sur Dieu même s'ils ont une maladie. Malgré qu'ils n'aient aucun enfant ni aucun endroit où se reposer, ils peuvent être tranquilles parce qu'ils ont l'espérance pour le ciel.

L'Ancien Testament est l'ombre du Nouveau Testament, mais cela ne veut pas dire que Dieu a accepté uniquement les oeuvres externes. Entre hommes ils ne comprennent pas les choses spirituelles les uns des autres, c'est ainsi que Dieu a permis de voir les oeuvres extérieures avec un corps physique. Mais Dieu ne permet rien de charnel ni de physique entre les hommes et Lui. Il est esprit et Il n'accepte que les choses spirituelles.

La loi de l'Ancien Testament ne condamnait pas les gens même lorsqu'ils avaient des pensées adultères ou de la haine dans leurs coeurs tant que cela ne se voyait pas dans leurs oeuvres. Mais Dieu ne regarde pas seulement aux oeuvres, mais aussi au coeur intérieur de l'homme, et seulement si nous avions des choses pécheresses dans notre coeur, Dieu le considère comme mauvais. Dans le Nouveau Testament, rien que d'avoir des pensées mauvaises est considéré comme péché.

Dieu a accepté le sacrifice de sang d'Abel mais pas celui de Caïn (Genèse 4:4-5). Le sacrifice de sang signifie donner un sacrifice en esprit et en vérité avec tout son coeur, pensée et âme.

Si vous adorez Dieu en esprit et en vérité et possédez la foi spirituelle avec laquelle vous pouvez croire du plus profond de votre coeur, votre joie, paix, confort et reconnaissance ne quitteront pas votre coeur. Mais si vous perdez ces choses dans votre coeur, vous devriez comprendre que vous n'êtes qu'un enfant dans la foi n'ayant pas de foi spirituelle.

Dieu a dit à Saül de détruire tous les Amalécites et toutes leurs possessions, mais Saül a utilisé ses propres pensées charnelles. Il a gardé les animaux gras en disant qu'il les donnait à Dieu. Cela peut sembler juste d'un point de vue charnel, mais c'était une désobéissance à la parole de Dieu qui disait, «L'obéissance vaut plus que les sacrifices.» (1 Samuel 15:22) Après tout, Dieu n'a pas reçu les sacrifices charnels et finalement il l'a rejeté.

La Bible nous dit de 'craindre Dieu' et cela signifie que nous devons croire dans l'existence du ciel et de la terre et que Dieu est le Juge, et nous devons garder Sa parole et ne pas commettre de péchés avec une crainte révérende de Dieu

Lorsque nous obéissons à Sa parole et la pratiquons, Dieu nous répond et Il est avec nous. Il est donc notre bon Père. Mais si nous le servons avec crainte et appréhension, c'est parce que nous n'avons pas la vraie foi.

1 Jean 4:18 dit, *«La crainte n'est pas dans l'amour, mais l'amour parfait bannit la crainte; car la crainte suppose un châtiment, et celui qui craint n'est pas parfait dans l'amour.»*

Job était tellement intègre et droit pour être reconnu par Dieu mais il y avait des contrevérités cachées dans son coeur. C'est pourquoi Dieu, qui aimait la justice et l'honnêteté de Job a permis ces épreuves de sorte que Job puisse enlever tout ce mal en lui et recevrait les bénédictions de la prospérité en toutes choses, retrouve sa santé et fasse prospérer son âme.

Dieu ne donne pas des épreuves à Ses enfants sans raison. Parce qu'il a des choses à changer en nous, nous faisons face à des épreuves. C'est pourquoi, si nous nous examinons nous-mêmes et nous détournons, nous pouvons mener une vie chrétienne triomphante. Nous pouvons recevoir les réponses de Dieu et Lui donner gloire.

Chapitre 4

La Réprimande d'Eliphaz le Thémanite

1. Eliphaz condamne Job en tant qu'homme mauvais

2. L'état spirituel d'Eliphaz et son orgueil

«Cherche dans ton souvenir: quel est l'innocent qui a péri? Quels sont les justes qui ont été exterminés? Pour moi, je l'ai vu, ceux qui labourent l'iniquité Et qui sèment l'injustice en moissonnent les fruits. (Job 4:7-8)

1. Eliphaz condamne Job en tant qu'homme mauvais

«Éliphaz de Théman prit la parole et dit: Si nous osons ouvrir la bouche, en seras-tu peiné? Mais qui pourrait garder le silence? Voici, tu as souvent enseigné les autres, Tu as fortifié les mains languissantes, Tes paroles ont relevé ceux qui chancelaient, Tu as affermi les genoux qui pliaient Et maintenant qu'il s'agit de toi, tu faiblis! Maintenant que tu es atteint, tu te troubles!» (Job 4:1-5)

Alors que Job maudissait le jour de sa naissance et ses parents, Eliphaz n'a plus pu le supporter et il a été le premier à ouvrir la bouche et à parler. Ce dont nous devons nous souvenir ici est que la conversation entre Job et ses amis pourrait parfois être correcte aux yeux de Dieu, mais que de nombreuses parties n'étaient que leurs propres opinions.

Dieu permet que toutes ces choses soient relatées parce que c'était nécessaire. Maintenant Eliphaz disait ce qu'il pensait parce qu'il s'est fâché. A ses yeux Job n'était plus la même personne qu'il avait l'habitude de connaître. Il a comparé les paroles et les actes de Job avant et après les incidents et il pensait que les paroles présentes de Job n'avaient pas de sens. C'est pourquoi il était fâché à propos de ce que Job avait dit.

Selon la Bible, nous pouvons voir que l'acte d'Eliphaz n'était pas juste. Jacques 1:19 dit, «*Sachez-le, mes frères bien-aimés. Ainsi, que tout homme soit prompt à écouter, lent à parler, lent à se mettre en colère.*»

Matthieu 7:1-5 dit aussi, «*Ne jugez point, afin que vous ne soyez point jugés. Car on vous jugera du jugement dont vous jugez, et l'on vous mesurera avec la mesure dont vous mesurez. Pourquoi vois-tu la paille qui est dans l'oeil de ton frère, et n'aperçois-tu pas la poutre qui est dans ton oeil? Ou comment peux-tu dire à ton frère: Laisse-moi ôter une paille de ton oeil, toi qui as une poutre dans le tien? Hypocrite, ôte premièrement la poutre de ton oeil, et alors tu verras comment ôter la paille de l'oeil de ton frère.*»

Mais ce frère considérait que seul lui était juste et il critiquait et mesurait Job.

Dans le verset 3 nous pouvons voir que Job a mené une vie honnête et qu'il pouvait enseigner les autres. 'Les mains faibles' représentent ceux qui ont perdu leur énergie et zèle dans la vie. Job fortifiait de telles personnes et leur conseillait.

Aussi ceux qui 'chancelaient' se réfère à ceux qui sont tombés et qui ont abandonné dans la vie. Il y a par exemple des gens dont les affaires ont fait faillite en une nuit et ceux qui ont été abandonnés par leur amoureux. Il y a ceux qui perdent la volonté ou la motivation pour continuer à vivre. Job encourageait et fortifiait ces personnes.

Que signifie 'fortifier les genoux chancelants'? Les hommes ne peuvent marcher qu'avec des genoux forts. Avec des genoux affaiblis, ils ne peuvent marcher. Donc, 'fortifier les genoux chancelants' se réfère à des actes. Job aidait ceux qui n'avaient pas d'abondance dans la vie ou dont les oeuvres n'étaient pas suffisantes. Parce que Job était un homme très riche, il donnait parfois de l'argent à ceux qui étaient dans le besoin et il leur donnait force, courage et espérance. Mais lorsque Job lui-même était dans ce type de situation, Eliphaz était mécontent et il réprimandait Job en disant qu'il était devenu comme ceux qu'il avait un jour aidés.

Pourquoi Dieu a-t-Il fait relater tout cela? Nous devons vérifier si nous ne sommes pas comme Job. Supposons que quelqu'un vienne vous consulter pendant que vous meniez une vie dans la foi et remplie de l'Esprit. Alors vous auriez pu dire avec confiance, «S'il y a quelque chose de mauvais, tu peux te détourner et te repentir. Si tu te reposes entièrement sur Dieu, Il va résoudre ton problème. Jeûne et prie. Dieu est juste et rempli d'amour.»

Cependant, si vous-mêmes vous deviez faire face plus tard au même type de problème, n'auriez-vous pas parlé exactement comme Job? N'auriez-vous pas eu des soucis et des plaintes comme Job? Au travers de la situation de Job, Dieu nous parle de nos diverses attitudes que nous avons lorsque nous sommes dans une situation favorable et lorsque nous sommes dans une situation défavorable.

Nous pouvons examiner notre foi lorsque nous rencontrons des épreuves et des tests. Notre coeur intérieur et notre foi véritable seront révélés. Lorsque nous faisons face à des tests, nous pouvons les contourner avec des jeûnes et des prières pour recevoir les solutions à nos problèmes. L'apôtre Paul a été frappé, emprisonné et a souffert de tant de choses pour le nom du Seigneur Jésus, mais il ne s'est jamais plaint devant Dieu. Nous devrions aussi posséder ce type de foi.

«Ta crainte de Dieu n'est-elle pas ton soutien? Ton

espérance, n'est-ce pas ton intégrité? Cherche dans ton souvenir: quel est l'innocent qui a péri? Quels sont les justes qui ont été exterminés?» (Job 4:6-7)

La colère d'Eliphaz augmentait et il pointait les manquements de Job. Plutôt que de s'examiner lui-même selon ce qui était dit, Job s'est aussi mis en colère. Si vous conseillez à quelqu'un avec amour, l'autre personne ressentira cet amour et acceptera le conseil. Mais des conseils avec des sentiments de malaise ou de la colère ne causeront que des sentiments de malaise pour l'autre personne aussi. Et la personne n'acceptera donc pas le conseil.

Job craignait Dieu et il se reposait sur Lui. Se reposer sur Dieu, c'est tout Lui confier. Le craindre c'est le vénérer et le respecter. Job le respectait mais dans un autre sens il avait aussi peur de Lui. De même parce qu'il croyait dans le Dieu tout puissant, il se reposait entièrement sur Lui pour sa vie.

Mais nous devons vérifier si Job craignait vraiment et réellement Dieu et se reposait sur Lui. Craindre Dieu c'est garder Ses commandements (Deutéronome 28).

Si nous croyons que Dieu est capable de faire toutes choses, nous pouvons nous reposer sur Lui en toutes choses. Job voulait que ses oeuvres soient parfaites aux yeux de Dieu. Il voulait être parfait devant Lui. Et Eliphaz parce qu'il était l'ami de Job, connaissait très bien les oeuvres de Job.

Mais comme Job lui-même a rencontré des problèmes, ses paroles étaient totalement différentes de ce qu'il disait auparavant. «Job, ne te reposais-tu pas sur Dieu parce que tu le craignais? Mais tandis que j'écoute tes paroles, comment puis-je dire que tu te reposais sur Dieu? Si tu le craignais vraiment, tu ne pourrais pas dire de telles choses.»

«Ne voulais-tu pas que tes oeuvres soient parfaites aux yeux de Dieu? Pense en toi-même! Tous arrivent à la destruction à cause de leurs péchés. Si vous étiez un homme honnête, Dieu ne vous donnerait-Il pas la prospérité?» Dans le verset 7, Eliphaz demande à Job, «quel est l'innocent qui a péri?»

Alors, une personne innocente peut-elle périr? Romains 6:23 dit que le salaire du péché c'est la mort. La mort vient du péché. Les hommes périssent à cause du péché. Etant donné que Enoch et Eli ont vécu des vies saintes sans aucun péché ni blâme, ils ont été enlevés dans le ciel vivants sans devoir connaître la mort physique.

La parole de Dieu nous apprend certainement que Dieu marche avec une personne honnête et juste. Il guidera aussi une telle personne vers la prospérité. C'est pourquoi lorsqu'Eliphaz a dit «Quels sont les justes qui ont été exterminés?» C'était la parole de vérité. Mais il n'est pas vrai qu'Eliphaz ait dit ceci parce qu'il connaissait très bien la vérité. Il disait parfois la vérité parce qu'il croyait aussi en Dieu, mais en d'autres occasions il a prononcé de nombreuses contrevérités.

«Le rugissement des lions prend fin, Les dents des lionceaux sont brisées; Le lion périt faute de proie, Et les petits de la lionne se dispersent.» (Job 4:10-11)

Si la voix du lion qui est le roi des animaux se termine, cela signifie que tout est terminé. Si les dents des lionceaux sont brisées et qu'ils ne peuvent pas attraper ni manger leur proie, alors ils seraient sans valeur. Les vieux lions n'ont pas la force ni la vitesse d'attraper d'autres animaux.

«Même le roi des animaux, les lions seraient inutiles si leurs dents sont brisées. S'ils vieillissent, ils n'ont plus la force d'attraper leur proie, et même les chiots sont dispersés. Les lions sont forts à un moment donné, mais ils vieillissent aussi. De la même manière, les hommes ont de bons et mauvais moments. C'est le sort de quelqu'un et on ne peut rien y faire.»

Eliphaz parlait maintenant des principes de ce monde. Il disait que les hommes avaient des hauts et des bas dans la vie. Mais ceci est un principe pour ce monde; ce n'est pas correct d'après la parole de Dieu.

Dieu dit dans Exode 15:26, «*Si tu écoutes attentivement la voix de l'Éternel, ton Dieu, si tu fais ce qui est droit à ses yeux, si tu prêtes l'oreille à ses commandements, et si tu observes toutes ses lois, je ne te frapperai d'aucune des maladies dont j'ai frappé les Égyptiens; car je suis l'Éternel, qui te guérit.*»

Cela nous dit que si nous vivons selon la parole de Dieu, il nous gardera de toute maladie. Si nous craignons Dieu et vivons par la foi, la parole de Marc 9:23 qui dit, «*Si tu peux!... Tout est possible à celui qui croit.*» Sera réalisée dans notre vie. C'est la loi de Dieu selon laquelle nous moissonnons ce que nous avons semé (Galates 6:7-8).

C'est pourquoi, dire qu'il y a des hauts et des bas et de bons et mauvais moments dans la vie sont des principes de ce monde, et non la volonté de Dieu. Nous devons donc savoir que les paroles d'Eliphaz n'étaient pas vraies. Ce n'est pas la parole de Dieu. C'était seulement son opinion personnelle.

Dans le livre de Job, nous devrions clairement discerner quelles parties sont la parole de Dieu et quelles parties viennent d'opinions personnelles. Mais certaines personnes citent des versets qui sont écrits avec des pensées humaines comme s'ils étaient la parole de Dieu, et cela ne peut pas être juste.

2. L'état spirituel d'Eliphaz et son orgueil

«Une parole est arrivée furtivement jusqu'à moi, Et mon oreille en a recueilli les sons légers. Au moment où les visions de la nuit agitent la pensée, Quand les hommes sont livrés à un profond sommeil, Je fus saisi de frayeur et d'épouvante, Et tous mes os tremblèrent.» (Job 4:12-14)

'Quand les hommes sont livrés à un profond sommeil' signifie 'au milieu de la nuit'. Eliphaz a vu une certaine vision. Il avait une expérience spirituelle, mais il ne l'a pas complètement comprise et il avait des pensées sinistres.

Malgré qu'il n'ait pas eu l'expérience de rencontrer Dieu, il a étudié la loi, et il connaissait aussi Abraham et Moïse. Vous êtes-vous promené dans la forêt profonde seul au milieu de la nuit? Si vous n'avez pas une confiance totale en Dieu qui est avec vous, vous pourriez trembler de peur. Vous pourriez ressentir vos os trembler. Eliphaz a senti ses os trembler.

«Un esprit passa près de moi.... Tous mes cheveux se hérissèrent.... Une figure d'un aspect inconnu était devant mes yeux, Et j'entendis une voix qui murmurait doucement: L'homme serait-il juste devant Dieu? Serait-il pur devant celui qui l'a fait? Si Dieu n'a pas confiance en ses serviteurs, S'il trouve de la folie chez ses anges,» (Job 4:15-18)

Un certain esprit est passé par Eliphaz. Il ne le voyait pas clairement, mais il a senti que l'esprit passait près de lui. C'est pourquoi ses cheveux se sont hérissés. Lorsque vous avez une expérience spirituelle pour la première fois, vous pourriez connaître ce type de phénomène.

L'esprit ne se voit pas avec les yeux, mais même les nouveaux convertis peuvent ressentir qu'un esprit passe où que le l'ennemi diable est à l'oeuvre.

Lorsque j'étais un diacre, je priais parfois toute la nuit à l'église. Il y avait aussi de vieilles grandes diaconesses qui venaient aussi prier. Mais après 30 minutes du début de leur prière, je ne pouvais plus les entendre prier. Lorsque je les regardais, elles somnolaient.

A ce moment-là, j'ai eu une expérience spirituelle. L'ennemi diable rendait les grandes diaconesses fatiguées et les faisait s'endormir. Lorsque je priais fortement en d'autres langues, «Ennemi diable et Satan, partez! Esprit de fatigue et de somnolence partez!» Alors les grandes diaconesses se réveillaient subitement et je pouvais les entendre prier.

Lorsque j'ai prié fermement pour chasser l'ennemi diable, j'ai pu sentir les démons passer à côté de moi. Après que j'aie prié, «Dieu, protège-nous avec les murs enflammés du Saint Esprit de sorte qu'aucun démon ne peut travailler,» je pouvais voir les grandes diaconesses prier avec ferveur.

Chaque fois qu'ils me disaient, «Nous pouvons prier avec une telle ferveur lorsque nous prions avec vous!» Je pouvais seulement rire intérieurement. Malgré que nous n'ayons pas le don des visions, ceux qui ont des esprits clairs peuvent ressentir quelque chose. De nombreuses personnes peuvent discerner si l'esprit perturbe ou agit.

Nous devrions clairement discerner les esprits

Le verset 16 dit, «Une figure d'un aspect inconnu était devant mes yeux,» Il y avait un esprit devant Eliphaz, mais il ne pouvait pas discerner si c'était Satan ou un esprit envoyé par

Dieu. S'il pouvait le discerner correctement, il ne devrait pas avoir peur. Parce qu'Eliphaz croyait en Dieu, il essayait d'entendre Sa voix.

«L'homme serait-il juste devant Dieu? Serait-il pur devant celui qui l'a fait? Si Dieu n'a pas confiance en ses serviteurs, S'il trouve de la folie chez ses anges.» Auparavant Eliphaz écoutait les enseignements de Job, qui craignait Dieu et il étudiait aussi la loi, mais tout comme Job il n'avait pas d'expérience de rencontrer le Dieu vivant.

Il n'était pas au niveau de discerner les esprits et donc au départ de son expérience spirituelle minimale, il disait quelque chose par ses propres pensées comme si c'était donné par Dieu.

Nous sommes justifiés devant Dieu par la foi, et nous pouvons devenir plus justes et sanctifiés dans la mesure où nous pouvons trouver le mal en nous, le chasser et pratiquer la parole de Dieu. Mais nous ne pouvons jamais être 100% juste et saint comme Dieu Lui-même. C'est tellement évident que les hommes ne peuvent pas être plus justes et plus purs que Dieu. Il est vrai que les hommes ne peuvent jamais être comme Dieu, et ils ne peuvent être plus justes et purs que Dieu.

Mais le verset 18 dit, «Si Dieu n'a pas confiance en ses serviteurs, S'il trouve de la folie chez ses anges.» Ce n'est pas juste.

Dieu a fait confiance à Abraham, et il l'a nommé le père de la foi. Moïse, David et Paul avaient tous la confiance de Dieu et ont été utilisés par Lui. Si Dieu choisit ses messagers et Ses serviteurs, Il ne les accuse pas d'erreurs mais il leur donne la force pour accomplir leurs ministères.

Pensez seulement à qui est Dieu! De même comment des anges gérés par Dieu pourraient-ils faire quelque chose de fou?

Surtout que Dieu Lui-même les utilise, et dirait-Il, «Pourquoi êtes-vous si insensés?» Dieu qui sait toutes choses a Ses plans avant même le commencement des temps, et Il fait confiance et utilise les serviteurs adéquats selon leur canal. Maintenant Eliphaz citait un moment donné la parole de Dieu, mais le moment suivant, il disait quelque chose contraire à la vérité.

C'est pareil aujourd'hui. Parmi ceux qui prient beaucoup, certains disent qu'ils ont entendu plusieurs variations de la voix du Saint Esprit, mais souvent, ce n'était pas réellement la voix du Saint Esprit. Et de nombreuses personnes utilisent les paroles de Dieu à mauvais escient.

Eliphaz est fier de son expérience spirituelle

«Combien plus chez ceux qui habitent des maisons d'argile, Qui tirent leur origine de la poussière, Et qui peuvent être écrasés comme un vermisseau! Du matin au soir ils sont brisés, Ils périssent pour toujours, et nul n'y prend garde; Le fil de leur vie est coupé, Ils meurent, et ils n'ont pas acquis la sagesse.» (Job 4:19-21)

Eliphaz a comparé Job à ceux qui demeurent dans des maisons d'argile, dont les fondations sont dans la poussière, et qui sont écrasés dans la boue. Il a exprimé le statut de Job qui avait coutume d'être l'homme le plus riche de l'orient mais qui a tout perdu. Mais c'était exagéré de dire que l'homme devait être écrasé dans la boue.

Selon l'opinion d'Eliphaz, Job était complètement détruit à jamais. Il semblait n'avoir plus de possibilité pour Job de se relever. Eliphaz jugeait et a conclu que personne ne se souviendrait de Job, qui était complètement détruit, sans même la force de même se relever.

Si le tendeur de la tente est arraché, cela signifie que la fondation elle-même a disparu. Eliphaz était cynique en disant, «Ils meurent, et ils n'ont pas acquis la sagesse» «Job, tu avais coutume de conseiller et d'aider les gens parce que tu avais tant de sagesse, mais où es ta sagesse maintenant? Si tu avais la sagesse véritable, te retrouverais-tu aujourd'hui dans ce type de situation?»

Eliphaz avait l'habitude d'écouter les enseignements de Job et le respectait, mais comme il ne reste plus rien à Job, Eliphaz piétinait Job, le faisant sentir encore plus misérable. Cet acte d'Eliphaz est comme les Pharisiens et les scribes du temps de Jésus, qui enseignaient la loi mais ne la pratiquaient pas eux-mêmes.

Maintenant Eliphaz était tellement fier en disant, «J'ai entendu cela dans la vision et j'ai aussi reçu de l'inspiration.» Il jugeait et critiquait Job rien qu'en regardant aux apparences extérieures. Il était spirituellement arrogant en pensant qu'il avait entendu la voix de Dieu, mais en fait il recevait les oeuvres de Satan.

Chapitre **5**

La Colère et la Jalousie des Hommes Insensés

1. Au travers de l'arrogance spirituelle,
   Eliphaz discute faussement de la parole de Dieu
2. Différence entre le point de vue charnel et le point de vue spirituel
3. Les différentes paroles et oeuvres d'Eliphaz

«L'insensé périt dans sa colère, Le fou meurt dans ses emportements.»
(Job 5:2)

1. Au travers de l'arrogance spirituelle, Eliphaz discute faussement de la parole de Dieu

«Crie maintenant! Qui te répondra? Auquel des saints t'adresseras-tu? L'insensé périt dans sa colère, Le fou meurt dans ses emportements.» (Job 5:1-2)

On a expliqué au chapitre 4 qu'Eliphaz a eu une certaine expérience spirituelle, mais qu'il ne connaissait pas complètement la vérité, et qu'ainsi il a utilisé ses propres pensées comme s'il avait entendu la voix de Dieu. Il a cru expérimenter le monde spirituel, et il est devenu arrogant à cause de cela.

Dans son arrogance spirituelle, il a prononcé les choses suivantes qui n'étaient pas la parole de Dieu comme si c'était Sa parole en disant, «Crie maintenant, qui te répondras? Dieu t'a abandonné et y aura-t-il une seule réponse même si tu cries? Si tu es parmi les saints, non seulement tu auras honte de toi-même et tu n'oseras pas te tenir devant eux!»

Eliphaz a conclu que peu importe la force avec laquelle Job priait et criait vers Dieu, Dieu ne lui répondrait pas. Dans son arrogance, il a dénié la parole de Dieu. La Bible dit, *«Et invoque-moi au jour de la détresse; Je te délivrerai, et tu me glorifieras.»* (Psaume 50:15) et, *«Invoque-moi, et je te répondrai; Je t'annoncerai de grandes choses, des choses cachées, Que tu ne connais pas.»* (Jérémie 33:3)

C'est pourquoi c'est la volonté de Dieu que nous l'invoquions aux jours de détresse. Mais Eliphaz est arrivé à une conclusion erronée en disant qu'il n'y aurait aucune réponse de Dieu et cela importe combien Job prie et crie.

Jésus n'est pas venu pour les justes, mais pour les pécheurs. En raison de sa mécompréhension de la parole de Dieu, Eliphaz, tout comme les Pharisiens, a blâmé Job pour son impureté et il aussi dénié la vérité de la parole de Dieu. En raison de sa mécompréhension de la parole de Dieu, Eliphaz a faussement critiqué Job. Il ne s'est pas rendu compte de sa propre méchanceté mais au contraire, il réprimandait un homme juste.

Cependant au verset 2, ce qu'il avait dit était correct, que l'insensé périt dans sa colère. Proverbes 12:16 dit, *«L'insensé laisse voir à l'instant sa colère, Mais celui qui cache un outrage est un homme prudent.»* Il y a de nombreuses personnes qui se fâchent facilement. Cela se produit entre les parents et les enfants, entre des amis et entre les maris et leurs épouses.

De plus, certaines mères se fâchent sur de tellement petits enfants qui ne savent en fait rien, et cela est aussi quelque chose d'insensé. La colère, la jalousie ou l'envie proviennent de Satan et elles conduisent l'homme sur le chemin de la destruction. C'est le mal que nous devons éliminer.

2. Différence entre le point de vue charnel et le point de vue spirituel

«J'ai vu l'insensé prendre racine; Puis soudain j'ai maudit sa demeure. Plus de prospérité pour ses fils; Ils sont foulés à la porte, et personne qui les délivre!

Sa moisson est dévorée par des affamés, Qui viennent l'enlever jusque dans les épines, Et ses biens sont engloutis par des hommes altérés.» (Job 5:3-5)

Eliphaz croyait que Job était si insensé parce qu'il ne pouvait pas contrôler ses sentiments, mais qu'au contraire, il laissait apparaître ses plaintes et son ressentiment contre Dieu. Et maintenant Eliphaz maudissait la folie de Job et sa famille. Avant que Job n'ait des problèmes, ses enfants étaient aussi prospères, mais depuis que leur père était à l'agonie, il ne pouvaient pas connaître de paix.

La porte dans le verset 4 c'est la protection. 'Ils sont foulés à la porte' signifie qu'ils sont opprimés par une certaine forme d'autorité. Eliphaz disait que Job et ses enfants étaient opprimés par l'autorité de Dieu pour qu'ils se retrouvent dans ce type de désastre. Il a aussi conclu que parce que c'était Dieu qui le faisait, il n'y avait plus de délivrance.

Que signifie, «Sa moisson est dévorée par des affamés, Qui viennent l'enlever jusque dans les épines, Et ses biens sont engloutis par des hommes altérés ?» Les 'affamés' signifient les envahisseurs. Parce que les envahisseurs ont un besoin, ils envahissent d'autres pays pour satisfaire leur besoin.

Les épines peuvent être comparées à du fil barbelé qui se trouve sur les murs des villas des gens riches. On peut dire que Job avait le fil barbelé pour protéger sa récolte, mais elle sera prise par les envahisseurs. Eliphaz voulait dire que les mauvaises paroles qui sortaient de la bouche de Job deviendraient un piège pour lui et qu'il était opprimé par l'autorité et que toutes ses possessions lui étaient enlevées.

Proverbes 18:21 dit, «*La mort et la vie sont au pouvoir de la langue; Quiconque l'aime en mangera les fruits.*» Même lorsque nous parlons pour blaguer, si c'est opposé à la vérité, cela deviendra une épine contre nous et un piège pour amener l'accusation de Satan. Beaucoup d'entre nous ne réalisent pas ce fait pendant que nous vivons sur la terre.

> « Le malheur ne sort pas de la poussière, Et la souffrance ne germe pas du sol; L'homme naît pour souffrir, Comme l'étincelle pour voler. » (Job 5:6-7)

Cette parole semble vraie, mais nous devons réaliser qu'Eliphaz se méprenait toujours. Bien sûr c'est vrai que l'affliction ne vient pas de la poussière et que la souffrance ne germe pas du sol. Mais toutes les afflictions et les épreuves ou les bénédictions ne viennent pas de la terre. Les hommes peuvent manger des fruits de la terre en semant et en moissonnant.

Maintenant Eliphaz enseignait Job. Un homme est-il né pour souffrir comme le dit Eliphaz? Les incroyants disent que les hommes sont nés pour les problèmes et que nous ne vivons que pour manger et survivre.

Ils croient aussi que tout arrive à une fin par la mort physique, et ils ne cherchent donc que leur propre profit pendant qu'ils sont sur la terre. Ils maintiennent le point de vue charnel envers la vie qui est de se contenter de jouir du plus de réputation, d'autorité et de prospérité possible. C'est pourquoi, ils ne font que se rapprocher de leur tombe jour après jour. Au lieu de vivre des jours heureux et joyeux, ils ont des larmes et des douleurs qui augmentent dans leurs vies.

Donc dans le point de vue des gens qui n'ont que de l'espérance dans ce monde, la vie est une suite de souffrances et ils sentent que l'homme n'est né que pour les problèmes. C'est pourquoi non seulement les incroyants, mais aussi certains croyants qui sont incapables de posséder une foi véritable et qui n'ont pas d'espérance du ciel auront cette manière de pensée charnelle comme Eliphaz. Ils finiront par devenir fatigués de leur vie quotidienne.

D'autre part, ceux qui ont une vision spirituelle ont de l'espérance pour le royaume céleste où ils vivront heureux éternellement. Ils peuvent se réjouir en tout temps, être reconnaissants en toutes circonstances et prier sans cesse. Ils ont aussi une vue claire du but de la vie qui est de vivre pour la gloire de Dieu. Qu'ils boivent ou mangent, ou quoiqu'ils fassent, leurs vies sur la terre sont heureuses et joyeuses.

C'est pourquoi, ceux qui ont un point de vue spirituel pensent que les hommes ne sont pas nés pour les problèmes mais pour la gloire de Dieu et pour jouir du bonheur.

3. Les différentes paroles et oeuvres d'Eliphaz

«Pour moi, j'aurais recours à Dieu, et c'est à Dieu que j'exposerais ma cause. Il fait des choses grandes et insondables, Des merveilles sans nombre; Il répand la pluie sur la terre, Et envoie l'eau sur les campagnes; Il relève les humbles, Et délivre les affligés.» (Job 5:8-11)

Nous pouvons voir au travers de ces versets combien Eliphaz est menteur. Il a complètement oublié ce qu'il vient de dire. Il avait dit que peu importe combien, Job pouvait prier et crier à Dieu, il n'y avait aucun moyen pour que Dieu lui réponde. Et maintenant, Eliphaz lui conseille de demander à Dieu et de recevoir Ses réponses.

Eliphaz conseillait Job avec la vérité, mais lui-même était un hypocrite qui prononçait les paroles mais qui ne vivait pas selon elles, tout comme les Pharisiens. Le Dieu tout puissant remue toutes choses dans le ciel et sur la terre et toute la nature. Il fait des choses miraculeuses et il élève ceux qui s'humilient devant Lui.

Alors, que signifie, «Et délivre les affligés?» Ici, les affligés ne sont pas ceux qui sont affligés pour les choses charnelles mais en esprit à cause de leur amour pour Dieu. 'Etre élevé' veut dire que leur esprit sera élevé et se lèvera.

Nous devons être capables d'être affligé pour le royaume de Dieu et pour ces pauvres âmes qui vont sur le chemin de la mort. Si nous observons un quelconque blasphème et des actes qui perturbent l'oeuvre de Dieu, nous esprits doivent parfois être dans une juste indignation, mais la justice charnelle avec de la colère ne fera que disgracier Dieu.

«Il anéantit les projets des hommes rusés, Et leurs mains ne peuvent les accomplir; Il prend les sages dans leur propre ruse, Et les desseins des hommes artificieux sont renversés: Ils rencontrent les ténèbres au milieu du jour, Ils tâtonnent en plein midi comme dans la nuit.» (Job 5:12-14)

Le Dictionnaire Webster Révisé définit 'rusé' en tant que 'être capable ou intelligent dans les affaires pratiques; précis en affaires, l'esprit aiguisé, sagace, malin' mais sa signification spirituelle est de tromper les autres par des méthodes injustes et se faire plus ce genre de personne. Judas Iscariote qui a vendu Jésus, et Ananias et Sapphira qui ont trompé le puissant serviteur de Dieu appartiennent à cette catégorie de définition spirituelle de 'rusé'.

Comploter est d'arranger quelque chose en secret ou de manière détournée. En complotant ils peuvent ressentir que les choses vont se dérouler comme ils le veulent, mais après un certain temps, ils tomberont dans les épreuves et des difficultés. Le sage suivra toujours le bon chemin.

La Bible dit que ceux qui ne vivent pas selon la vérité sont insensés. Parce que les hommes pensent et planifient les choses qui ne sont pas justes selon la vérité, ils sont pris dans leurs pièges et ils tombent. Dieu protège ceux qui marchent dans la vérité. La Bible nous interdit de nous porter garant pour des dettes. Si nous sommes devenus garants pour des dettes, cela signifie que nous avons violé la vérité (Proverbes 22:26).

Parce que les hommes sont insensés, ils complotent et parce que les gens complotent, d'autres sont trompés. Mais si nous vivons dans la vérité, Dieu nous donne une voie de sortie et il travaille pour le bien de toute chose. De même si nous aimons Dieu et sommes aimés de Lui, si nous formons des complots devant Dieu, il ne nous acceptera pas. Parce que Dieu punit ceux qu'Il aime, Il détruira les complots.

Etre rusé est un niveau plus élevé de mal que d'être malin. Lorsqu'ils font face à des tests et à des épreuves, de telles personnes n'ont pas une solution pour le problème et ils font face aux ténèbres.

Mais ceux qui marchent dans la vérité ne rencontreront pas une situation comme les ténèbres parce qu'ils dominent sur l'ennemi diable. Même s'ils devaient rencontrer les ténèbres, Dieu travaillera pour le bien de toutes choses.

«Ainsi Dieu protège le faible contre leurs menaces, Et le sauve de la main des puissants; Et l'espérance soutient le malheureux, Mais l'iniquité ferme la bouche.» (Job 5:15-16)

Les pauvres ne représentent pas uniquement ceux qui sont tristes et sans ressources, mais ceux qui sont spirituellement pauvres. C'est-à-dire ce sont ceux qui ont faim et soif de justice et qui ont des coeurs pauvres. Ceux qui ont des coeurs pauvres ont l'espérance du ciel et recherchent Dieu avec ferveur, et ainsi ils gagneront la foi.

Dans Luc chapitre 16, le mendiant Lazare était pauvre, mais il a pu rester dans le sein d'Abraham. Il a été sauvé et il est allé au ciel. Mais l'homme riche s'est réjoui pendant sa vie sur la terre et il n'a pas cherché Dieu. Il est donc tombé dans la mort éternelle. C'est pourquoi les pauvres ont de l'espérance et l'iniquité doit fermer la bouche.

Si nous avons faim et soif de justice et nous reposons sur Dieu, Il nous sauve de l'épée de leur bouche, et les pauvres des mains des puissants. Ceux qui sont pauvres de coeur auront l'espérance du ciel et ils abandonneront naturellement l'iniquité.

«Heureux l'homme que Dieu châtie! Ne méprise pas la correction du Tout-Puissant. Il fait la plaie, et il la bande; Il blesse, et sa main guérit. Six fois il te délivrera de l'angoisse, Et sept fois le mal ne t'atteindra pas.» (Job 5:17-19)

Lorsque nous acceptons Jésus Christ comme notre Sauveur et nous repentons, nous recevrons le don du Saint Esprit. Si nous recevons le Saint Esprit, nos noms sont inscrits dans le Livre de Vie dans le ciel, et nous gagnons les droits des enfants de Dieu. C'est pourquoi, si les enfants de Dieu violent la parole de Dieu et vont sur le mauvais chemin, Dieu permet la punition.

S'il n'y a pas de punition même si nous ne gardons pas saint le Jour du Seigneur et ne vivons pas selon la vérité, nous devons vérifier si nous sommes des fils illégitimes (Hébreux 12:5-8).

Eliphaz conseillait Job en disant, «Tu es puni à cause de tes péchés, et pourquoi te plains-tu? Reçois le châtiment du Dieu tout puissant avec joie.»

Alors, pourquoi Eliphaz dit-il dans le verset 18, «Il fait la plaie, et il la bande; Il blesse, et sa main guérit.» Il a beaucoup entendu de ses prédécesseurs concernant la loi commençant par le livre de la Genèse et il a aussi étudié la parole de Dieu.

Mais il n'avait aucune compréhension spirituelle de la connaissance qu'il avait. Il essayait seulement d'enseigner Job uniquement avec la connaissance qu'il avait acquise (Job 5:27). Malgré que Job ait entendu ses paroles, il n'était pas capable de comprendre clairement ni de se détourner de ses péchés et de changer. La parole de Dieu est rédigée sous l'inspiration du Saint Esprit, et ce n'est donc que si nous comprenons la signification spirituelle que notre coeur peut changer. Simplement enseigner littéralement ne peut pas donner la vraie vie.

Ici, quelle est la signification spirituelle de «Il fait la plaie et il la bande?» Lorsque Satan a accusé Job, Dieu a permis une épreuve. C'est parce qu'il y avait une raison pour laquelle Dieu l'avait autorisée. Ce n'est pas Dieu Lui-même qui a puni Job et lui a donné une maladie, mais Satan l'a accusé dans la mesure où il avait violé la loi du monde spirituel et lui a apporté des désastres et des maladies.

Parce que Dieu a ordonné au serpent de manger de la poussière, Satan apporte des désastres aux hommes dans la mesure où ils commettent des péchés. Mais s'ils s'en détournent et se repentent, Dieu les guérit et les rend parfaits.

Ensuite, que signifient «Six fois il te délivrera de l'angoisse, Et sept fois le mal ne t'atteindra pas?» Les 'Six fois' se réfèrent aux six mille ans où les humains vivent sur la terre depuis qu'Adam et Eve ont été chassés du Jardin d'Eden. Mais Eliphaz n'utilisait pas cette expression en connaissant cette signification spirituelle.

« Six fois il vous délivrera » signifie que tout comme Dieu a créé les cieux et la terre pendant six jours et s'est reposé le septième jour, ceux qui craignent Dieu et vivent dans la vérité pendant les six mille ans pendant lesquels l'humanité est sous la direction de l'ennemi diable recevront le salut par le nom de Jésus Christ.

De même, 'Sept fois le mal ne t'atteindra pas' se réfère à la providence de Dieu. Le chiffre '7' est le chiffre de la perfection dans la Bible. Après les six mille années de l'histoire de l'humanité, se déroulera le royaume du Millenium sur cette terre, et après les sept mille années d'histoire, les royaumes éternels du ciel et de l'enfer seront révélés au travers du Jugement du Grand Trône Blanc.

C'est pourquoi 'sept fois le mal' symbolise la providence parfaite et la volonté de Dieu qui a planifié les sept mille années de l'histoire. Même dans les épreuves, la Bible promet que ceux qui se reposent entièrement sur Dieu et Lui demandent, seront délivrés de ces épreuves.

> « Il te sauvera de la mort pendant la famine, Et des coups du glaive pendant la guerre. Tu seras à l'abri du fléau de la langue, Tu seras sans crainte quand viendra la dévastation. Tu te riras de la dévastation comme de la famine, Et tu n'auras pas à redouter les bêtes de la terre. » (Job 5:20-22)

Lors de la famine, tout le monde est affecté, et comment Dieu peut-il nous racheter? Dans 1 Rois chapitre 17, il y avait une famine pendant trois ans et demi du temps où le roi Achab régnait sur Israël, à cause d'une sévère idolâtrie qui avait appelé la colère de Dieu.

Mais le prophète Elie était aimé de Dieu, et Dieu l'a conduit vers le torrent de Kerith et l'a nourri avec du pain et de la viande au moyen d'un corbeau. De même, lorsque le torrent fut lui-même asséché, Dieu l'a conduit auprès de la veuve de Sarepta. Ceux qui ne doutent pas de Dieu, et qui chassent les péchés et se reposent sur Lui, recevront l'aide de Dieu.

Ensuite, il est écrit, «Et des coups du glaive pendant la guerre.» Les prophètes ont aussi été sauvés de l'épée. Jérémie a été emmené captif mais a toujours été protégé par Dieu. Même lorsque la reine Jézabel a essayé de tuer Elie, il a toujours été protégé.

De la même manière, si nous faisons confiance à Dieu et nous reposons entièrement sur Lui, nous pouvons être reconnus et aimés de Dieu, et aucune épée ne peut nous faire de mal.

Il est aussi dit, «Tu seras à l'abri du fléau de la langue,» et qu'est-ce que le 'fléau de la langue'? C'est de montrer en actes les paroles de la bouche de quelqu'un.

Par exemple, quand quelqu'un dit, «Je te tuerai!» et il tue réellement une autre personne, ce sont les paroles en actes. Dans le chapitre 6 de Daniel, il y avait un décret qui était issu que si quelqu'un adressait des prières à n'importe quel autre Dieu ou homme sauf au roi lui-même serait jeté dans la fosse aux lions.

Daniel connaissant ce fait, est rentré à la maison et selon son habitude, il a prié Dieu trois fois par jour en regardant Jérusalem. Il a donc été jeté dans le fosse aux lions. Mais pas un de ses cheveux n'a été blessé. L'ange de Dieu a fermé les gueules des lions.

Ensuite, 'violence' est la destruction causée par les guerres et les maladies dans les domaines de la famille et des affaires. Même si des épreuves viennent sur une famille ou dans les affaires, et même si quelqu'un meurt d'une maladie, s'il se détourne et se repent, il peut expérimenter l'oeuvre de guérison et les réponses de Dieu.

Il est écrit, « Tu te riras de la dévastation comme de la famine. » Cela signifie que si Job faisait confiance et se reposait entièrement sur Dieu et laissait toutes choses entre Ses mains, il ne serait pas à maudire et se lamenter maintenant, mais il rirait au visage de la famine et de la violence. C'est-à-dire, 'rire' signifie qu'une personne est confiante et brave.

Il est écrit, « Et tu n'auras pas à redouter les bêtes de la terre. » Dieu a créé Adam et l'a fait dominer sur tous les animaux sauvages, les oiseaux et les poissons. Mais puisqu'il a désobéi à Dieu et a été maudit, les bêtes sauvages ont peur des gens ou ils attaquent l'homme.

« Car tu feras alliance avec les pierres des champs, Et les bêtes de la terre seront en paix avec toi. » (Job 5:23)

« Job, si tu faisais réellement confiance et te reposais sur Dieu, tu n'aurais pas des lèvres insensées maudissant, Dieu, toi-même ou tes parents. Même si tu souffres la violence et la famine, tu dois être confiant et ferme. Tu ne craindras pas les animaux sauvages et les pierres des champs et les animaux des champs seront en paix avec toi. »

Ici que symbolisent spirituellement 'pierre' et 'champ'? Le 'champ' est le coeur de l'homme et la pierre est Jésus Christ qui est le Rocher. Lorsque nous ouvrons notre coeur et acceptons Jésus Christ, le Saint Esprit vient dans notre coeur. Tandis que nous écoutons la vérité, la parole vient en nous de manière à ce que nous gagnons la réalisation et commençons à changer notre coeur. Cette vérité est la parole de Dieu et Jésus Christ Lui-même qui est le Rocher.

Donc, dans la mesure où notre coeur change en une bonne terre, notre âme va prospérer, tout ira bien avec nous et nous serons en bonne santé. 1 Jean 3:21-22 dit, *«Bien-aimés, si notre coeur ne nous condamne pas, nous avons de l'assurance devant Dieu. Quoi que ce soit que nous demandions, nous le recevons de lui, parce que nous gardons ses commandements et que nous faisons ce qui lui est agréable.»* Dans de nombreuses parties de la Bible, Dieu promet Ses bénédictions qui sont données à ceux dont l'âme prospère au travers de Sa parole.

De la même manière, la vérité de Jésus Christ nous change en hommes spirituels et hommes de Dieu, et Dieu nous protège avec les murs enflammés du Saint Esprit et la lumière de la gloire, de sorte que l'ennemi diable et Satan ne peuvent pas travailler sur nous.

Si votre foi grandit et que votre âme prospère, les désastres ne peuvent pas venir sur vous et le diable qui est symbolisé par 'les animaux sauvages dans les champs' ne peuvent nous nuire, de sorte que même nos ennemis seront en paix avec nous.

«Tu jouiras du bonheur sous ta tente, Tu retrouveras tes troupeaux au complet, Tu verras ta postérité s'accroître, Et tes rejetons se multiplier comme l'herbe des champs. Tu entreras au sépulcre dans la vieillesse, Comme on emporte une gerbe en son temps. Voilà ce que nous avons reconnu, voilà ce qui est; A toi d'entendre et de mettre à profit.» (Job 5:24-27)

Eliphaz instruisait Job que s'il se reposait sur Dieu et lui demandait, sa famille aurait la paix et il recevrait toutes les bénédictions de la vie, y compris les bénédictions de la prospérité des enfants et de la longue vie. Mais Eliphaz a dit que cela était une étude, mais pas quelque chose qu'il avait expérimenté ou cru.

Ce dont nous devons nous rappeler est que malgré que nous puissions étudier la parole de Dieu et l'enseigner, mais avec uniquement la connaissance, l'auditeur ne peut pas gagner de la foi. Si vous accumulez de plus en plus de connaissance de la vérité sans la pratiquer, il est très probable que vous allez devenir arrogant. Vous n'aurez aucune foi avec laquelle vous pouvez croire avec votre coeur et c'est donc difficile pour vous de vivre selon la parole.

Comme Jésus l'a dit dans Jean 3:6, *«Ce qui est né de l'esprit est esprit,»* nous devons transmettre un message spirituel de sorte que le Saint Esprit puisse travailler avec la parole. De cette manière, les coeurs seront ouverts et ils comprendront la vérité et acquerront de la foi.

Eliphaz a conseillé fièrement Job sur ce qu'il avait étudié, mais au lieu de venir à la repentance, Job était encore plus rempli de sentiments de malaise.

Chapitre **6**

Le débat de Job

1. Job exprime ses sentiments dans des sarcasmes tordus

2. Job se méprend sur le fait que Dieu est un Dieu qui fait peur

3. Job déçoit Dieu avec ses paroles

4. Job s'affaiblit

5. L'amour charnel change

6. N'argumentons pas

7. Le mal de Job qu'il ne connaissait pas est révélé

«Oh! s'il était possible de peser ma douleur, Et si toutes mes calamités étaient
sur la balance, Elles seraient plus pesantes que le sable de la mer; Voilà
pourquoi mes paroles vont jusqu'à la folie!» (Job 6:2-3)

1. Job exprime ses sentiments dans des sarcasmes tordus

«Job prit la parole et dit: Oh! s'il était possible de peser ma douleur, Et si toutes mes calamités étaient sur la balance, Elles seraient plus pesantes que le sable de la mer; Voilà pourquoi mes paroles vont jusqu'à la folie!» (Job 6:1-3)

Job était très fâché et plein de ressentiment et ainsi il dit que ses calamités sont plus pesantes que le sable de la mer. Il y a une raison pour laquelle cette colère est tellement violente.

D'abord, c'est parce qu'il croit que le Dieu tout puissant a pris tous ses enfants et possessions. Parce que Job était un homme intègre, il ne s'est pas plaint devant Dieu au début. Mais parce qu'il souffrait d'ulcères sur tout son corps, il ne pouvait plus le supporter; Il a commencé à se plaindre contre Dieu et ses parents.

Ses amis aussi sont venus vers lui, et ils ne l'ont pas réconforté mais ils l'ont seulement réprimandé avec les paroles de Dieu, c'est pourquoi sa colère était violente.

Dieu nous dit de ne pas garder notre colère après le coucher du soleil, mais d'aimer nos ennemis, de toujours se réjouir et de rendre grâce dans toutes les circonstances. Mais Job ne s'est même pas rendu compte que sa colère n'était pas juste aux yeux de Dieu alors qu'il donnait ses arguments. Job croyait qu'il souffrait sans raisons.

Ici, quand il a dit, «mes paroles vont jusqu'à la folie!» cela ne veut pas dire qu'il a réalisé ses manquements et s'est repenti, mais il était cynique. Parce que ses amis n'acceptaient pas ses paroles mais l'ont au contraire critiqué, il regrettait de leur avoir parlé.

D'un autre côté, les amis de Job croyaient qu'ils avaient raison et ils ont réprimandé Job. Au même moment, Job aussi pensait qu'il avait raison et il parlait très mal à ses amis. Les deux parties argumentaient qu'elles avaient raison mais selon la parole de Dieu, les deux parties ne comprennent pas réellement la vérité.

Si nous avons la foi, nous crierons à Dieu dans la prière dans une situation comme celle de Job, et si des amis venaient pour nous reprendre avec la vérité, nous l'accepterions avec reconnaissance.

2. Job se méprend sur le fait que Dieu est un Dieu qui fait peur

«Car les flèches du Tout-Puissant m'ont percé, Et mon âme en suce le venin; Les terreurs de Dieu se rangent en bataille contre moi.» (Job 6:4)

Job se méprend en pensant que Dieu avait programmé sa punition en disant qu'il a été percé par les flèches de Dieu et qu'ainsi son esprit, c'est à dire son coeur a bu le venin. Cela signifie qu'il croyait que Dieu l'avait maudit et frappé. Il a cru que la puissance de Dieu l'avait frappé.

Job avait habituellement peur de Dieu (Job 3:25). Le Dieu dont Job avait appris la loi était un Dieu de punition qui a partagé la Mer Rouge et a donné les Dix Plaies. Job offrait des sacrifices à Dieu au départ de sa peur parce qu'il voulait recevoir le salut.

Dieu est un juste juge et aussi un Dieu d'amour, mais Job ne réalisait pas ce fait. Alors comment ses offrandes pourraient-elles être agréables aux yeux de Dieu? Alors comment Dieu pouvait-Il laisser l'intègre et droit Job tel qu'il était?

Dieu a permis les épreuves de Job de sorte qu'il puisse se renier lui-même et réaliser que Dieu était amour et qu'il était juste. De cette manière, Job pouvait aimer Dieu du plus profond de son coeur et être aimé par Lui. Au travers de ce processus, Job pouvait chasser les contrevérités de sa vie une par une et devenir sanctifié. De la même manière, il est important que dès que nous nous sommes réalisés nous-mêmes, nous devons chasser ce qui n'est pas juste en nous selon la vérité.

> «L'âne sauvage crie-t-il auprès de l'herbe tendre? Le boeuf mugit-il auprès de son fourrage? Peut-on manger ce qui est fade et sans sel? Y a-t-il de la saveur dans le blanc d'un oeuf? Ce que je voudrais ne pas toucher, C'est là ma nourriture, si dégoûtante soit-elle!» (Job 6:5-7)

Un âne sauvage braille parce qu'il a faim. S'il avait de la nourriture, il ne braillerait pas. De la même manière Job dit qu'il pleure parce qu'il a une douleur insupportable. Il est aussi cynique au sujet des paroles de ses amis en disant que tout comme la nourriture sans sel et le blanc de l'oeuf sont fades, leurs paroles vides de sens étaient tellement mauvaises qu'il ne pouvait pas les accepter.

Job a dit, «Mon âme refuse de les toucher», et cela nous montre que Job était arrogant. Parce que ce que ses amis lui disaient ne lui était d'aucun profit, ce n'était pas du tout une aide. Il était seulement irrité par eux et comme il ne pouvait pas accepter ce qui était dit, cela ne faisait que heurter ses sentiments.

Ses amis, malgré qu'ils donnaient une leçon à Job dans la parole de vérité, mais en fait, ils le frappaient avec leurs propres sentiments de malaise. Et Job le prenait aussi personnellement de la part de ses amis. Il pensait, «Etes-vous Dieu? J'ai aussi beaucoup de sagesse et de connaissance. Combien savez-vous?» Il a fermé la porte de son coeur avec l'arrogance de sa pensée, de sorte que même les paroles de vérité de ses amis ne pouvaient lui donner aucune leçon. Peu importe la quantité de vérité qui se trouvait dans ses paroles, il était incapable de le réaliser et de l'accepter.

Dieu nous a dit de ne pas jeter les perles aux chiens et aux pourceaux. S'ils ne l'acceptent pas, nous ne parlerions pas la parole de Dieu, même si c'était la vérité. Mais Eliphaz ne réalisait pas que Job avait fermé la porte de son coeur et il continuait à argumenter avec lui pour donner une leçon à Job.

Job ne pouvait pas simplement accepter le conseil d'Eliphaz, mais il en était irrité. C'est pourquoi il a dit que c'était pour lui comme de la nourriture pas cuite et sans goût.

3. Job déçoit Dieu avec ses paroles

«Puisse mon voeu s'accomplir, Et Dieu veuille réaliser mon espérance! Qu'il plaise à Dieu de m'écraser, Qu'il étende sa main et qu'il m'achève! Il me restera du moins une consolation, Une joie dans les maux dont il m'accable: Jamais je n'ai transgressé les ordres du Saint.» (Job 6:8-10)

Job priait Dieu pour qu'Il prenne sa vie. Nous pouvons

comprendre ses douleurs, mais nous ne devons jamais demander pareille chose à Dieu, parce que c'est une désillusion pour Dieu. Nous ne devrions même pas y penser.

La vie de l'homme est donnée par Dieu, et nous ne pouvons pas la traiter comme si c'était quelque chose à notre disposition. De plus, si nous croyons en Dieu et demandons à Dieu d'enlever notre vie, cela prouve que nous n'avons aucune foi et c'est une telle déception pour Dieu. Mais Job était incapable de réaliser ce fait.

Daniel savait qu'il serait jeté dans la fosse aux lions à cause des complots d'autres serviteurs qui étaient jaloux de lui, mais il ne s'est pas compromis. Il suivait toujours son habitude et rendait grâce à Dieu dans ses prières en regardant Jérusalem (Daniel 6:10).

Il a été jeté dans la fosse aux lions, mais Dieu était avec lui et l'a protégé au moyen de Son ange, de sorte que pas même un cheveu de Daniel n'a été touché. Au travers de cela, il a pu témoigner au roi du Dieu vivant et les gens de cette nation ont grandement donné gloire à Dieu.

Même dans une grande douleur, lorsque nous rendons grâce à Dieu, espérant que Dieu travaillerait pour le bien de tout, Dieu peut travailler en voyant cette foi.

Mais Job ne comprenait pas correctement la vérité et n'avait aucune espérance pour la vie à venir. C'est pourquoi il s'est plaint devant Dieu et a déçu Dieu. Job n'agissait pas selon la vérité, mais il était plutôt arrogant devant Dieu en insistant sur le fait qu'il avait raison.

Job pensait que le Dieu tout puissant ne lui manifestait pas de miséricorde, mais lui donnait seulement de la douleur sans aucune pitié. Job dit que le Tout puissant l'a puni sévèrement, malgré qu'il n'avait pas violé Sa parole, c'est à dire que Job vivait dans la vérité.

Job prononçait toutes ces paroles de mensonge parce qu'il n'avait pas une claire compréhension de Dieu. Et cependant il continuait à insister sur le fait qu'il vivait dans la vérité, et il n'aurait aucun regret même si Dieu prenait sa vie.

4. Job s'affaiblit

« Pourquoi espérer quand je n'ai plus de force ? Pourquoi attendre quand ma fin est certaine ? Ma force est-elle une force de pierre ? Mon corps est-il d'airain ? » (Job 6:11-12)

Job croyait qu'il était impossible pour lui de récupérer et il n'avait pas d'autre choix que de retourner à une poignée de poussière. Il lui semblait impossible parce qu'il n'avait pas la foi. Il était fatigué de demander à Dieu de le guérir, et il était complètement exténué.

C'est pourquoi il disait qu'il ne pouvait plus le supporter. Il se sentait misérable dans son corps qui était couvert d'ulcères de la tête aux pieds. Etant donné qu'il n'avait aucune espérance de récupérer, et qu'il ne s'y attendait pas, il espérait seulement que Dieu lui prenne sa vie.

« Ne suis-je pas sans ressource, Et le salut n'est-il pas loin de moi ? Celui qui souffre a droit à la compassion de son ami, Même quand il abandonnerait la crainte du Tout-Puissant. Mes frères sont perfides comme un torrent, Comme le lit des torrents qui disparaissent. » (Job 6:13-15)

Job pensait qu'il avait autrefois de la prospérité et il pouvait aider beaucoup de gens, mais maintenant il ne pouvait plus rien faire. Il était autrefois réputé pour sa connaissance et sa sagesse, mais maintenant il n'avait rien.

Dieu est tout puissant et il a même pu ressusciter Lazare qui était mort depuis quatre jours. Mais job n'avait pas de foi spirituelle pour croire en Dieu qui crée les choses au départ de rien. Parce qu'il ne pouvait pas se reposer sur Dieu et n'avait pas de foi, il est devenu de plus en plus faible. Finalement il a perdu toute sa force et sa volonté. Parce qu'il ne se reposait pas sur Dieu, il n'avait pas de sagesse et il n'a conservé que sa folie. Nous pouvons voir que Job s'est éloigné de la vérité, sa méchanceté est ressortie.

«Amis, vous êtes sans coeur. Quand j'étais riche et en bonne santé et que ma famille semblait heureuse, vous m'aimiez et me respectiez, mais quand je n'ai plus rien, où est votre amour? Sans pluie, le torrent s'assèche, et n'est-ce pas semblable à vous, messieurs?»

Job s'attendait à un chaud réconfort de la part de ses amis, mais ils ne lui donnaient que des conseils sévères avec leurs sentiments de malaise pour qu'il se repose sur Dieu. Job n'a pas aimé cela. Lorsque nous traversons des tests et des épreuves, nous pourrions espérer la consolation de quelqu'un, mais cela ne fera que nous rendre plus faibles, cela ne nous aide pas du tout.

Lorsque Pierre marchait sur la mer, il a vu les vagues de la mer, et ses propres pensées ont commencé à l'envahir et il a coulé dans l'eau. Jésus ne l'a pas réconforté en disant quelque chose comme, «Pierre, tu as presque coulé! Comme c'est bien que tu n'aies pas coulé. Combien c'était dangereux!» Au contraire, Il l'a plutôt réprimandé en disant que Pierre avait peu de foi.

De la même manière, nous devons planter la foi dans ceux qui souffrent de tests et d'épreuves au moyen de la parole de Dieu et les conduire dans la prière de sorte qu'ils puissent réaliser et se comprendre eux-mêmes et qu'ils se détournent de leurs manquements. Nous devons leur faire recevoir la force de chasser l'ennemi diable et Satan. Cela c'est l'amour véritable et spirituel. C'est-à-dire que nous ne devons pas donner des conseils avec nos sentiments de malaise comme les amis de Job. Ce n'est que lorsque nous donnons le conseil ou réprimandons avec amour que l'auditeur peut recevoir la force de se dresser devant Dieu.

Si nous ne faisons que donner une simple consolation à ceux qui expérimentent un échec, ou sont dans le désespoir, ils pourraient dire que vous êtes celui qui les comprend, mais ils ne recevront pas le force d'en haut. Ils deviendront même plus faibles et ils prononceront des paroles vides de foi devant Dieu. Ils déçoivent donc Dieu et rendent l'ennemi diable heureux.

5. L'amour charnel change

« Les glaçons en troublent le cours, La neige s'y précipite; Viennent les chaleurs, et ils tarissent, Les feux du soleil, et leur lit demeure à sec. » (Job 6:16-17)

La neige en soi est pure, mais elle fond en eau, elle salit. Si le soleil brille, même cette eau va s'évaporer. Job disait que les coeurs de ses amis étaient comme de la neige. Pourquoi Dieu a-t-Il permis que cela fut relaté par Job?

C'est parce que le coeur de l'homme est aussi rusé et changeant que la neige qui fond. Les amis de Job ont conseillé et réprimandé Job en utilisant les paroles de Dieu dans leurs pensées, mais parce que ces paroles n'étaient pas des paroles d'amour, ils n'ont pas pu toucher ni remuer le coeur de Job. C'est pourquoi leur conversation n'est devenue que des arguments entre Job et ses amis.

Dans le monde, quand une personne est prospère, beaucoup de gens la suivent. Mais si en un jour, il fait faillite, cela devient très difficile de trouver même une personne qui l'aime jusqu'à la fin.

De plus, l'amour charnel pousse quelqu'un à chercher son propre intérêt. L'amour spirituel au contraire, cherche l'intérêt de l'autre personne et c'est un amour sacrificiel et qui ne change pas. Les amis de Job avaient aussi un amour charnel et Job a pointé leurs coeurs changeants.

> «Les caravanes se détournent de leur chemin, s'enfoncent dans le désert, et périssent. Les caravanes de Théma fixent le regard, Les voyageurs de Séba sont pleins d'espoir; Ils sont honteux d'avoir eu confiance, Ils restent confondus quand ils arrivent.» (Job 6:18-20)

Dans le désert, les gens se déplacent en groupe pour rechercher de l'eau. S'ils ne trouvent pas d'eau, ils ne peuvent que retourner dans le désert et mourir. «Les caravanes de Théma fixent le regard, Les voyageurs de Séba sont pleins d'espoir» signifient que nos coeurs sont les mêmes.

Auparavant, ils avaient de l'amour et de l'affection les uns envers les autres, mais quand ils n'ont plus rien pu gagner de Job, leur nature originelle s'est révélée et ils ont été confondus.

6. N'argumentons pas

«Ainsi, vous êtes comme si vous n'existiez pas; Vous voyez mon angoisse, et vous en avez horreur! Vous ai-je dit: Donnez-moi quelque chose, Faites en ma faveur des présents avec vos biens, Délivrez-moi de la main de l'ennemi, Rachetez-moi de la main des méchants?» (Job 6:21-23)

Comme Job continuait à argumenter, ses sentiments sont devenus de plus en plus intenses. Il ressentait que ses amis devaient le réconforter et avoir compassion de lui, mais ils ne faisaient que le réprimander. C'est pourquoi il a cru qu'ils ne l'avaient pas compris, c'est à dire que Job raisonnait en pensant que ses amis croyaient qu'il voulait se reposer sur eux.

Job a dit qu'il ne leur aurait jamais demandé de lui donner quelque chose ou le délivrer des mains de l'adversaire. C'est pourquoi il leur a demandé pourquoi ils avaient peur et le traitaient comme ils le faisaient.

Dans une telle situation combien ses amis ont-ils dû être abasourdis ! Ils essayaient d'enseigner une leçon à Job avec ce qu'ils avaient étudié, mais Job a fermé la porte de son coeur et n'a pas du tout écouté. Au contraire il avait de plus en plus de colère et argumentait avec eux. Lorsque beaucoup de gens discutent, ce genre de choses se produit. C'est pourquoi la parole de Dieu nous dit de ne pas discuter. Dans 1 Corinthiens 6:7, Dieu nous dit de ne pas nous poursuivre en justice mais au contraire d'accepter que nous avons été trompés.

Si nous argumentons, l'ennemi diable et Satan trouveraient sûrement une manière d'entrer. Satan travaille au travers des sentiments des gens et leur donne des sentiments de malaise les uns envers les autres en développant la haine qui existe entre des ennemis. C'est pourquoi nous devons chasser les sentiments de malaise. Si nous avons des sentiments de malaise, même le meilleur conseil ne marchera pas.

> «Instruisez-moi, et je me tairai; Faites-moi comprendre en quoi j'ai péché. Que les paroles vraies sont persuasives! Mais que prouvent vos remontrances?» (Job 6:24-25)

Les amis de Job avaient pointé les manquements de Job, mais il n'en comprenait rien du tout. C'est pourquoi il a dit, «Instruisez-moi, et je me tairai.»

7. Le mal de Job qu'il ne connaissait pas est révélé

> «Voulez-vous donc blâmer ce que j'ai dit, Et ne voir que du vent dans les discours d'un désespéré? Vous accablez un orphelin, Vous persécutez votre ami. Regardez-moi, je vous prie! Vous mentirais-je en face. Revenez, ne soyez pas injustes; Revenez, et reconnaissez mon innocence.» (Job 6:26-29)

En d'autres termes, Job disait «Etes-vous tous en train de contredire ce que j'ai dit? Mes paroles viennent de mon désespoir et elles sont comme le vent.» L'expression «Appartenir au vent» signifie que ce n'est pas vrai et n'a aucune valeur.

Lorsqu'il a dit, «Voulez-vous blâmer les discours d'un désespéré?» Job reprochait continuellement à ses mis en demandant que leurs actes puissent être raisonnables et appropriés. Comme dans le verset 27, accabler un orphelin et persécuter votre ami sont des choses qui sont totalement inacceptables. Et aux yeux de Job, ses amis semblaient aussi mauvais que ceux qui font ces choses.

En fait, voilà ce que Job disait, «Maintenant, jugez par vous-mêmes et si vous estimez que vous êtes sûrs que vous avez raison sans aucun doute, alors vous pourrez me regarder dans les yeux et parler ainsi! Mes paroles sont la vérité et les faits. Vous êtes ceux qui doivent s'examiner et vous détourner, moi j'ai raison.»

Job n'avait pas un mauvais coeur et ne dirait pas un mensonge. Mais parce qu'il ne comprenait pas vraiment la vérité, il ne pouvait pas voir son iniquité en lui. Les amis de Job ont parlé pour son bien, mais Job lui-même s'est fâché pour ce qu'ils avaient dit. Ils blessaient Job plutôt que de l'aider.

C'est pourquoi, lorsque nous donnons des conseils aux autres, malgré que notre conseil soit entièrement correct; nous devons dire ce que nous faisons sans aucune émotion personnelle, mais uniquement d'une manière qui est douce et gentille. Il est important de conseiller avec un coeur chaleureux et amour.

Ici nous pouvons trouver pourquoi Job a dû traverser ces épreuves. Parce qu'il ne comprenait pas réellement la vérité, Job croyait que ses amis avaient entièrement tort et qu'il avait raison. C'était de l'arrogance. Etre arrogant signifie que son propre égo et autosuffisance s'opposent aux autres et les méprisent. Job croyait qu'il était le meilleur en tout, et que Dieu l'avait puni sans raisons. C'est pourquoi il ne pouvait pas réaliser ni se comprendre. Même quand ses amis ont essayé de lui faire réaliser, il ne voulait pas écouter. Il reprochait plutôt à ses amis en croyant qu'ils avaient tort.

Jusqu'à ce point; nous avons pu réaliser que Job avait de nombreuses erreurs dans ce qu'il disait. Il a prononcé des paroles qui pouvaient le lier spirituellement. Par ces paroles, il donnait des occasions à Satan d'apporter des accusations contre lui.

Dieu nous dit, *«Ainsi donc, que celui qui croit être debout prenne garde de tomber!»* (1 Corinthiens 10:12). C'est dangereux lorsque nous pensons, «J'ai fait tout cela, c'est suffisant.» Comme la confession de l'apôtre Paul, nous devons mourir chaque jour dans la vérité (1 Corinthiens 15:31). Job pensait qu'il se tenait ferme et que c'était pourquoi il tombait et souffrait.

Une autre raison pour laquelle Job ne pouvait pas réaliser lui-même était qu'il croyait qu'il faisait de son mieux pour vivre une vie bonne et juste, ainsi, il a cru qu'il ne pouvait jamais avoir ce mal en lui.

«Y a-t-il de l'iniquité sur ma langue, Et ma bouche ne discerne-t-elle pas le mal?» (Job 6:30)

Cela nous révèle clairement pourquoi Job devait traverser des épreuves. Parmi les choses que Job a dites, il y avait de nombreuses choses qui n'étaient pas en ligne avec la vérité. Il y avait aussi des paroles d'injustice. Mais Job a conclu que toutes ses paroles étaient justes et appropriées, et que les paroles de ses amis étaient toutes mauvaises et fausses. Combien ce que Job a dit était-il ridicule et erroné!

Chapitre 7

Enlève les vers de ton coeur

1. La vie quotidienne ennuyeuse et douloureuse de Job

2. Un coeur sale avec des vers

3. Job ne compte plus sur lui-même

4. Concernant le Shéol (le Tombeau) dans la Bible

5. Qu'est-ce que le Jugement de la Conscience?

6. Job se méprend en pensant que c'est Dieu qui le torture

«Comme l'esclave soupire après l'ombre,
Comme l'ouvrier attend son salaire.» (7 :2)

1. La vie quotidienne ennuyeuse et douloureuse de Job

«Le sort de l'homme sur la terre est celui d'un soldat, Et ses jours sont ceux d'un mercenaire. Comme l'esclave soupire après l'ombre, Comme l'ouvrier attend son salaire, Ainsi j'ai pour partage des mois de douleur, J'ai pour mon lot des nuits de souffrance. Je me couche, et je dis: Quand me lèverai-je? quand finira la nuit? Et je suis rassasié d'agitations jusqu'au point du jour.» (Job 7:1-4)

Comme Job a souffert au travers des épreuves, il a ressenti que la vie était misérable parce qu'il avait tout perdu. Il attendait seulement la mort, mais il ne pouvait même pas mourir. Plutôt que de réconforter Job, ses amis ont seulement montré du mépris. Il ne voyait aucune espérance.

Le seul espoir d'un mercenaire est de recevoir son salaire quotidien. Lorsque le soleil se lève, il travaille. Après que le soleil se soit couché, il retourne à la maison et dort. De même, un serviteur ne fait que ce que son maître lui dit de faire. Il n'a de l'espoir que dans le coucher du soleil de sorte qu'il puisse se reposer.

Etant donné que Job souffrait depuis plusieurs mois, il se sentait tout comme un serviteur engagé qui passait des journées sans sens et sans espoir en n'attendant que le soleil qui se couche.

Il ne pouvait pas dormir et il continuait à se gratter et à se retourner à cause de sa douleur. Etant donné que Job avait perdu sa vision et son rêve, il se lamentait dans le désespoir.

Mais même un ouvrier qui a été engagé sur une base journalière ne devait pas avoir le type d'attitude de Job. Un homme qui connait Dieu et qui connait le royaume des cieux a la vie en lui, alors quel type de vie doit-il mener? Il devrait donner gloire à Dieu en toutes choses, que ce soit en mangeant, en buvant et en tout ce qu'il fait.

Dans le chapitre 16 de Luc, l'homme riche ne croyait pas en Dieu mais il se réjouissait de sa vie sur la terre, et quand il est mort, il est descendu dans le Tombeau Inférieur qui appartient à l'enfer. Mais Lazare qui avait mangé ce qui tombait de la table de l'homme riche, vivait dans une vraie crainte de Dieu et il est monté dans le sein d'Abraham dans le Tombeau Supérieur qui appartient au ciel. Nous devons avoir un rêve.

Nous devons avoir l'espérance et le rêve d'aller à la Nouvelle Jérusalem le meilleur lieu de séjour dans le royaume des cieux. Nous devons avoir ce rêve de posséder la couronne d'or et la couronne de la Justice en travaillant fidèlement pour le royaume de Dieu sur cette terre et en combattant le péché de façon à devenir sanctifiés. La prospérité de ce monde peut être volée par des voleurs et tout disparait avec le temps qui passe. Mais si nous accumulons un trésor dans le ciel, nous ne devrons jamais nous soucier à ce sujet. C'est parce que Dieu nous rend 30, 60 ou 100 fois plus.

Ceux qui craignent Dieu et ont de l'espérance peuvent vivre avec un rêve et une vision, et donc même s'ils sont engagés comme de simples serviteurs ou même des esclaves, ils peuvent mener une vie heureuse et joyeuse. Ils ne doivent ni se lamenter, ni se plaindre ni argumenter comme Job l'a fait.

2. Un coeur sale avec des vers

«Mon corps se couvre de vers et d'une croûte terreuse,
Ma peau se crevasse et se dissout.» (Job 7:5)

Job avait été riche. A un moment donné, il pouvait vivre
sa vie dans un environnement clair et dans l'abondance en
toutes choses, y compris ses vêtements et tout le reste. Mais
maintenant des vers et des croûtes de saleté couvraient tout
son corps. Même si une personne connait Dieu, s'il n'a aucune
expérience de rencontrer Dieu ou de posséder la foi spirituelle,
il va naturellement se lamenter et prononcer des paroles de
ressentiment pendant une épreuve comme celle-ci.

Alors, quelle est la signification spirituelle de ce verset? Si
nous regardons à tout ce que Job a dit jusqu'à présent, on peut
voir que tout ce qu'il a dit n'est ni bon ni vrai. Il a prononcé des
paroles qui n'étaient ni justes ni appropriées aux yeux de Dieu.
Ce qui se trouvait dans son coeur sortait de ses lèvres. Cela
signifie que ce que Job avait dans le coeur sortait comme des vers
sales.

Originellement, Job avait un bon coeur qui était comme un
sol richement fertile. Il était honnête et droit aux yeux de Dieu.
Mais si on laisse même une bonne terre sans soins pendant 10
ans, elle produira toutes espèces de mauvaises herbes et pourrait
devenir comme une terre aride.

Dans ce cas, il faut la retourner, arracher les mauvaises herbes
et briser le sol endurci pour en refaire une bonne terre. Bien sûr,
rien qu'en enlevant les mauvaises herbes nous ne pouvons pas la
retransformer en bonne terre, parce que chacune des bonnes et
mauvaises terres ont leur caractères propres.

Job pouvait devenir comme une très bonne terre s'il chassait
seulement la contrevérité qui était comme des mauvaises herbes

dans son coeur. C'est pourquoi Dieu le reconnaissait comme étant honnête et droit (Job 1:1). Mais parce qu'il n'avait pas expérimenté une rencontre avec Dieu et qu'il ne connaissait pas très bien la vérité dans la parole, il a prononcé des paroles semblables à des vers répugnants.

Etant donné que Job se lamentait et se plaignait, prononçant des paroles comme des vers, l'ennemi diable et Satan allaient sûrement saisir cette opportunité pour l'accuser. C'est pourquoi Dieu a permis les accusations de Satan.

Job a aussi dit, «Ma peau se crevasse et se dissout». Quand sa peau s'est crevassée, cela signifie qu'une nouvelle peau poussait au-dessus d'un ulcère et la peau se refermait. Sa peau pourrissait et était purulente sur tout son corps. Et comme le temps passait, sa peau s'est crevassée en raison des multiples fermetures, suppurations et suintements qui se répétaient. Alors, quelle est la signification spirituelle de cela?

Lorsque les gens sont remplis de l'Esprit, il semble qu'ils ont une grande foi. Peu importe le type d'épreuve auquel ils doivent faire face, ils sont confiants de remporter la victoire. C'est comme quand leur peau est crevassée. Mais lorsqu'ils font face à des épreuves et qu'ils ne peuvent pas les surmonter, ils s'effondrent; ils sèment leur ressentiment; et ils se plaignent. Ces plaintes et cette lamentation correspondent à la signification de cette 'peau qui se dissout'. Dans ce type de situation, combien douloureux doit être le coeur!

De la même manière, Job avait ce type de coeur qui a été tant de fois crevassé et qui se dissolvait. C'est pourquoi, nous devons nous tenir sur le rocher de la foi. Ceux qui sont armés de vérité n'ont aucune place pour les accusations de Satan contre eux, parce qu'ils se tiennent sur le Roc et qu'ils sont déjà chassé les sentiments mensongers.

C'est pourquoi, nous devons rapidement tuer tous les vers de nos coeurs. Si nous avons de telles sales choses dans notre coeur, nous devons les laver entièrement. Dieu regarde notre coeur intérieur et ce coeur doit donc être propre. N'être propre que vu de l'extérieur n'a aucune valeur. Si nous avons de la saleté ou de la poussière sur nos vêtements ou notre peau, nous les nettoierions immédiatement.

Si nous avons des choses comme des vers dans nos coeurs, pouvez-vous imaginer combien c'est dégoûtant et troublant! Les choses de la chair, qui sont les natures pécheresses dans nos coeurs; les oeuvres de la chair, qui est l'acte de pécher; et toutes les choses mauvaises comme les ressentiments, l'envie, la jalousie et la haine, c'est comme des vers aux yeux de Dieu. Même les hommes haïssent les vers sales et à combien plus forte raison Dieu déteste-t-Il ce qui les représente?

C'est la raison pour laquelle Job souffrait de vers sur tout son corps.

3. Job ne compte plus sur lui-même

«Mes jours sont plus rapides que la navette du tisserand, Ils s'évanouissent: plus d'espérance!» (Job 7:6)

Job se grattait et se tournait jusqu'à l'aube en n'étant pas capable de dormir. Il espérait seulement que le soleil se lève vite, et que le jour passe vite. Job sentait qu'un jour était plus long que plusieurs mois.

Alors, «Mes jours sont plus rapides que la navette du tisserand» signifie-t-il que ses jours passent rapidement? Il y a longtemps les gens fabriquaient des vêtements eux-mêmes avec un métier. Lorsque vous tissez, la navette passe très vite.

Ce que Job voulait dire n'était pas que son temps passait rapidement comme la navette du tisserand, mais il voulait mentionner la valeur du temps. Il se lamentait que le temps passait alors qu'il ne faisait rien. Il avait fait tant de choses valables auparavant, mais maintenant le temps passait sans aucune espérance. Il se lamentait à ce sujet.

> **«Souviens-toi que ma vie est un souffle! Mes yeux ne reverront pas le bonheur. L'oeil qui me regarde ne me regardera plus; Ton oeil me cherchera, et je ne serai plus.» (Job 7:7-8)**

Il ne faut que quelques secondes pour qu'un homme respire une fois. Cela peut durer au plus une ou deux minutes. Dire que sa vie est un souffle concerne la valeur de la vie. Job n'a jamais su quand il mourrait, et il ne pouvait plus rien anticiper dans sa vie.

Avant que les épreuves ne viennent, Job menait une noble vie. Il ne manquait de rien, vivait une vie bénie et gagnait le respect et la reconnaissance des autres. Mais Job n'avait pas une foi véritable, et ainsi il disait qu'il ne pouvait plus rien voir de bon.

Peu importe la situation dans laquelle nous nous trouvons, nous ne devrions jamais abandonner comme il l'a fait. Lazare a été mort dans la tombe pendant quatre jours, mais il est ressuscité.

Job a conclu que les gens ne le reverraient plus. Mais en réalité, à la fin, la vie glorieuse de Job lui a été redonnée. Comment cela s'est-il produit? C'est parce que finalement Job a rencontré Dieu et s'est repenti. Parce qu'il avait enlevé les 'vers dans son cœur'.

Lorsque Satan nous accuse de quelque chose, le problème

ne peut être résolu que lorsque nous enlevons ce qui est sujet de l'accusation de Satan contre nous. De la même manière, même si nous nous trouvons dans une situation comme Job, ou même pire, si nous sommes capables de nous tenir justes devant Dieu, les circonstances ne sont rien. Si Dieu nous rencontre, tout problème peut être résolu.

4. Concernant le Shéol (le Tombeau) dans la Bible

«Comme la nuée se dissipe et s'en va, Celui qui descend au séjour des morts ne remontera pas; Il ne reviendra plus dans sa maison, Et le lieu qu'il habitait ne le connaîtra plus. C'est pourquoi je ne retiendrai point ma bouche, Je parlerai dans l'angoisse de mon coeur, Je me plaindrai dans l'amertume de mon âme.» (Job 7:9-11)

Les nuages ne restent pas à une place, mais bougent. Même après un long temps, ils ne reviennent jamais à l'endroit où ils se trouvaient. D'autres nuages peuvent venir au même endroit, mais le même nuage ne reviendra jamais. Parce que Job n'avait aucune espérance du ciel, il pensait que la vie l'homme se terminait comme des nuages qui bougent, et que lorsque quelqu'un meurt, son esprit retourne au Shéol.

Parce qu'il croyait que la vie sur la terre était tout, il se plaignait comme il le souhaitait. Il parlait de plaintes 'dans l'amertume de son âme' Combien douloureux son coeur devait-il être de ce qu'il avait perdu ses enfants et tous ses biens!

Il ne s'était pas plaint jusqu'à ce point, mais quand il a été couvert d'ulcères sur tout son corps et que sa peau se crevassait continuellement et suppurait, il ne pouvait plus le supporter et a prononcé des paroles de ressentiment et de plaintes. C'est parce que Job n'a jamais connu le royaume des cieux.

S'il avait connu le royaume des cieux, il n'aurait pas agi comme il l'a fait. Mais parce qu'il avait de la douleur dans son coeur, il a dit tout ce qu'il avait envie de dire. Il ne ressentait plus le besoin d'avoir des lèvres justes. Mais ceux qui ont l'espérance du ciel obéissent à la parole de Dieu et essayent de supporter et de tout comprendre même s'ils ont des douleurs dans leurs coeurs. Ils ne prononcent pas ouvertement des paroles de mal uniquement parce que leur coeur est brisé.

Le mot 'Shéol' se retrouve à la fois dans l'Ancien et le Nouveau Testament. Mais les termes 'royaume des cieux' et 'Paradis' ne sont relatés que dans le Nouveau testament.

Genèse 37:35 dit, «*Tous ses fils et toutes ses filles vinrent pour le consoler; mais il ne voulut recevoir aucune consolation. Il disait: C'est en pleurant que je descendrai vers mon fils au séjour des morts! Et il pleurait son fils.*» Jacob a entendu que son fils Joseph, a été tué par un animal et il s'est dit que si Joseph était mort, il avait dû aller dans le Shéol, et il voulait aussi suivre son fils. Lorsque les gens mouraient dans les temps de l'Ancien Testament, ils descendaient dans le Shéol ou autrement appelé, le Tombeau.

1 Samuel 2:6 dit aussi, «*L'Éternel fait mourir et il fait vivre. Il fait descendre au séjour des morts et il en fait remonter.*» Mais Job ne connaissait pas le fait que même après que les hommes soient morts et étaient descendus dans le Shéol, ils pouvaient revenir.

La structure du Shéol (le Tombeau)

Proverbes 9:18 dit, «*Et il ne sait pas que là sont les morts, Et que ses invités sont dans les vallées du séjour des morts*».

Cela parle des 'profondeurs du Shéol'.

Esaïe 14:9 dit, *«Le séjour des morts s'émeut jusque dans ses profondeurs, Pour t'accueillir à ton arrivée; Il réveille devant toi les ombres, tous les grands de la terre, Il fait lever de leurs trônes tous les rois des nations.»* Et nous savons qu'il y a des profondeurs, le Shéol d'en bas ce qui signifie qu'il y a aussi le Shéol d'en haut.

Esaïe 14:14-15 dit, «Je monterai sur le sommet des nues, Je serai semblable au Très-Haut. Mais tu as été précipité dans le séjour des morts, Dans les profondeurs de la fosse.» Lucifer qui a trahi Dieu tombera dans les profondeurs du Shéol.

Luc 16:19-26 nous parle du mendiant Lazare et de l'homme riche. Le mendiant Lazare qui craignait Dieu est allé dans le Tombeau Supérieur dans le sein d'Abraham, et l'homme riche est descendu dans le Tombeau Inférieur, ou l'Hadès où il souffrait de douleurs insupportables dans le feu.

L'homme riche a demandé à Abraham de lui rafraîchir la langue avec seulement une goutte d'eau, mais Abraham lui a dit qu'il y avait un grand fossé entre le Tombeau Supérieur et l'Hadès et qu'il ne pouvait donc pas y aller.

C'est-à-dire que les deux parties du Shéol, les deux Tombeaux sont différenciés. L'un est le Tombeau Inférieur qui est souvent appelé 'Hadès' qui appartient à l'enfer et l'autre est le Tombeau Supérieur qui appartient au ciel. Le rôle du Tombeau Supérieur dans l'Ancien Testament est différent de celui du Nouveau Testament.

Au temps de l'Ancien Testament, le Shéol supérieur était un lieu d'attente pour ceux qui étaient sauvés. Mais depuis que le Seigneur est ressuscité et est monté au ciel, les gens qui sont sauvés n'iront plus dans le sein d'Abraham dans le Tombeau Supérieur, mais ils iront au Paradis pour être aux côtés du Seigneur.

Ainsi quand l'un des criminels qui était aux côtés de Jésus s'est repenti et L'a accepté en tant que Sauveur, Jésus lui a dit, *«Je te le dis en vérité, aujourd'hui tu seras avec moi dans le paradis.»* (Luc 23:43)

Mais la Bible nous dit que Jésus n'est pas allé au Paradis après être mort sur la croix. Jésus a dit, *«Car, de même que Jonas fut trois jours et trois nuits dans le ventre d'un grand poisson, de même le Fils de l'homme sera trois jours et trois nuits dans le sein de la terre»* (Matthieu 12:40). C'est-à-dire qu'il est descendu dans le Tombeau.

5. Qu'est-ce que le Jugement de la Conscience?

1 Pierre 3:18-20 dit, *«Christ aussi a souffert une fois pour les péchés, lui juste pour des injustes, afin de nous amener à Dieu, ayant été mis à mort quant à la chair, mais ayant été rendu vivant quant à l'Esprit, dans lequel aussi il est allé prêcher aux esprits en prison, qui autrefois avaient été incrédules, lorsque la patience de Dieu se prolongeait, aux jours de Noé, pendant la construction de l'arche, dans laquelle un petit nombre de personnes, c'est-à-dire, huit, furent sauvées à travers l'eau.»*

Comme il est écrit, l'esprit de Jésus a été prêché aux esprits en prison. Ici 'prison' se réfère au Tombeau. Jésus est allé dans le Tombeau Supérieur où les âmes sauvées attendaient et Il a prêché l'évangile.

Au temps de l'Ancien Testament, il y a dû avoir beaucoup de gens qui ont mené des vies qui étaient moralement et spirituellement meilleures qu'aujourd'hui. Alors est-il vrai que toutes ont été jugées et sont parties sur le chemin de la mort? Il devait y avoir des gens qui craignaient Dieu et ont vécu dans la bonté. C'est pourquoi Dieu a permis que tous ceux qui étaient éligibles pour le salut entrent dans le Tombeau Supérieur.

La Corée a une histoire de milliers d'années, mais la chrétienté n'a été introduite que depuis moins de 120 ans. Alors, tous ceux qui sont morts avant l'introduction de l'évangile en Corée doivent-ils aller en enfer? Cela ne se peut! Si c'est le cas, Dieu ne peut pas être un juste juge. C'est pourquoi parmi ceux qui ont vécu avant Jésus Christ, ceux qui ont reconnu Dieu et ont vécu selon leur conscience ont pu être sauvés et sont entrés dans le Tombeau Supérieur. Alors, Jésus est mort sur la croix et Il est allé dans le Tombeau Supérieur pour prêcher à ces âmes pendant trois jours, de sorte qu'elles puissent être sauvées par le nom de Jésus Christ.

Cela signifie-t-il que ces âmes sont toujours dans le Tombeau Supérieur? Ce n'est pas réellement le cas. Après que ceux qui se trouvaient dans le Tombeau Supérieur aient accepté Jésus Christ comme leur Sauveur, ils sont allés dans le Paradis. De même, ceux qui croient en Jésus Christ et meurent vont dans le Tombeau Supérieur et s'y adaptent pendant trois jours et puis montent dans le Paradis. C'est la raison pour laquelle on ne peut pas trouver même une seule fois les mots 'Paradis' ou 'Royaume des Cieux' dans l'Ancien Testament.

Romains 2:12-15 dit, «*Tous ceux qui ont péché sans la loi périront aussi sans la loi, et tous ceux qui ont péché avec la loi seront jugés par la loi. Ce ne sont pas, en effet, ceux qui écoutent la loi qui sont justes devant Dieu, mais ce sont ceux qui la mettent en pratique qui seront justifiés. Quand les païens, qui n'ont point la loi, font naturellement ce que prescrit la loi, ils sont, eux qui n'ont point la loi, une loi pour eux-mêmes; ils montrent que l'oeuvre de la loi est écrite dans*

leurs coeurs, leur conscience en rendant témoignage, et leurs
pensées s'accusant ou se défendant tour à tour.»

Lorsque les Gentils qui ne connaissent pas la loi accomplissent les choses de la loi de leur propre nature, c'est-à-dire au départ de leur conscience, cette conscience porte témoignage. Si quelqu'un veut voler quelque chose qui appartient à quelqu'un d'autre, sa conscience va juger que c'est un péché, mais parce que sa conscience est faible, il peut aller de l'avant et voler malgré tout.

Dans le coeur de l'homme, il y a le coeur de l'esprit qui est donné par Dieu et qui est vérité et le coeur de contrevérité et finalement la conscience, qui est formée par chaque personne. Dieu a donné la loi au peuple dans l'Ancien Testament, et Il a décidé le standard de salut selon leurs oeuvres d'obéissance à la loi.

Mais cette loi n'a été donnée qu'au peuple d'Israël, l'élue de Dieu. Les Gentils n'avaient pas la loi. Ainsi les gens qui vivaient sur cette terre avant Jésus ont vécu selon leur conscience. De la même manière, la conscience devient le standard d'action. Ainsi, ceux qui sont bons écouteront leur conscience même dans des situations difficiles et n'agiront pas dans le mal. Mais ceux qui sont mauvais font des choses mauvaises pour leur propre profit ou leur avantage personnel.

Etant donné que les Gentils n'ont pas reçu la loi, Dieu a considéré la conscience des Gentils comme leur loi et a décidé le standard du salut selon les oeuvres accomplies d'après leur conscience. Cela s'appelle le jugement de la conscience. Depuis que Jésus Christ est venu sur cette terre, les gens qui entendent l'évangile mais qui n'ouvrent pas leur coeur et ne l'acceptent pas ne peuvent pas dire, «Je n'ai pas pu croire parce que je ne savais pas».

Mais même aujourd'hui, ceux qui n'ont jamais entendu l'évangile seront jugés selon leur conscience. Job ne connaissait pas le royaume des cieux, c'est pourquoi il croyait que notre citoyenneté se trouvait dans le Tombeau et non dans le ciel. Il pensait que dès qu'il allait dans le Shéol, il ne serait jamais plus capable de revenir. C'est pourquoi il se sentait tellement désespéré.

6. Job se méprend en pensant que c'est Dieu qui le torture

«Suis-je une mer, ou un monstre marin, Pour que tu établisses des gardes autour de moi?» (Job 7:12)

Job connaissait la grandeur de la mer, et aussi que le monstre marin était très effrayant. Certaines personnes pensent que s'ils voient un monstre marin, ou un dragon dans leurs rêves, c'est un très bon rêve.

Mais si les croyants rêvent d'un dragon ou d'un serpent, cela signifie qu'ils vont faire face à une grande épreuve. Rêver de porcs symbolise aussi qu'ils vont faire face à des épreuves et des difficultés.

Ici, Job se plaignait à Dieu qu'il était un homme si faible, et pourquoi Dieu lui a-t-Il infligé de telles douleurs insupportables. Il s'était mépris en pensant que Dieu avait tout programmé pour le punir. Job avait la sagesse pour comprendre les lois de la nature. Rien qu'en regardant les lois de la nature, nous pouvons reconnaître le fait que Dieu le Créateur existe. Job faisait des offrandes de sacrifice à Dieu, mais ce n'était qu'au départ de sa peur.

« Quand je dis : Mon lit me soulagera, Ma couche calmera mes douleurs, C'est alors que tu m'effraies par des songes, Que tu m'épouvantes par des visions. » (Job 7:13-14)

S'il pouvait bien dormir, Job aurait pu oublier un moment au sujet de sa douleur, mais il ne pouvait même pas bien dormir. Il se plaignait aussi que lorsqu'il dormait, Dieu l'effrayait.

Lorsque les gens du monde ont certains problèmes qui sont difficiles à résoudre, et se sentent mal à cause d'eux, ils pourraient dire, « Essayons de tout oublier et prenons un peu de sommeil. » Mais parce qu'ils ont tant de soucis, leur repos n'est pas réellement réparateur ni reposant et leurs rêves sont inconfortables. C'était aussi le cas de Job.

Alors, si nous avons la foi, comment réagirions-nous ? Nous pouvons tout laisser au Dieu tout puissant de sorte que Lui puisse résoudre le problème. Si nous faisons face à des épreuves et des tests, nous devons d'abord réaliser quel type de mur de péchés nous avons contre Dieu et nous en repentir entièrement avec des larmes. Si nous nous contentons de nous en soucier et de nous plaindre devant Dieu, cela signifie que nous n'avons pas une foi véritable. Nous devons montrer notre foi de sorte que Dieu puisse résoudre le problème.

Job avait peur dans ses rêves, et il s'est mépris en pensant que c'était Dieu qui le faisait. Mais Dieu n'effraie pas les gens dans leurs rêves. Job s'est mépris sur Dieu en pensant que Dieu ne voulait pas lui donner même un moment de repos, mais qu'il le torturait même dans ses rêves.

Dans les rêves, il y a des rêves spirituels et des rêves charnels. Les rêves spirituels viennent dans l'esprit de l'homme. Au travers des rêves, Dieu nous montre ce qui va se produire dans le futur, et le Saint Esprit nous apprend quelque chose.

Il y a aussi le rêve de l'âme. Ce sont les rêves que nous avons par nos propres pensées. Ceux qui ne vivent pas dans la vérité ne peuvent s'empêcher de vivre selon leurs propres pensées, et ils rêvent donc au départ de leurs propres pensées et désirs.

Par exemple, si quelqu'un veut aller aux Etats Unis, il peut aller aux Etats Unis dans son rêve. S'il a un quelconque sentiment de peur, alors, il peut être poursuivi par un voleur. Ce type de rêve ne correspond pas à la réalité plus tard

Mais dans la mesure où nous chassons nos propres pensées et vivons dans la vérité, c'est-à-dire dans le mesure où nous devenons des hommes spirituels, nous aurons plus de rêves spirituels et ils se produiront dans la réalité.

> **«Ah! je voudrais être étranglé! Je voudrais la mort plutôt que ces os! Je les méprise!... je ne vivrai pas toujours... Laisse-moi, car ma vie n'est qu'un souffle. Qu'est-ce que l'homme, pour que tu en fasses tant de cas, Pour que tu daignes prendre garde à lui, Pour que tu le visites tous les matins, Pour que tu l'éprouves à tous les instants?» (Job 7:15-18)**

Lorsqu'un homme suffoque, il meurt. Parce que Job pensait que Dieu lui donnait du temps dur même dans ses rêves, il désirait mourir dans son coeur. C'est pourquoi il a dit, 'La mort plutôt que mes douleurs'. Combien c'était douloureux pour lui!

Alors, comment devons-nous réagir quand nous rencontrons des douleurs? Comme Dieu le dit dans le Psaume 50:15, *«Et invoque-moi au jour de la détresse; Je te délivrerai, et tu me glorifieras.»* Nous devons le chercher et nous accrocher à Lui. Nous devons être reconnaissants même si nous tombons malade ou que nos affaires font faillite ou si tout va bien. Nous devons rendre grâce même au milieu des tests. Si nous suivons la volonté de Dieu pour nous de rendre grâces en toutes circonstances, Dieu oeuvrera pour le bien de toutes choses et il y aura sûrement quelque chose pour laquelle nous pourrons nous réjouir.

Ensuite, Job a dit «Je les méprise!... je ne vivrai pas toujours.» Tout comme un homme sans foi n'a pas l'espérance du ciel, il ne restait plus rien à Job si ce n'est haïr sa propre vie. Même si Job était guéri, il avait déjà perdu tous ses biens et ses enfants, alors quelle sorte d'espérance lui restait-il? Pouvait-il comprendre la valeur de la vie?

Mais ceux qui ont la foi ont l'espérance du ciel, et même si Dieu enlève leurs enfants, ils peuvent rendre grâce à Dieu parce que leurs enfants sont avec le Seigneur.

Job savait que Dieu contrôlait la vie et la mort. Il se plaignait donc de ce que Dieu ne prenait pas sa vie alors qu'il désirait tellement mourir.

Job a dit que Dieu magnifie l'homme, et cela est vrai. Au chapitre 1 de Genèse, lorsque Dieu a créé l'homme, Il l'a fait selon Son image et l'a placé en tant que Seigneur de toute la création. Parce que Dieu considère l'homme, il lui a donné Son Fils unique Jésus afin qu'Il soit crucifié. Dieu nous observe aussi chaque seconde et chaque minute de ses yeux flamboyants.

Il est aussi écrit, «tu le visites tous les matins.» En examinant, Dieu nous encourage à faire le bien et permet des punitions pour le mal que nous commettons. Pour que nous ne tombions pas dans les chemins de la destruction, Dieu permet parfois des épreuves et des tests quand nous ne vivons pas dans la vérité, de sorte que nous puissions réaliser que nous agissons mal. Parce que nous ne sommes pas des fils illégitimes mais des fils véritables, si nous aimons le monde et péchons, Dieu nous permet de nous repentir et de revenir dans la lumière.

Donc, si nous rencontrons tout type de problème ou de test,

nous devrions rendre grâce à Dieu et trouver pourquoi nous rencontrons ces problèmes. Alors nous devons nous repentir de nos erreurs.

> «Quand cesseras-tu d'avoir le regard sur moi? Quand me laisseras-tu le temps d'avaler ma salive? Si j'ai péché, qu'ai-je pu te faire, gardien des hommes? Pourquoi me mettre en butte à tes traits? Pourquoi me rendre à charge à moi-même?» (Job 7:19-20)

Il faut tellement peu de temps pour avaler sa salive. Job se plaignait de ce que Dieu ne le laisse pas seul même quand il avale sa salive. Dieu nous observe chaque seconde en ne nous abandonnant même pas un seul instant, parce qu'il nous aime.

Dieu le surveillait et lui a permis des épreuves pour le sanctifier et le bénir. Mais Job n'a pas compris la vérité. Il ne connaissait Dieu qu'au travers de sa connaissance sans avoir de réelle expérience avec Lui.

C'est pourquoi Dieu a dû permettre des épreuves à Job afin qu'il puisse réaliser ce qui n'était pas juste selon la vérité, se repentir et devenir un véritable enfant de Dieu qui L'aime d'un cœur sincère et une foi parfaite. Même lorsque Sa créature l'homme prononçait de telles mauvaises paroles et plaintes, Dieu les a seulement écoutées et les a gérées.

Il a enduré uniquement pour changer même plus une seule âme et la conduire sur le chemin du salut et des bénédictions. Nous devrions être capables de lire ce coeur de Dieu.

Dieu cherche notre coeur et nos pensées. Si Ses enfants commettent des péchés, il souffre beaucoup. Si nous commettons des péchés, c'est pareil à cracher au visage de Dieu. C'est pareil à cracher sur l'église de Dieu et sur Ses serviteurs.

Job demandait quel mal cela ferait à Dieu même s'il commettait des péchés. Alors, quel mal y avait-il?

Premièrement, en commettant des péchés, la relation est brisée entre le père et les enfants. Deuxièmement, le coeur de Dieu est brisé parce qu'Il sait que Ses enfants vont sur le chemin de la destruction. Troisièmement, ces enfants qui ont commis des péchés ne peuvent pas entrer dans le royaume de Dieu et il n'y aura ainsi plus de relation entre Dieu et Ses enfants. C'est pourquoi, Dieu ne peut que souffrir dans Son coeur.

Quatrièmement, le précieux sang de notre Seigneur devient sans sens. Cinquièmement, Dieu souffre parce que les choses se passent comme le diable le désire. La volonté du diable est de faire en sorte que les enfants de Dieu se dressent contre Dieu et pour empêcher que le royaume de Dieu soit établi.

Disons que le Père d'une famille dit à son fils d'étudier fort. Après avoir écouté son père, qu'en est-il si ce fils argumente en disant, «Même si je n'étudiais pas bien, quel mal cela te ferait-il, père ? Quelle importance si j'excelle académiquement ou pas?» Alors, combien ce père aura-t-il le coeur brisé! C'est pareil avec Dieu ici.

«Dieu pourquoi dois-je faire de Toi mon objectif, de sorte que je sois un fardeau pour moi-même?» Job allait maintenant au- delà d'une simple plainte et du ressentiment. Il était sarcastique envers Dieu. Il se moquait même de Dieu avec son coeur tordu. Mais Dieu n'en a pas ressenti la douleur uniquement à cause des mots.

Parce qu'il s'attend à ce nous changions avec joie, ce n'est pas vraiment un fardeau.

«Que ne pardonnes-tu mon péché, Et que n'oublies-tu mon iniquité? Car je vais me coucher dans la poussière;

Tu me chercheras, et je ne serai plus. » (Job 7:21)

Job avait maintenant deux pensées différentes. L'une était qu'il voulait que Dieu prenne sa vie et l'autre qu'il souhaitait être guéri. Mais il n'y avait pas de réponse, et Job disait que c'était parce que Dieu ne pardonnait pas ses transgressions et son iniquité.

Lorsque nous réalisons notre péché, nous en repentons et nous en détournons, Dieu nous pardonne. Cependant, malgré que Job avait de nombreuses transgressions et iniquités, il ne s'est pas repenti. Il disait simplement, « Que ne pardonnes-tu mon péché, Et que n'oublies-tu mon iniquité? » Pourquoi ne te calmes-Tu pas? Il parlait en insensé et alors comment son problème pouvait-il être résolu?

Job offrait des sacrifices au départ de sa peur de Dieu avant que les épreuves ne viennent. Mais lorsqu'il souffrait d'ulcères, il n'avait plus de peur. Il ne faisait que se lamenter et souhaiter qu'il puisse mourir rapidement parce qu'une fois qu'il serait dans le Shéol, il pensait que ce serait la fin, que Dieu pardonne ou non ses péchés.

Chapitre 8

Le Sage Conseil de Bildad le Shuhite

1. Bildad explique la rétribution pour le péché

2. Comment résoudre les problèmes et recevoir les réponses

3. Bildad essaye d'utiliser des paraboles pour faire comprendre à Job

4. Bildad conseille à Job de récupérer en vivant dans la vérité

«Ton ancienne prospérité semblera peu de chose,
Celle qui t'est réservée sera bien plus grande.» (Job 8:7)

1. Bildad explique la rétribution pour le péché

« Bildad de Schuach prit la parole et dit: Jusqu'à quand veux-tu discourir de la sorte, Et les paroles de ta bouche seront-elles un vent impétueux ? » (Job 8:1-2)

Maintenant le deuxième ami apparait. C'est Bildad de Schuach. Il a calmement écouté jusqu'à maintenant, et il commence gentiment à conseiller à Job afin de lui faire comprendre au moyen de la parole de Dieu. Bildald ne parlait pas avec un tempérament chaud comme Eliphaz, mais il essayait de faire comprendre à son ami Job avec la gentillesse de coeur.

Il essayait de trouver un moyen pour enseigner à Job, la vérité qu'il connaissait, en pensant à des moyens pour que Lob réalise et se repente. Bildad ne pouvait plus accepter les lamentations et les plaintes et il lui a demandé, « Jusqu'à quand veux-tu discourir de la sorte, Et les paroles de ta bouche seront-elles un vent impétueux ? »

Que sont des paroles qui sont comme un vent impétueux?

Regardons d'abord à la signification spirituelle de 'vent impétueux'. Lorsque l'ouragan vient, les maisons s'écroulent, les navires chavirent et les gens meurent à cause des glissements de terrain; cela cause un grand dommage.

De la même manière, si les croyants ne vivent pas dans

la vérité, mais prononcent des paroles mensongères comme Job, Dieu dit que c'est comme un 'vent impétueux'. Si nous prononçons des paroles de contrevérité, c'est quelque chose pour laquelle Satan, peut nous accuser, et ainsi des épreuves et des tests viennent sur nous. Si nous heurtons les sentiments des autres, nous plaignons, nous lamentons ou maudissons, c'est comme des vents violents. Tout comme les ouragans ou les tornades ne nous sont d'aucun profit, si nous permettons que de telles paroles violentes sortent de nos bouches, cela n'est d'aucun profit ni pour nous ni pour les autres.

Pourquoi laisserions-nous Satan nous accuser à cause des paroles qui sortent de nos bouches? Nous devrions toujours être éveillés pour prier et nous examiner nous-mêmes de sorte que nous n'ayons pas des lèvres comme un vent impétueux. D'une part, avec seulement une parole, nous pouvons implanter la foi, la grâce et la vie dans une autre personne et d'autre part nous pouvons la faire chuter. Les paroles comme des vents impétueux blessent les coeurs des autres et leurs causent des douleurs.

« Dieu renverserait-il le droit ? Le Tout-Puissant renverserait-il la justice ? Si tes fils ont péché contre lui, Il les a livrés à leur péché. » (Job 8:3-4)

Dieu ne peut pas corrompre le jugement ni pervertir la justice. Dieu nous rend toujours selon ce que nous avons fait.

Apocalypse 22:11-12 dit, *« Que celui qui est injuste soit encore injuste, que celui qui est souillé se souille encore; et que le juste pratique encore la justice, et que celui qui est saint se sanctifie encore. Voici, je viens bientôt, et ma rétribution est avec moi, pour rendre à chacun selon ce qu'est son œuvre. »* Comme cela est écrit, Dieu ne change jamais un jugement.

Job a offert des sacrifices pour ses enfants. Job 1:5 dit, *«Peut-être mes fils ont-ils péché et ont-ils offensé Dieu dans leur cœur.»* Parce que Job craignait que les erreurs de ses enfants lui apportent des désastres, il offrait des sacrifices pour eux. Mais parce que ce ne sont pas ses enfants qui se repentaient, il avait toujours peur qu'une forme de désastre ne tombe sur eux, et il était tout le temps dans l'inconfort. Job craignait Dieu (Job 3:25).

Les amis de Job savaient que les enfants de Job n'étaient pas justes comme Job. C'est pourquoi ils ont dit que Dieu a pris les enfants de Job à cause de leurs péchés. Et ils demandaient, «Pourquoi Job se lamentait-il devant Dieu à cause de cela?»

Si les enfants de Dieu essayent de vivre selon la parole de Dieu, prient, gardent ses commandements, et l'aiment, Dieu est toujours avec eux et Il les protège. Donc, s'il y a quelque test ou épreuve, cela signifie qu'ils trompent Dieu dans l'un ou l'autre domaine et qu'il doit y avoir quelque chose de mensonger dans leurs actes.

Lorsque David a commis le péché de meurtre en permettant que l'un de ses plus loyaux sujets soit tué par les Gentils, Dieu a envoyé le prophète Nathan, pour le réprimander. Dès qu'il a reçu la réprimande, David s'est repenti de ses péchés et il a été pardonné, mais malgré tout il a dû traverser des épreuves à cause des accusations de Satan.

2 Samuel 12:14 dit, *«Mais, parce que tu as fait blasphémer les ennemis de l'Éternel, en commettant cette action, le fils qui t'est né mourra.»* David a commis un péché qui a permis au diable de porter des accusations contre lui, et Dieu a dû l'autoriser selon les lois du monde spirituel. David s'est accroché à Dieu avec des jeûnes, mais son fils est finalement mort.

Dans le chapitre 5 de Jean, nous pouvons voir un homme qui avait été malade pendant 38 ans et qui a été guéri par Jésus. Et ensuite, Jésus l'a de nouveau rencontré.

Jean 5:14 dit, *«Depuis, Jésus le trouva dans le temple, et lui dit: Voici, tu as été guéri; ne pèche plus, de peur qu'il ne t'arrive quelque chose de pire.»* Si nous commettons à nouveau des péchés, quelque chose de pire va arriver, mais si nous ne péchons plus, nous serons guéris complètement.

Dieu contrôle même l'ennemi diable et Satan. Donc, si nous vivons dans la vérité, nous serons protégés par Dieu, et nos vies seront prospères.

2. Comment résoudre les problèmes et recevoir les réponses

«Mais toi, si tu as recours à Dieu, Si tu implores le Tout-Puissant; Si tu es juste et droit, Certainement alors il veillera sur toi, Et rendra le bonheur à ton innocente demeure; Ton ancienne prospérité semblera peu de chose, Celle qui t'est réservée sera bien plus grande.» (Job 8:5-7)

Bildad de Schuach conseillait à Job de chercher Dieu ardemment, de prier et de se repentir devant Lui. Ici nous pouvons voir que les opinions différaient parmi les amis de Job.

Eliphaz disait quelque chose de mensonger. Il a dit dans Job 5:1, *«Crie maintenant! Qui te répondra?»* Mais Bildad disait la vérité à Job, qu'il cherche Dieu et prie.

Pour que Job puisse se repentir devant Dieu et se détourner, il devait d'abord Le chercher ardemment, «Dieu j'avais des vents impétueux dans ma bouche à cause du mal dans mon coeur. Je Te prie de me pardonner pour avoir prononcé ces mauvaises paroles.» Il doit montrer ses oeuvres de repentance avec ce type de prière.

Si nous nous contentons de confesser de nos lèvres, ce n'est pas tout ce qui doit être accompli. Nous devons circoncire notre coeur et le nettoyer. Nous devons nous repentir de nos péchés, nous en détourner et nettoyer nos coeurs.

«Dieu rendra le bonheur à ton innocente demeure» signifie que si nous ne mentons pas et avons des oeuvres qui prospèrent, Dieu considérera que nous sommes au bon lieu de séjour.

Dieu regarde notre coeur intérieur, et ainsi si votre coeur n'est pas propre, Il ne dit pas que nous avons raison. Les hommes peuvent dire que quelqu'un est droit et intègre rien qu'en regardant à ses oeuvres, mais Dieu regarde au coeur intérieur. Notre coeur doit donc être propre. Ce n'est qu'alors que Dieu va nous faire prospérer de sorte que même si notre début semble petit, en fin de compte nous serons amplement multipliés.

Job devait commencer du bas maintenant. Il n'a ni enfant, ni prospérité mais s'il se repent de ses paroles comme du vent impétueux et qu'il cherche Dieu ardemment et prie, Dieu va permettre qu'il prospère. Cela n'est pas la parole de Bildad mais de Dieu.

Notre lieu de travail ne peut pas être organisé par lui-même. Par-dessus tout, nous avons besoin de la foi. Sans la foi, nous ne pouvons jamais nous repentir et nous détourner et nous ne pouvons pas non plus être lavés. Lorsque nous gardons la parole de Dieu en priant, nous pouvons recevoir la foi d'en haut. Nous commençons avec une foi grande comme un grain de sénevé, mais elle continuera à grandir.

Dieu travaille selon cette foi. Si nous cherchons ardemment Dieu, prions et si nous sommes propres et justes, notre âme prospérera. Si notre âme prospère, Dieu nous donne des bénédictions dans notre famille, et notre travail. Il nous donne aussi la santé.

«Interroge ceux des générations passées, Sois attentif à l'expérience de leurs pères. Car nous sommes d'hier, et nous ne savons rien, Nos jours sur la terre ne sont qu'une ombre.» (Job 8:8-9)

Bildad disait à Job de ne pas insister sur le fait que lui seul était juste; mais de rechercher les temps anciens et de considérer les choses découvertes par les ancêtres. Pour que nous puissions nous réaliser nous-mêmes, nous devons refléter la parole de Dieu sur nous-mêmes. La Bible nous enseigne comment les bien-aimés serviteurs de Dieu ont agi et comment ils ont aimé Dieu.

'Ne rien savoir' signifie qu'ils n'avaient pas beaucoup de sagesse comparé aux temps anciens. Il est écrit, «Nos jours sur la terre ne sont qu'une ombre.» L'ombre disparaît, et les soirs et les matins sont différents. Cela change souvent. De la même manière, notre vie n'est que momentanée, et pas éternelle. Bildad pressait donc Job d'apprendre de ses ancêtres et de réaliser leurs erreurs.

Alors, de qui devons-nous apprendre? D'abord, nous devons apprendre de Dieu. Nous ne devons pas dire que seule notre connaissance et nos opinions sont justes, et au contraire, nous devons nous agenouiller humblement et apprendre de Dieu. Dieu nous a donné la vérité qui ne change jamais dans les 66 livres de la Bible.

La Bible écrit aussi au sujet des précurseurs de la foi qui ont aimé Dieu et étaient aimés de Lui. Nous pouvons apprendre comment Noé a construit l'arche, comment Moïse a conduit tant de gens, comment David a aimé Dieu et comment Daniel ne s'est pas compromis avec le monde.

«Ils t'instruiront, ils te parleront, Ils tireront de leur coeur ces sentences.» (Job 8:10)

Toutes les paroles et les oeuvres des précurseurs de la foi et tout ce qui les concerne sera comparé avec nous lors du jugement. Lorsque nous les réfléchissons sur nous-mêmes dans le miroir des patriarches de la foi, qui ont été considérés comme justes aux yeux de Dieu, nous pouvons discerner si nous sommes justes ou faux. Nous pouvons voir si nous avons péché ou non.

La parole de Dieu contient tout, y compris ce qui est juste ou faux; ce qui est bon ou mauvais et ce qui est juste et injuste. Elle contient aussi ce qu'est la foi, ce qu'est le salut, ce que sont l'enfer et le royaume des cieux, et ce que sont le bien et le mal.

3. Bildad essaye d'utiliser des paraboles pour faire comprendre à Job

«Le jonc croît-il sans marais? Le roseau croît-il sans humidité? Encore vert et sans qu'on le coupe, Il sèche plus vite que toutes les herbes. Ainsi arrive-t-il à tous ceux qui oublient Dieu, Et l'espérance de l'impie périra. Son assurance est brisée, Son soutien est une toile d'araignée. Il s'appuie sur sa maison, et elle n'est pas ferme; Il s'y cramponne, et elle ne résiste pas.» (Job 8:11-15)

Bildad expliquait la relativité des choses avec les exemples des papyrus et du roseau. Bildad avec tout l'amour pour Job dans son coeur a utilisé toute sa sagesse pour parler par des paraboles hautement métaphoriques pour permettre à Job de comprendre ses erreurs. Job était un homme de grande connaissance.

Le papyrus est une haute plante aquatique qui pousse annuellement. Tout le monde sait que le papyrus grandit dans des marais boueux, et le roseau doit grandir dans l'eau. Tout comme le papyrus doit grandir dans les marais et que le roseau doit grandir dans l'eau, il y a la relativité des choses en toutes choses.

Les gens plantent des papyrus dans un marais dans lequel de l'eau impure a fermenté et pourri et alors, il prend racine dans un sol qui n'est pas solide. Ainsi il s'accroche plus rapidement que les autres plantes et est facilement enraciné lorsque les hommes l'arrachent.

Les roseaux fleurissent aussi dans le sol qui est au bord de l'eau ou des plages. Leurs racines ne sont pas stables non plus. Les papyrus et les roseaux sont verts mais blanchissent et tournent vers le jaune sous les rayons du soleil. En un moment, ils deviennent inutiles.

Alors que voulait réellement dire Bildad?

«Job, tu prononces des paroles comme des vents impétueux et c'est parce que tu ne vénères ni ne crains Dieu. Lorsque tu étais en bonne santé, tu as offert des sacrifices pour tes enfants et tu as servi Dieu avec révérence. Mais parce que ton coeur est mauvais, tu as prononcé ces paroles comme des vents impétueux.»

Le papyrus peut grandir dans des marais; mais si les rayons du soleil sont trop violents, il meurt. De la même manière, parce que Job s'était éloigné de Dieu, Bildad disait que s'il ne se détournait pas et se repentait, Job périra comme ces plantes. Il disait que ceux qui oublient Dieu ont la même destinée.

Les plaintes, les murmures, le ressentiment, les malédictions et les lamentations ne proviennent pas d'un endroit spécial. Cela provient du coeur. Bildad essayait de faire réaliser à Job avec des paraboles que Job prononçait ces paroles de murmures parce que le fondement de son coeur est mauvais, tout comme les semences grandiront et porteront du fruit.

Bildad a compris que si quelqu'un parle candidement et directement lorsque les sentiments de l'autre sont blessés, cela ne fera que causer plus de problèmes. C'est pourquoi il implémentait une méthode plus douce en utilisant des paraboles.

Ensuite il dit, «Et l'espérance de l'impie périra.» En disant cela, Bildad essayait de faire réaliser indirectement à Job qu'il était un genre d'hypocrite, plutôt que de dire directement que le coeur de Job était mauvais. Si nous croyons réellement en Dieu, nous ne devons pas être des hypocrites. Nous devons rendre nos coeurs bons, justes et saints.

Bildad disait, «Son soutien est une toile d'araignée. Il s'appuie sur sa maison, et elle n'est pas ferme; Il s'y cramponne, et elle ne résiste pas.» Alors, en quoi Job avait-il confiance? Job avait confiance en ses enfants, sa prospérité et beaucoup d'autres choses. Tout comme une toile d'araignée se brisera rien qu'en touchant ou par un vent violent, ceux qui ne craignent pas ni ne font confiance en Dieu se briseront comme une toile d'araignée.

Comme si Job s'était reposé sur une toile d'araignée, il n'avait rien dans sa main. Tout comme les plantes sécheront sous le soleil ardent, lorsque la lumière brille sur le coeur mauvais de l'homme, il sera jugé et tombera dans la punition dans les ténèbres. En d'autres termes c'est ce que Bildad conseillait à Job.

«Job, tout comme un papyrus grandit dans le marais et les roseaux peuvent grandir dans l'eau, tu peux parler des paroles comme un vent impétueux parce que tu as le mal dans ton coeur. Dieu a détourné sa face de toi parce que tu as le mal. Mais si tu cherches ardemment Dieu, tu te repens et que tu nettoies ton coeur, il te fera récupérer. Votre commencement sera petit, mais avec le temps tu grandiras abondamment.»

4. Bildad conseille à Job de récupérer en vivant dans la vérité

«Dans toute sa vigueur, en plein soleil, Il étend ses rameaux sur son jardin, Il entrelace ses racines parmi les pierres, Il pénètre jusque dans les murailles; L'arrache-t-on du lieu qu'il occupe, Ce lieu le renie: Je ne t'ai point connu! Telles sont les délices que ses voies lui procurent. Puis sur le même sol d'autres s'élèvent après lui.» (Job 8:16-19)

Quelle est la signification spirituelle de 'toute sa vigueur, en plein soleil'? Le soleil c'est la lumière et la lumière se réfère à la vérité, la parole de Dieu. Jésus est la véritable lumière; le chemin, la vérité et la vie. Tout comme les plantes grandissent avec les rayons du soleil, nous devons vivre selon la parole de Dieu pour que notre foi grandisse, de sorte que nous puissions nous tenir sur le rocher de la foi.

Alors, que signifie que la plante croisse dans toute sa vigueur avec le soleil mais est détruite? Même si une plante grandit bien avec le soleil, si elle est enlevée pour l'une ou l'autre raison, elle est inutile. C'est-à-dire que même si quelqu'un peut se tenir sur le rocher de la foi, s'il regarde le monde, quitte Dieu et vit de nouveau dans le péché, sa vie n'a plus aucune valeur.

Si nous quittons la vérité, Dieu doit détourner Sa face, et nous ne pouvons pas être protégés par Lui. Dans le processus de la croissance de notre foi, si l'arrogance nous envahit, nous devons la chasser immédiatement. Si nous l'acceptons, alors, petit à petit nous serons capturés pas Satan.

Alors nous serons éloignés de Dieu, et nos vies seront sans valeur. Si la racine d'une plante est arrachée, elle sèche et sa vie se termine. Une vie qui a quitté Dieu va finir en enfer, et combien cela est tragique! C'est pourquoi, tout comme une plante reste verte parce qu'elle reçoit le soleil, nous devons vivre selon la parole de Dieu et placer nos racines sur le rocher pour continuer à grandir jusqu'à ce que notre Seigneur revienne.

Lorsque Job avait beaucoup de prospérité, il vivait dans la joie, mais lorsqu'il a été déraciné, que seule la souffrance l'attendait, il ne voulait plus que mourir.

> **«Non, Dieu ne rejette point l'homme intègre, et il ne protège point les méchants. Il remplira ta bouche de cris de joie, Et tes lèvres de chants d'allégresse. Tes ennemis seront couverts de honte; La tente des méchants disparaîtra.» (Job 8:20-22)**

Dieu ne chassera pas ceux qui sont sans blâmes, et il ne soutiendra pas les méchants. Parce qu'un homme mauvais, même si ses affaires prospèrent, aura beaucoup de soucis. Malgré qu'il semble prospère, nous pouvons voir qu'il va échouer à la fin.

Une chose plus importante est que son âme tombera finalement en enfer, ce qui est la mort éternelle, alors quelle valeur a sa vie? Si nous nous tenons sur la parole de vérité de Jésus Christ qui est le Rocher, et que nous aimons Dieu et recevons Son amour, alors nous pouvons être prospères en toute chose dans nos vies.

Ce type de personne se réjouira toujours, priera continuellement et rendra grâce en toutes circonstances, en étant rempli du Saint Esprit. Si nous vivons dans la vérité et devenons sanctifiés comme cela, nous ne manquerons jamais de rien. Même si quelqu'un nous hait, il sera dans la honte.

Si quelqu'un maudit un enfant de Dieu que Dieu aime, cette malédiction tombera sur lui. Après tout, le lieu de séjour du méchant disparaîtra et il ira sur le chemin de la destruction.

Chapitre **9**

L'Ignorance de Job

1. Job se trompe sur le fait que tout ce que Dieu veut, Il le fait

2. Job se trompe sur le fait que Dieu prédestine tout

3. Les appuis de Rahab et les bénédictions spirituelles

4. Job se trompe sur le fait que Dieu est un Juge qui fait peur

5. Duplicité de pensée

6. La raison pour laquelle Dieu disait que Job était droit

7. Job blâme Dieu comme étant un mauvais Dieu

«Voici, il passe près de moi, et je ne le vois pas, Il s'en va,
et je ne l'aperçois pas.» (Job 9:11)

1. Job se trompe sur le fait que tout ce que Dieu veut, Il le fait

«Job prit la parole et dit: Je sais bien qu'il en est ainsi; Comment l'homme serait-il juste devant Dieu? S'il voulait contester avec lui, Sur mille choses il ne pourrait répondre à une seule. A lui la sagesse et la toute-puissance: Qui lui résisterait impunément?» (Job 9:1-4)

Job était d'accord avec ce que disait son ami Bildad. Mais Job a dit, «Je sais bien qu'il en est ainsi», ce qui signifie que lorsqu'il était dans cette difficile situation, il ne pouvait pas s'empêcher de prononcer des paroles comme un vent violent et des paroles de ressentiment et des plaintes contre Dieu.

Job a dit dans Job 6:29-30, *«Revenez, ne soyez pas injustes; Revenez, et reconnaissez mon innocence. Y a-t-il de l'iniquité sur ma langue, Et ma bouche ne discerne-t-elle pas le mal?»*

Ceci signifie que Job a pu dire qu'il n'avait pas commis de péchés et qu'il était juste en comparaison avec d'autres personnes. Mais ici il a dit, «Comment l'homme serait-il juste devant Dieu?» Cela nous dit qu'il avait un soupçon de conscience. Il se considérait lui-même comme étant droit comparé aux autres gens, mais depuis que ses amis ne pointaient que ses manquements, ses sentiments étaient blessés.

«S'il voulait contester avec lui, Sur mille choses il ne pourrait répondre à une seule.» C'est parfois évident. Mais nous devons comprendre ce que Job voulait dire. Nous ne devons jamais rien oser discuter avec Dieu et nous devons seulement obéir et avoir un respect de révérence à Son égard.

Dieu est juste, sans blâme et sans tâches, alors qu'y a-t-il que nous puissions argumenter avec Lui? C'est tellement évident que si quelqu'un souhaitait être en désaccord et argumenter avec Lui, il ne pourrait lui répondre à une seule chose sur mille.

Job pensait qu'il était sage, mais il savait aussi qu'il n'était pas sage devant Dieu. Job pensait que dans la sagesse de Dieu et dans sa toute-puissance Il avait seulement repris tous ses enfants et ses biens que Dieu lui avait donnés et puis qu'il lui avait aussi donné les douleurs et la maladie.

Job ne connaissait Dieu que de manière charnelle. Job ne pouvait pas comprendre la sagesse de Dieu qui nous conduit vers le royaume des cieux par Sa providence qui avait été cachée dès avant la fondation du monde. C'est la sagesse de Dieu et Sa force toute puissante qui détruisent les camps de l'ennemi diable et Satan.

Comme Job l'a dit, ceux qui défient Dieu et qui ne vivent pas selon Sa parole ne peuvent pas recevoir de bénédictions de Dieu. Mais il ne réalisait pas que lui-même il défiait Dieu et ne gardait pas Sa parole. Parce qu'il a défié Dieu, il n'a pas écouté ses amis et il ne voulait pas se repentir même lorsqu'ils lui ont conseillé avec la vérité.

Si tout ce que Job avait dit dans sa confession avait été sincère et vrai, c'est-à-dire si Job avait réellement craint Dieu, il se serait repenti et détourné et Dieu aurait guéri ses maladies complètement. Mais il ne faisait que parler et n'agissait pas. Sa confession n'avait aucune substance, alors, quelle est la valeur de toutes ses paroles?

2. Job se trompe sur le fait que Dieu prédestine tout

«Il transporte soudain les montagnes, Il les renverse dans sa colère. Il secoue la terre sur sa base, Et ses colonnes sont ébranlées. Il commande au soleil, et le soleil ne paraît pas; Il met un sceau sur les étoiles. Seul, il étend les cieux, Il marche sur les hauteurs de la mer. Il a créé la Grande Ourse, l'Orion et les Pléiades, Et les étoiles des régions australes. Il fait des choses grandes et insondables, Des merveilles sans nombre.» (Job 9:5-10)

Dieu ne bouge ni ne retourne des montagnes dans Sa colère. Job avait la mécompréhension que Dieu prédestine toutes choses et accomplit toutes choses absolument selon Son plan. Job voulait dire qu'il était juste et n'avait aucune faute, mais que Dieu l'a détruit selon le plan qu'il avait fait.

Dans le verset 7 il est dit, «Il commande au soleil, et le soleil ne paraît pas; Il met un sceau sur les étoiles.» Mais Dieu ne retourne pas les montagnes ni ne secoue la terre à Sa propre discrétion. Il a seulement empêché le soleil et la lune de bouger au travers de Josué, mais Il n'a jamais ordonné au soleil de ne pas se lever. Il y a aussi de nombreuses étoiles et constellations et chacune a sa propre position. C'est ce que signifie que «Dieu met un sceau sur les étoiles.»

Comme Job l'a dit, Dieu a Lui-même étendu les cieux et la terre. Lorsqu'Il a fait cela, ce n'est pas qu'Il étend les cieux sans aucune raison. Dieu est le Propriétaire non seulement de toutes les choses dans l'univers, mais aussi du monde spirituel qui est le monde à la quatrième dimension. Comme il est relaté dans Genèse au chapitre 1, Dieu a fait le soleil, la lune, les étoiles et la terre en accord avec la loi du monde spirituel, et il a étendu l'univers en fonction de l'exacte nécessité de l'espace.

Il ne l'a pas seulement étendu comme Il le voulait dans Sa souveraineté. Il a créé le soleil, la lune et les étoiles pour nous les hommes, de sorte que nous puissions être cultivés sur cette terre dans la providence de Dieu. Contrairement à ce que Job a dit, Dieu n'a pas simplement créé toutes choses sans discrimination.

Ici, 'la Grande ourse, l'Orion et les Pléiades' n'ont pas une signification spirituelle particulière. Lorsque Job a mentionné les 'étoiles des régions australes' il a cru qu'il pouvait y avoir des étoiles dans le sud parce que du vent chaud souffle du sud. Dans la Bible, nous pouvons voir de nombreuses oeuvres extraordinaires de Dieu, telles que l'ouverture de la Mer Rouge, la destruction de la ville de Jéricho et les dix plaies d'Egypte.

Nous pouvons aussi comprendre les nombreuses choses miraculeuses que Dieu a faites pendant des milliers d'années. Même aujourd'hui, Dieu nous montre de si nombreux signes et miracles et des choses extraordinaires au travers de l'église Centrale Manmin.

C'est pourquoi, nous ne devons pas nous méprendre sur le fait que Dieu fait toutes choses telles qu'il les avait préprogrammées. Job s'est mépris en croyant qu'il souffrait parce que Dieu avait tout programmé à l'avance de cette manière. C'est pourquoi il ne pouvait pas trouver sa faute et se repentir.

> «Voici, il passe près de moi, et je ne le vois pas, Il s'en va, et je ne l'aperçois pas. S'il enlève, qui s'y opposera? Qui lui dira: Que fais-tu?» (Job 9:11-12)

Job disait que même si Dieu passait devant lui, il ne le saurait même pas. Il ne le verrait pas et il ne serait même pas capable de sentir Sa présence. Mais si Dieu devait passer près de nous, ne croyez-vous pas que nous le réaliserions? Si nous avons reçu le

Saint Esprit, nous pouvons sentir que Dieu est avec nous. Nous croyons aussi que Dieu nous garde avec Ses yeux enflammés. Nous savons qu'il compte chaque cheveu sur notre tête.

Lorsque nous ouvrons notre coeur et acceptons Jésus Christ comme notre Sauveur, nous recevons le Saint Esprit en tant que don. Parce que nous continuons à prier avec cette expérience et l'assurance, l'espérance et la joie du royaume des cieux vient dans nos coeurs. Nous gagnons de la paix dans la mesure où nous pouvons chasser le mal et vivons selon la parole de Dieu et nous pouvons entendre la voix du Saint Esprit.

Nous pouvons aussi discerner entre la vérité et la contrevérité dans la mesure où nous vivons selon la parole de Dieu. C'est pourquoi, si Dieu devait passer, c'est-à-dire si le Saint Esprit travaille, nous pouvons le sentir et le réaliser.

Job se plaint de ce que Dieu est mauvais parce que Dieu avait enlevé ses enfants, ses biens et sa santé. Il se plaint de ce qu'il ne pouvait même pas demander à Dieu, «Que fais-Tu? Comment peux-Tu m'enlever mes biens comme cela?» Dieu n'enlève pas les biens de ses enfants. Lorsque nous demandons, il nous donne, lorsque nous cherchons, Il nous fait trouver et lorsque nous frappons à la porte, Il ouvre la porte. Mais Job est en train de dire une chose opposée à cela.

Dans la Bible, nous pouvons voir certaines scènes dans lesquelles Dieu a parlé à Ses bien-aimés serviteurs tels qu'Abraham, Moïse et David. Dieu dit aussi à l'avance les choses qu'Il va faire à Ses serviteurs (Amos 3:7). Il donne à Ses enfants des visions, des rêves et la voix du Saint Esprit comme moyen de communication avec eux.

Mais Job disait que Dieu ne répondrait pas à ses questions et qu'Il ne permettrait pas qu'il Lui en pose. Job pense que Dieu est comme un dictateur qui fait toutes choses comme Il le veut, révélant ainsi son ignorance à propos de Dieu.

3. Les appuis de Rahab et les bénédictions spirituelles

« Dieu ne retire point sa colère; Sous lui s'inclinent les appuis de l'orgueil. Et moi, comment lui répondre? Quelles paroles choisir? » (Job 9:13-14)

Dieu n'est pas une personne qui ne se détournera pas de sa colère. Si nous nous détournons et nous repentons, Il se détournera de Sa colère. Pendant les temps de l'Ancien Testament lorsque le peuple d'Israël adorait des idoles et quittait Dieu, ils ont été attaqués par les peuples voisins et emmenés comme captifs. Mais lorsqu'ils se repentaient et se détournaient en cherchant Dieu, Dieu leur pardonnait et leur permettait de reconquérir leur nation perdue.

Si nous nous repentons, Dieu enlève nos transgressions autant que l'orient est éloigné de l'occident (Psaume 103:12), et Il ne se souviendra pas de nos péchés (Hébreux 8:12).

Alors, Job dit, « Sous lui s'inclinent les appuis de l'orgueil. (Rahab) » à quoi se réfère 'Rahab' ici?

Esaïe 30:7 dit, *« Car le secours de l'Égypte n'est que vanité et néant; C'est pourquoi j'appelle cela du bruit (Rahab) qui n'aboutit à rien. »* Esaïe 51:9 dit, *« Réveille-toi, réveille-toi! revêts-toi de force, bras de l'Éternel! Réveille-toi, comme aux jours d'autrefois, Dans les anciens âges! N'est-ce pas toi qui abattis l'Égypte, Qui transperças le monstre? »*

C'est-à-dire que Rahab se réfère à l'Egypte. Alors, qui a aidé l'Egypte dans la Bible? Dans l'histoire d'Israël, nous pouvons voir que parmi les 12 fils de Jacob, c'était Joseph le 11ème fils qui a aidé l'Egypte.

Si Joseph n'avait pas été là, l'Egypte se serait écroulée pendant les 7 années de famine. L'Egypte a été sauvée grâce à Israël, et tandis que le temps passait, l'Egypte a fait des descendants de Joseph, c'est à dire le peuple d'Israël ses esclaves. Ils ont piétiné ceux qui les avait sauvés. C'est cela le coeur de l'homme. Nous ne devons pas avoir ce type de coeur.

Ici, les 'appuis de Rahab' se réfère à Joseph, ses frères et leurs descendants. Job disait que tout comme le peuple d'Israël a aidé l'Egypte mais que plus tard, Dieu leur a permis de devenir les esclaves des égyptiens et de recevoir des épreuves, Dieu a aussi donné à Job les conséquences misérables, malgré qu'il ait fidèlement offert des sacrifices à Dieu.

Job disait que parce que Dieu n'est pas juste ni équitable comme cela est dit ci-dessus, il ne peut pas argumenter avec Dieu.

Ici, il y a une chose sur laquelle vous ne devriez pas vous méprendre. Pourquoi Dieu a-t-Il permis que le peuple d'Israël devienne l'esclave des égyptiens? C'était pour leur profit, pour qu'il reçoive des bénédictions.

Dieu a accepté le sacrifice d'Abraham avec joie, mais Il lui a promis que ses descendants serait des étrangers, esclaves et opprimés pendant 400 ans. Et alors, ils sortiraient de là avec des trésors (Genèse 15:13-14).

En voyant cela, on pourrait penser que Dieu est un peu étrange et donne d'étranges bénédictions. Comment l'esclavage dans une nation étrangère peut-il être une bénédiction?

Si nous ne comprenons pas la volonté de Dieu, certains pourraient se méprendre. Les gens pourraient avoir des doutes en pensant, «J'ai prié, j'ai servi Dieu avec diligence, et pourquoi ai-je échoué à recevoir des bénédictions et des réponses?»

Alors, quelle est la bénédiction la plus importante dans la vie? Nous pouvons recevoir le salut et entrer dans le royaume des cieux uniquement si nous avons de la foi, mais la foi ne peut pas se voir de nos yeux. Donc, si Dieu nous donne cet important don de la foi, qu'est ce qui pourrait être une plus grande bénédiction pour nous?

Si notre foi grandit et que notre âme prospère, alors tout prospérera pour nous et nous serons en bonne santé. Si nous recevons des bénédictions matérielles alors que nous n'avons pas la foi et que notre âme n'est pas prospère, cela n'est pas de Dieu. Ces bénédictions peuvent s'écrouler à tout moment. Le coeur de l'homme est tortueux et rusé. C'est pourquoi de nombreuses personnes semblent mener une vie chrétienne diligente, mais ils abandonnent Dieu et retombent dans le monde parce qu'ils ont un désir pour les choses matérielles de la vie.

C'est pourquoi Genèse 15:16-17 nous dit que les épreuves sont des bénédictions.

> «A la quatrième génération, ils reviendront ici; car l'iniquité des Amoréens n'est pas encore à son comble. Quand le soleil fut couché, il y eut une obscurité profonde; et voici, ce fut une fournaise fumante, et des flammes passèrent entre les animaux partagés.»

Certaines personnes disent qu'Abraham a fait un sacrifice impropre et que Dieu était fâché, et c'est pourquoi ses descendants ont dû souffrir comme esclaves pendant 400 ans. Mais cela n'est pas correct.

Abraham a complètement obéi à la parole de Dieu. Il n'a pas offert de sacrifices uniquement une ou deux fois et il offrait des sacrifices appropriés. Dieu les a accepté avec joie et a répondu par le feu.

Maintenant, Dieu pouvait apporter le jugement sur les amoréens, qui vivaient en Canaan uniquement lorsque leur iniquité était à son comble. Parce que Dieu est juste, il ne pouvait pas simplement donner le pays de Canaan à Abraham étant donné que c'était le pays des amoréens. Lorsque leur iniquité serait arrivée à son comble suffisamment pour qu'ils soient punis, Dieu leur prendrait leur pays et le donnerait aux descendants d'Abraham.

C'est pourquoi Dieu a envoyé Joseph en Egypte pour élever une nation et la faire sortir d'Egypte avec une grande prospérité et des biens. Par le miracle du partage de la Mer Rouge et des Dix Plaies d'Egypte, il a été annoncé à toutes les nations qu'Israël était le peuple élu de Dieu. Quelle grande bénédiction!

De même tout comme les mauvaises herbes qui croissent dans les champs ont plus de force pour survivre que celles qui croissent dans une serre, les israélites sont devenus plus puissants pendant qu'ils étaient des esclaves. C'est pourquoi, ils ont pu conquérir le pays de Canaan et devenir une nation puissante. Il y avait de nombreux plans et providences de Dieu dans les descendants d'Abraham qui étaient esclaves en Egypte.

Mais Job disait ici comment il pouvait s'attendre à ce que Dieu travaille avec justice à son égard étant donné qu'il avait offert de si petits sacrifices, parce que Dieu est un Dieu qui a permis que les israélites soient esclaves en Egypte malgré que Joseph ait sauvé ce grand pays.

4. Job se trompe sur le fait que Dieu est un Juge qui fait peur

«Quand je serais juste, je ne répondrais pas; Je ne puis qu'implorer mon juge. Et quand il m'exaucerait, si je l'invoque, Je ne croirais pas qu'il eût écouté ma voix.» (Job 9:15-16)

Pourquoi Job utilise-t-il le mot 'si'? Job avait un conflit de pensée. Il pensait qu'il était juste, mais ses frères l'accusaient d'être injuste et pécheur.

Mais aussi, se tenant devant Dieu, il savait qu'il n'était pas très juste. C'est-à-dire que d'une part il se considérait comme juste, mais d'autre part il sentait qu'il n'était pas juste aux yeux de Dieu. C'était le conflit dans sa pensée.

Maintenant, la pensée de Job est tordue et il parle contre Dieu. Alors quels types de pensées avez-vous en lisant le livre de Job?

Ne pensez-vous pas parfois, «Job a tellement troublé le coeur de Dieu; je ne suis pas une personne comme lui!» Au travers du livre de Job, Dieu révèle et il scrute le caractère de chaque être humain et le mal dans sa pensée. Au travers de cela nous devons être capables de réaliser notre coeur véritable.

Job a interrogé Dieu de différentes manières, mais il n'y avait pas de réponses. Il n'a pratiquement plus compté sur lui-même et il a exprimé son coeur brisé.

Il dit que même si Dieu répondait quand il l'appelait, il ne voudrait pas croire que Dieu a écouté sa voix. Nous pouvons voir que la pensée de Job devient plus tordue et plus tortueuse.

«Lui qui m'assaille comme par une tempête, Qui ultiplie sans raison mes blessures, Qui ne me laisse pas respirer, Qui me rassasie d'amertume.» (Job 9:17-18)

Rien qu'en regardant aux paroles qui sortaient de la bouche de Job, nous pouvons voir qu'il commet de grands péchés devant Dieu. Parce qu'il avait ce mal, Satan l'a accusé et Dieu a accepté les accusations.

Lisons Exode 15:26.

«Il dit: Si tu écoutes attentivement la voix de l'Éternel, ton Dieu, si tu fais ce qui est droit à ses yeux, si tu prêtes l'oreille à ses commandements, et si tu observes toutes ses lois, je ne te frapperai d'aucune des maladies dont j'ai frappé les Égyptiens; car je suis l'Éternel, qui te guérit.»

Ce n'est pas que Dieu a frappé Job d'une tempête et lui a donné une maladie sans raison. Etant donné que Job avait les ulcères malodorants et sales, le mal dans son coeur est aussi sorti. C'est pourquoi Dieu devait raffiner Job.

Job se plaint que Dieu ne le laisse même pas prendre son souffle. Dieu n'est pas celui qui nous remplit d'amertume. Il ne veut donner que des bénédictions à Ses enfants et recevoir la gloire au travers d'eux.

«Recourir à la force? Il est tout-puissant. A la justice? Qui me fera comparaître?» (Job 9:19)

Dieu est fort. Mais lorsque Job dit que Dieu est fort, il ne veut pas dire que cette puissance appartient à Dieu. Sa parole est différente de la confession de beaucoup d'autres croyants. Job pensait que Dieu est un Dieu terrible qui lui a tout enlevé, et ce qu'il voulait dire avec 'le tout puissant'.

Mais nous voulons correctement comprendre la puissante force de Dieu. Dieu nous aime et Il a envoyé Son Fils unique Jésus Christ sur cette terre pour briser l'autorité de l'ennemi diable. La force de Dieu est la puissance pour surmonter l'autorité de la mort. C'est la puissance de la résurrection. Dieu est aussi le fort en tant que juge qui rend selon ce que nous avons fait.

Job a dit que Dieu est un Juge terrible qui utilise Sa

souveraineté selon Sa volonté et qui fait tout selon son plan préétabli. Mais nous devrions comprendre que le juste jugement se produira par Jésus Christ qui est Rocher et la vérité même. Le chapitre 1 de Jean dit que Dieu a tout créé dans les cieux et sur la terre au travers du nom de Jésus Christ. Nous pouvons être sauvés et recevoir les réponses par le nom de Jésus Christ.

Dieu est le juste juge qui juge tout selon la parole immuable et les lois du monde spirituel. Job ne comprenait pas cela et il dit quelque chose de complètement différent, qui est que Dieu utilise Son autorité comme Il le désire.

5. Duplicité de pensée

«Suis-je juste, ma bouche me condamnera; Suis-je innocent, il me déclarera coupable. Innocent! Je le suis; mais je ne tiens pas à la vie, Je méprise mon existence.» (Job 9:20-21)

Ici nous pouvons trouver la duplicité de pensée de Job. Job plaidait pour lui-même et il faisait aussi des excuses. La condamnation se réfère au prix pour les actes pécheurs de quelqu'un, et la culpabilité signifie être détruit.

Job croyait qu'il vivait une vie droite, juste et sans culpabilité. Mais ses amis continuaient à l'accuser d'être injuste et d'être un pécheur. C'est pourquoi il continuait à exprimer l'autre point de vue que Dieu le déclarerait coupable malgré qu'il soit sans culpabilité.

Nous chasserions ce type de duplicité de pensée. 1 Jean 3:18 dit, *«Petits enfants, n'aimons pas en paroles et avec la langue, mais en actions et avec vérité.»*

Job a conclu qu'il était non coupable et qu'il ne faisait rien de mauvais, mais sa vie était corrompue à cause du Tout puissant, et il ne pouvait que mépriser sa vie. Nous ne devons pas avoir de duplicité de pensée comme Job ici. Si quelque chose n'est pas bon en nous au travers de la vérité, nous devrions l'accepter avec assurance afin que nous puissions sous examiner nous-mêmes.

«Qu'importe après tout? Car, j'ose le dire, Il détruit l'innocent comme le coupable. Si du moins le fléau donnait soudain la mort!... Mais il se rit des épreuves de l'innocent.» (Job 9:22-23)

Job dit que parce que Dieu fait toutes choses tout comme cela Lui plait et selon Ses plans qu'Il avait préétablis, il n'y a aucune raison de mener une vie juste et que de mener une vie mauvaise ne ferait pas de différence en fin de compte. C'est-à-dire que Job dit que malgré qu'il ait mené une vie droite, Dieu l'a fait souffrir d'une telle manière, et que donc, Dieu traite les hommes bons et les hommes mauvais de la même manière et qu'Il est un Dieu de prédestination qui n'a pas de justice.

Mais Dieu est le juste Juge qui juge entre le bien et le mal. Dieu laisse les gens mauvais recevoir de mauvaises récompenses et il donne des choses droites et bonnes à ceux qui sont bons (Malachie 4:1-3, Deutéronome chapitre 28).

Job s'est mépris en pensant que Dieu se moque des souffrances des hommes sans péchés. Il dit, «Si du moins le fléau donnait soudain la mort!» Parce qu'il croyait que le fléau le tuait soudainement.

Job avait de plus en plus de sentiments de malaise et il devenait de plus en plus cynique envers Dieu. Dans son incompréhension de Dieu, Job disait qu'il était faussement puni. Job était celui qui continuait à prononcer de mauvaises paroles, mais il disait que Dieu était mauvais.

6. La raison pour laquelle Dieu disait que Job était droit

«La terre est livrée aux mains de l'impie; Il voile la face des juges. Si ce n'est pas lui, qui est-ce donc?» (Job 9:24)

Les hommes ont de profonds coeurs intérieurs dont ils ne sont pas conscients eux-mêmes. Ils ont de l'énergie vitale, ou de la force de vie appelée chi qui est héritée de leurs parents. Ils forment le cadre de leurs coeurs basé sur ce qu'ils ont vu, entendu et appris dans leurs vies.

Lorsque Job a commencé à souffrir de difficultés et d'épreuves, son coeur intérieur a été révélé. Nous pouvons trouver des choses sales et mauvaises sortant de lui. Dieu regarde à notre coeur intérieur et recherche la profondeur du coeur. Avant que Job ait fait face à l'épreuve, il était reconnu comme un homme juste, mais Dieu connaissait les mauvaises choses qui étaient profondément dans son coeur. Satan était aussi au courant de cela. C'est pourquoi Satan a apporté des accusations contre Job et Dieu a permis que cela se passe.

Job rationalisait que Dieu faisait des jugements qui sont injustes étant donné qu'il laissait cet homme droit dans de telles fortes douleurs.

Si quelqu'un paye un pot-de-vin à un juge pour obtenir un jugement favorable dans un procès et que le juge est corrompu, sa conscience devient de plus en plus faible tandis qu'il émet un jugement injuste. Le résultat est que la justice est couverte et ignorée. Job a conclu que Dieu n'est pas différent d'un juge qui est corrompu et qui ignore la justice.

Mais Dieu est un Dieu juste comme il est écrit dans le Psaume 9:9, *«Il juge le monde avec justice, Il juge les peuples avec droiture.»* Au début le mal de Job était révélé petit à petit, mais maintenant il sort sans aucune retenue. C'était un mal dont Job n'était pas conscient auparavant.

Alors pourquoi Dieu disait-Il que Job était droit et honnête? Dieu le disait en considérant la situation de Job en ce temps-là.

«Mes jours sont plus rapides qu'un courrier; Ils fuient sans avoir vu le bonheur; Ils passent comme les navires de jonc, Comme l'aigle qui fond sur sa proie.» (Job 9:25-26)

Avant que le test ne vienne, Job avait une foi de connaissance en entendant parler de Dieu, et il a pu ainsi surmonter les premiers tests dans le cadre de sa connaissance et de sa foi. Il était lié à des pensées telles que, «Si je rends grâce à Dieu et prie, Il me répondra.» et il a pu supporter dans ce cadre.

Mais le second test a été au delà de ce lien, et alors qu'il commençait à souffrir d'ulcères, son mal a commencé à se révéler.

Lorsqu'il a dit, «Mes jours sont plus rapides qu'un courrier», cela se réfère à quelque chose qui se trouve au-delà de ses liens et aussi du cours du temps. De même, comme il n'y a pas de traces après qu'un bateau soit passé à un endroit sur la mer, il présentait une parabole pour expliquer que sa vie passait sans aucun sens.

Il plaidait aussi que son coeur est honnête et affamé tout comme un aigle qui voit sa proie depuis le ciel et descend rapidement vers le sol pour se précipiter sur cette proie.

Si les amis de Job pouvaient lire ce coeur douloureux de Job, ils auraient pu lui conseiller avec amour selon l'état de son coeur. Ils ne l'auraient pas directement blâmé et accusé pour sa condition présente, mais ils auraient compris son coeur douloureux et brisé et avec leur amour ils l'auraient poussé à s'examiner lui-même de sorte qu'il aurait pu se repentir et se détourner.

7. Job blâme Dieu comme étant un mauvais Dieu

«Si je dis: Je veux oublier mes souffrances, Laisser ma tristesse, reprendre courage, Je suis effrayé de toutes mes douleurs. Je sais que tu ne me tiendras pas pour innocent. Je serai jugé coupable; Pourquoi me fatiguer en vain?» (Job 9:27-29)

Parce que Job croyait qu'il recevait sa punition de Dieu sans raison, il se sentait aussi comme ayant été faussement accusé. De plus, il a dit que tout serait insensé même s'il pouvait oublier son chagrin, essayer de changer son apparence et avoir un coeur joyeux étant donné que ses amis continuaient à lui conseiller.

Ici, que signifie «Je suis effrayé de toutes mes douleurs»? Job veut dire que même s'il avait été guéri, Dieu le frapperait à nouveau sans raison, et il devrait à nouveau vivre dans la douleur.

Si nous nous repentons et nous détournons de nos oeuvres, Dieu enlève nos transgressions aussi loin que l'Orient est éloigné de l'Occident et Il ne s'en souvient pas. Le Psaume 103:12-13; 18 dit, *«Autant l'orient est éloigné de l'occident, Autant il éloigne de nous nos transgressions. Comme un père a compassion de ses enfants, L'Éternel a compassion de ceux qui le craignent.... Pour ceux qui gardent Son alliance et se souviennent de Ses commandements afin de les accomplir.»*

Ce verset nous présente une condition dans laquelle le pardon et la compassion de Dieu se manifestent pour nous et cela uniquement si nous craignons Dieu. Si nous craignons Dieu et gardons Ses statuts, nous nous repentirons de nos péchés et nous détournerons dans nos actes. Si nous faisons cela, alors Dieu nous pardonnera et nous lavera avec le sang du Seigneur Jésus de sorte que nous puissions être justifiés et appelés enfants de Dieu.

Mais Job n'a pas accepté le conseil de ses amis. Il continuait seulement à dire que puisque Dieu continuerait à le considérer comme un pécheur, il devra vivre dans les douleurs. Après tout, il voulait dire qu'il n'y avait aucun avantage pour lui de se repentir de ses péchés et de se détourner. Si nous avons ce type de coeur, nous devons nous repentir.

Nous pouvons retrouver la méchanceté de Job dans ces paroles. Nous pouvons voir certains nouveaux convertis qui essayent de donner certaines conditions à Dieu. Nous devons simplement être reconnaissants pour la grâce de ce que nos péchés sont pardonnés et que nous sommes sauvés. Mais les nouveaux essayent de passer un accord avec Dieu.

«Dieu, si Tu résous ce problème, je servirai l'église.»
«Dieu, étant donné qu'il n'y a pas de réponse malgré que j'aie prié et jeûné toute la nuit, je vais quitter l'église.»

De même lorsqu'ils font face à des tests, ils doutent rapidement de Dieu et vivent dans les soucis. Si nous commençons à donner des conditions à Dieu, ce n'est pas du tout la foi. Job donne certaines conditions pour que Dieu l'aime.

Lorsque nous confessons notre foi en Dieu, si nous rencontrons un problème et que nous ne prions pas Dieu et ne lui laissons pas toutes choses, mais qu'au contraire, nous nous faisons des soucis et essayons de résoudre le problème nous-mêmes, cela signifie qu'en fait nous n'avons pas de foi et ne croyons pas entièrement en Dieu.

> « Quand je me laverais dans la neige, Quand je purifierais mes mains avec du savon, Tu me plongerais dans la fange, Et mes vêtements m'auraient en horreur. » (Job 9:30-31)

'Se laver dans la neige' signifie que l'eau est très rare. Et aussi 'purifier ses mains avec du savon' combien est-ce difficile! Et Job dit que même s'il se lave consciencieusement, malgré de telles difficultés, Dieu ne fera que le mettre dans un autre trou.

Donc, malgré que ses vêtements qui n'ont aucune vie le blesseraient, nous pouvons voir que Job blâme Dieu en tant qu'un Dieu mauvais et très méchant.

> « Il n'est pas un homme comme moi, pour que je lui réponde, Pour que nous allions ensemble en justice. Il n'y a pas entre nous d'arbitre, Qui pose sa main sur nous deux. » (Job 9:32-33)

Job connaissait Dieu en entendant de ses ancêtres. Abraham, Moïse et d'autres prophètes ont communiqué avec Dieu, mais Job disait qu'Il ne lui répondrait même pas.

Job n'avait qu'une foi de connaissance qu'il a acquise en écoutant. Parce qu'il n'avait pas de foi avec laquelle il croyait dans son coeur, il ne pouvait rien confesser avec foi. Dieu n'est pas un Dieu qui ne nous répond pas, mais il nous rencontre lorsque nous le cherchons ardemment.

De plus, Job dit que parce que Dieu lui avait donné cette

maladie, Dieu est le procureur et lui est le défenseur. Il se lamente qu'il n'y ait aucun juge pour juger entre le procureur et l'accusé. Il dit qu'il était faussement accusé, et il pose la question de savoir qui peut être son juge impartial.

Nous pouvons comprendre que Job prononçait de telles paroles insensées et ridicules, mais qu'il n'était pas insensé depuis le commencement. Nous devions comprendre que les différentes sortes de coeurs de nos vies sont révélées dans ces paroles.

Pendant que nous vivons dans ce monde, nous pouvons faire face à des tests. Certains perdent toute leur fortune et rencontrent des problèmes qu'ils ne peuvent pas résoudre par eux-mêmes. Parce qu'ils n'ont pas d'aide, ils sont dans le désespoir, et ils se mettent dans des situations encore plus tordues. Ils se blâment et se maudissent eux-mêmes.

Mais ceux qui croient et se reposent sur Dieu seront reconnaissants à Dieu et ils montreront leur foi avec des réjouissances, en ayant l'espérance du royaume des cieux même s'ils sont devenus des mendiants. Ils ne deviendront jamais comme Job ici.

«Qu'il retire sa verge de dessus moi, Que ses terreurs ne me troublent plus; Alors je parlerai et je ne le craindrai pas. Autrement, je ne suis point à moi-même.» (Job 9:34-35)

'Sa verge' se réfère à la souveraineté de Dieu. Comme il est révélé au travers du bâton de Moïse qui a accompli les dix plaies et la verge d'Aaron qui a germé, a porté des feuilles, produit des fleurs et a produit des amandes mûres dans l'Ancien Testament, 'verge' se réfère ici à la puissance de Dieu. Job dit que, parce que Dieu le frappe avec Sa verge, il ne pouvait rien faire.

Il voulait dire que si Dieu voulait retirer sa verge qui s'est levée de Sa position souveraine contre lui, il maudirait Dieu autant qu'il le voulait parce qu'il ne pouvait pas supporter le sentiment d'être faussement accusé. Combien de telles paroles sont injustes? Il se contrôlait parce qu'il avait peur de Dieu, car autrement il prononcerait des paroles encore plus mauvaises Et déjà, il donne l'excuse qu'il n'était pas une telle personne auparavant.

Maintenant, vous pouvez comprendre pourquoi Dieu a permis que toutes ces choses arrivent à Job et il a permis que tout soit relaté dans la Bible. Job qui croyait connaître Dieu et qui pensait qu'il était un homme juste a agi de cette manière, et alors combien seraient méchants ceux qui ne connaissent pas du tout Dieu?

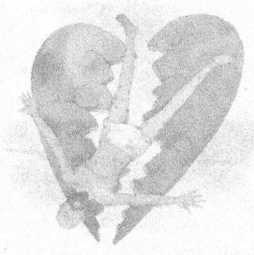

Chapitre **10**

Le mal est révélé dans le coeur profond de Job

1. Arrogance

2. Se tromper sur Dieu en tant que celui qui aime les gens mauvais

3. Se tromper sur Dieu en tant que chasseur des justes

4. Abandon de Job

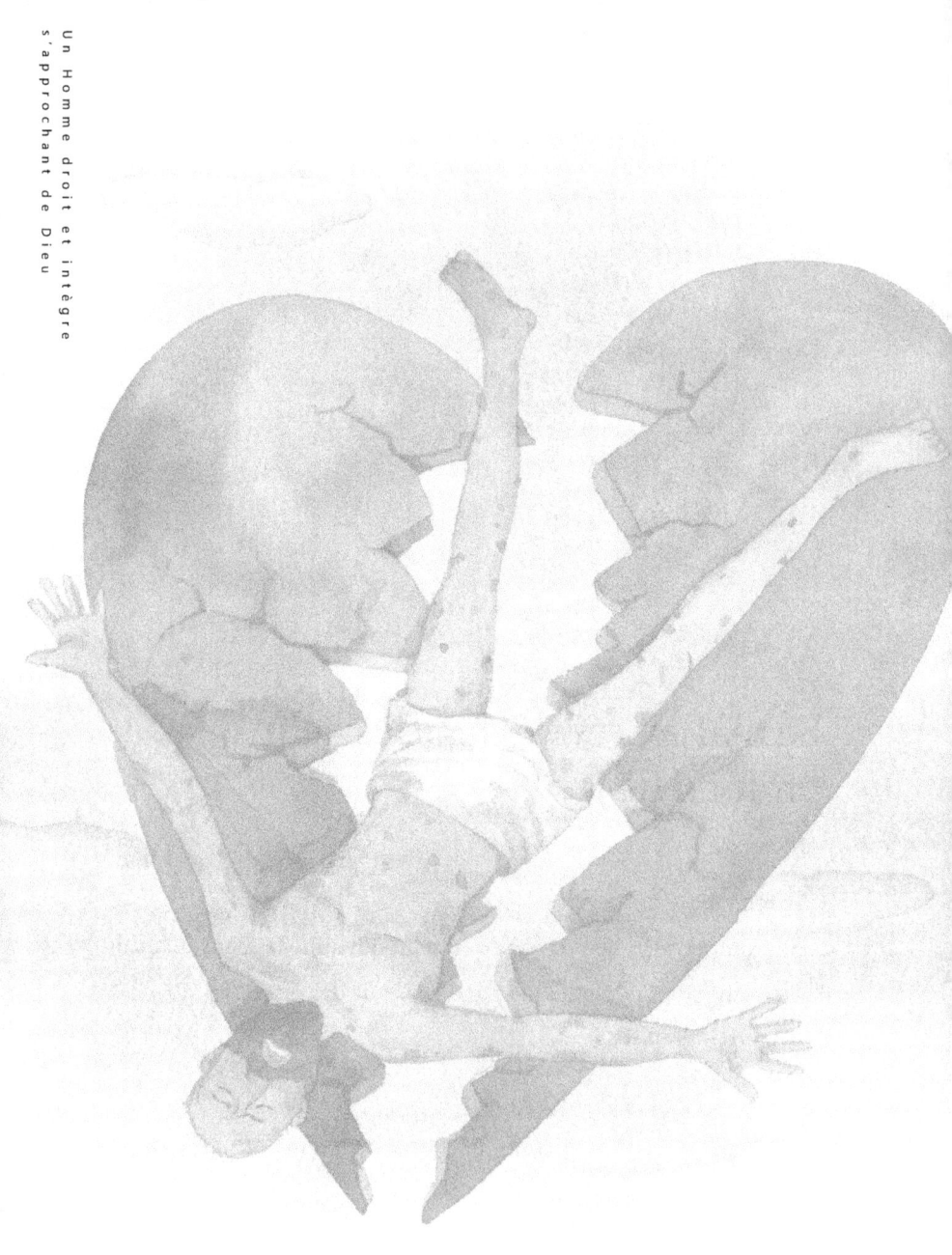

«Mon âme est dégoûtée de la vie! Je donnerai cours à ma plainte, Je parlerai dans l'amertume de mon âme.» (Job 10:1)

1. Arrogance

«Mon âme est dégoûtée de la vie! Je donnerai cours à
ma plainte, Je parlerai dans l'amertume de mon âme.
Je dis à Dieu: Ne me condamne pas! Fais-moi savoir
pourquoi tu me prends à partie!» (Job 10:1-2)

Job dit qu'il exècre sa vie. Cela veut dire qu'il était tellement
fatigué. Il se sentait trop fatigué pour vivre. Au commencement il
ne se plaignait pas contre Dieu malgré qu'il ait perdu ses enfants
et ses biens. Mais tandis qu'il a commencé à souffrir d'ulcères, il
a commencé à se plaindre et au travers de la conversation avec
ses amis, la mal qui avait été caché profondément dans son coeur
était révélé.

Job croyait qu'il n'avait rien fait de mal et qu'il ne vivait que
dans la justice. Cependant ses amis continuaient à lui dire qu'il
était un pécheur qui prononçait des paroles comme un vent
impétueux et qu'il devait se repentir. Cela augmentait sa douleur
parce qu'il ne pouvait pas accepter leur conseil.

Son âme était trop fatiguée et troublée pour endurer plus. Il
a dit qu'il avait plus de choses à dire mais qu'il se contrôlait (Job
9:35). Mais il a oublié ce qu'il a dit et il dit maintenant qu'il va
d'avantage se décharger dans ses plaintes. Son mal est même plus
exposé.

Job avait l'arrogance de la pensée pour penser qu'il était
meilleur que ses amis. C'est pourquoi il ne pouvait pas trouver
combien il était mensonger. Un de ses amis lui a dit avec la

parole de vérité, mais Job ne voulait pas accepter. Parce qu'il croyait qu'il était meilleur que ses amis, il ne voulait pas accepter leur conseil.

Job demandait en pensée à ses amis, «Je suis maintenant dans cette situation mais j'avais plus de biens et plus de connaissance que vous, et j'avais une belle famille, et je donnais des conseils aux autres. Pourquoi ne regardez-vous qu'à la situation actuelle pour essayer de m'enseigner une leçon? Je ne veux pas discuter avec vous.»

Job a entendu beaucoup de conseils de ses amis, mais il n'en a accepté aucun. Son coeur est même devenu plus endurci et il ignorait ses amis et ne voulait pas leur parler. Il parle maintenant directement à Dieu au départ de ce que ses amis lui avaient dit.

2. Se tromper sur Dieu en tant que celui qui aime les gens mauvais

«Te paraît-il bien de maltraiter, De repousser l'ouvrage de tes mains, Et de faire briller ta faveur sur le conseil des méchants? As-tu des yeux de chair, Vois-tu comme voit un homme? Tes jours sont-ils comme les jours de l'homme, Et tes années comme ses années. Pour que tu recherches mon iniquité, Pour que tu t'enquières de mon péché?» (Job 10:3-6)

Dieu est-Il quelqu'un qui oppresse et rejette le travail de Ses mains? Job dit que Dieu l'a créé pour le faire souffrir de maladies et d'épreuves. Il dit aussi que Dieu regarde favorablement les plans des méchants.

Parce que son coeur est tellement tortueux, il dit que Dieu est un mauvais Dieu. Il argumente que Dieu laisse une bonne personne comme lui souffrir d'épreuves , et donc Dieu persécute et méprise les justes et aime les méchants.

Le verset 4 dit que Dieu n'a pas les yeux des hommes. En fait, l'homme regarde aux apparences extérieures, mais Dieu regarde au coeur intérieur.

Job voulait dire la chose suivante: «Dieu, tu regardes au coeur intérieur, mais pourquoi me regardes-tu avec les yeux de l'homme? Mes amis regardent mon apparence tordue et me condamnent comme si j'étais mauvais et rempli de péchés. Mais Tu regardes au coeur intérieur, et Tu dois donc savoir que je suis juste et honnête. Alors, pourquoi ne me donnes-tu pas des bénédictions?»

Alors, que signifie, «Tes jours sont-ils comme les jours de l'homme, Et tes années comme ses années? Pour que tu recherches mon iniquité, Pour que tu t'enquières de mon péché?»

Job a dit que Dieu est éternel, n'ayant ni commencement ni fin, et que Dieu est donc éternel, mais les hommes vivent pour un temps. Job a dit que Dieu est éternel, mais que sa vie ne dure qu'un moment, et donc comment Dieu peut-il considérer Job comme Lui-même et lui donner une telle grande douleur comme celle qu'il recevait?

Job pensait, «Comment le magnifique Dieu Créateur et sa vie tordue être les mêmes? Comment Tes années peuvent-elles être des années d'homme pour que tu admettes que je suis coupable? N'est-ce pas l'amour de Dieu que de pardonner l'homme, même s'il a des péchés, parce que sa vie est si courte comparée à la gloire de Dieu? Et pourquoi peux-tu me faire cela qui n'est pas même un pécheur?»

Il semblait au commencement que Job élevait Dieu, mais en fait, il était sarcastique avec Dieu, en disant qu'Il n'est pas généreux.

> « Sachant bien que je ne suis pas coupable, Et que nul ne peut me délivrer de ta main. » (Job 10:7)

Job dit que Dieu sait qu'il n'est pas coupable. Jusqu'à maintenant il a continué à dire que Dieu est un mauvais Dieu, mais ici il dit que Dieu sait qu'il n'est pas coupable. Nous pouvons donc voir l'inconsistance et le ridicule de tout cela.

Alors pourquoi Job dit-il cela? C'est parce qu'il pensait à lui-même avant que son épreuve ne commence. En ce temps-là, comme Dieu le savait, Job aidait les pauvres avec son argent. Il aidait aussi les veuves et les orphelins et encourageait d'autres à être autonomes. Même lorsque Dieu a enlevé ses biens et ses enfants, il ne s'est pas plaint mais a seulement rendu grâce à Dieu. A cause de tout cela, Job disait qu'il était une bonne personne.

Parce que Job ne pouvait trouver aucun mal en lui, il pense à lui au passé lorsqu'il contrôlait son coeur avec son éducation, sa connaissance et ses manières. Mais parce que Dieu voyait le mal profondément dans le coeur de job, Il a permis les accusations de Satan de sorte que le mal de Job puisse être révélé.

Dans le passage, Job dit que personne ne peut le délivrer de la main de Dieu. En fait personne ne peut échapper à la main de Dieu. Chacun doit faire face au jugement à la fin de sa vie même les rois et les autres notables.

Ceux qui ont pratiqué de bonnes oeuvres auront la résurrection pour la vie, et ceux qui ont commis des mauvaises oeuvres auront la résurrection pour le jugement.

3. Se tromper sur Dieu en tant que chasseur des justes

«Tes mains m'ont formé, elles m'ont créé, Elles m'ont fait tout entier... Et tu me détruirais! Souviens-toi que tu m'as façonné comme de l'argile; Voudrais-tu de nouveau me réduire en poussière? Ne m'as-tu pas coulé comme du lait? Ne m'as-tu pas caillé comme du fromage? Tu m'as revêtu de peau et de chair, Tu m'as tissé d'os et de nerfs; Tu m'as accordé ta grâce avec la vie, Tu m'as conservé par tes soins et sous ta garde.» (Job 10:8-12)

Job savait qu'il était une créature créée par Dieu. Non seulement les yeux, le nez, la bouche, les os et le sang de l'homme, mais aussi l'esprit invisible et l'âme ont tous été créés par Dieu. Ici, 'Elles m'ont fait tout entier' se réfère à tout l'esprit, l'âme et le corps de l'homme.

Job a posé une question à Dieu, «Tu l'as créé en entier, et maintenant pourquoi voudrais-Tu me détruire?» Mais dans le verset suivant, il pose une question avec une signification différente. C'est parce que Job ressentait que Dieu le traitait de manière injuste. Il exprimait donc son désappointement.

En fait, Job disait, «Lorsque Tu m'as créé, tu m'as fait comme si Tu n'avais fait que réunir un peu d'argile. C'est pourquoi Tu me méprises comme de la poussière, n'est-ce pas? Tout comme une mère jetterait du lait inutile, tu ne m'as pas seulement fait comme du lait inutile mais tu m'as pressé comme du fromage.»

Rassembler de l'argile est assez facile. Job a dit que Dieu l'a formé si beau et puis Il l'a détruit. Mais maintenant Job change ses paroles en disant que Dieu l'avait méprisé si facilement parce qu'il l'avait fait en assemblant simplement un tas d'argile.

Le lait est crucial pour un nouveau-né. Mais une mère va jeter le lait qui reste après que son bébé ait bu. S'il reste beaucoup de lait après la nourriture, la mère aura de la douleur dans la poitrine. Et aussi le lait qui a été tiré aura une mauvaise odeur et caillera, et on ne peut donc le garder. Job s'est comparé à du lait inutile. C'est une bonne expression métaphorique parce que son corps était couvert d'ulcères et ils continuaient à suppurer et à sécher.

Dieu a donné la vie aux hommes et tout pour qu'ils vivent. C'est-à-dire qu'Il a fait notre esprit, notre âme et notre corps, et qu'Il a aussi tout créé, y compris le soleil, l'air de sorte que nous puissions conserver notre vie.

Job avait beaucoup de connaissance et de sagesse. Malgré qu'il ne comprenait pas bien les choses de l'esprit, il savait du moins qu'il y a un maître dans le corps de l'homme.

Lorsque job a dit, «Mon esprit» dans ce passage, cela se réfère à son coeur. 'Garder son cœur' signifie qu'il n'a pas commis de péchés, mais qu'il a aidé les veuves et les orphelins et qu'il a vécu une vie de bonté parce qu'il avait connu Dieu.

«Voici néanmoins ce que tu cachais dans ton coeur, Voici, je le sais, ce que tu as résolu en toi-même. Si je pèche, tu m'observes, Tu ne pardonnes pas mon iniquité. Suis-je coupable, malheur à moi! Suis-je innocent, je n'ose lever la tête, Rassasié de honte et absorbé dans ma misère.» (Job 10:13-15)

Lorsque Job a dit, «Si je pèche, tu m'observes», cela est vrai. Mais lorsqu'il a dit, «Tu ne pardonnes pas mon iniquité,» cela n'est pas vrai. Si nous nous repentons et nous nous détournons de nos péchés, Dieu a promis qu'il va nous pardonner et éloigner de nous nos transgressions autant l'orient est éloigné de l'occident. (Psaume 103 :12, Hébreux 10 :17)

Job a dit aussi, «Suis-je coupable, malheur à moi!» et c'est quelque chose d'évident. Il est dit, «Suis-je innocent» et cela signifie qu'il est un homme juste. Mais il dit aussi «Je n'ose pas lever la tête, Rassasié de honte.» Pourquoi dit-il cela?

Ceux qui gardent les commandements de Dieu ont l'assurance et peuvent demander à Dieu avec confiance et recevoir la réponse. Ce que dit Job est qu'il est un homme juste et bon, mais parce qu'il se trouvait dans une telle situation misérable où il a perdu tous ses biens et ses enfants et souffrait d'ulcères sur tout le corps, et de plus ses amis le méprisaient lui disant uniquement de se repentir, et il avait donc tellement honte de ce type de réalité.

Mais même dans ce type de situation, si nous étions confiants devant Dieu, nous ne devons avoir honte devant personne.

«Et si j'ose la lever, tu me poursuis comme un lion, Tu me frappes encore par des prodiges.» (Job 10:16)

'Lever sa tête' signifie spirituellement de l'arrogance. Bien sûr, Job ne dit pas qu'il était arrogant ici. Il dit seulement que s'il argumente un peu et insiste sur le fait qu'il avait raison, Dieu le chasserait comme un lion. Job témoignait qu'il croyait en un Dieu effrayant en le comparant à un lion. Job disait que tout comme le lion chasse sa proie lorsqu'il a faim, Dieu le chasse, même s'il était un homme qui avait vécu une bonne vie.

Job parlait maintenant de qu'il avait expérimenté. Il veut dire qu'il est juste, mais s'il relève la tête et argumente avec Dieu qu'il est juste, tout son corps va saigner et il aura une plus grande douleur, tout comme, la proie qui est chassée par le lion.

Si nous agissons conformément à la vérité et suivons la volonté de Dieu, Dieu Lui-même travaillera pour nous de sorte que même les problèmes les plus épineux puissent être résolus. Mais si nous répondons mal et argumentons juste parce que l'autre personne agit dans le mal, Dieu ne peut pas nous aider. Ce n'est que lorsque nous suivons complètement la volonté de Dieu, qu'Il commencera à travailler et que l'ennemi diable et Satan partiront.

«Tu m'opposes de nouveaux témoins, Tu multiplies tes fureurs contre moi, Tu m'assailles d'une succession de calamités. Pourquoi m'as-tu fait sortir du sein de ma mère? Je serais mort, et aucun oeil ne m'aurait vu; Je serais comme si je n'eusse pas existé, Et j'aurais passé du ventre de ma mère au sépulcre.» (Job 10:17-19)

'Tes témoins' se réfère aux anges de Dieu. «Tu m'opposes de nouveaux témoins» signifie que Dieu entraine Ses anges, visant Job, et lui montrant de plus en plus de colère.

«Dieu pourquoi m'as-Tu fais sortir du ventre de ma mère? Si tu ne m'avais pas fait naître, je serais mort et enterré. Pourquoi me laisses-Tu la vie pour que je vive dans une telle douleur?»

Job se méprend en pensant que Dieu l'avait fait sortir du ventre et lui avait donné la vie. Dans Sa providence, Dieu a donné à l'être humain la semence originelle de vie au travers de laquelle la vie est conçue, mais la décision de la conception dépend entièrement des parents.

Dieu contrôle la vie et la mort, mais uniquement dans les limites de la loi du monde spirituel. Certaines personnes se plaignent contre Dieu si les choses vont mal pour elles dans le mariage, les affaires ou dans la famille. Ces problèmes surgissent à cause des erreurs des hommes. Elles ne sont pas causées par Dieu, et nous ne devons jamais prendre en vain le nom de Dieu.

4. Abandon de Job

«Mes jours ne sont-ils pas en petit nombre? Qu'il me laisse, Qu'il se retire de moi, et que je respire un peu, Avant que je m'en aille, pour ne plus revenir, Dans le pays des ténèbres et de l'ombre de la mort, Pays d'une obscurité profonde, Où règnent l'ombre de la mort et la confusion, Et où la lumière est semblable aux ténèbres.» (Job 10:20-22)

En disant 'si peu de jours', Job dit que la vie n'est que de 70 ou 80 ans et combien de temps vivrait-il encore.

Job dit, «Dieu je suis déjà âgé et ne suis plus très loin du jour de ma mort. Alors s'il te plait, ne sois pas cruel avec moi. Change d'avis et donne-moi du bonheur pendant que je vis sur cette terre. Le pays où j'irai après est sombre et sans espoir, et donc, avant que je n'aille dans ce pays, je te prie de me laisser vivre sans douleurs. S'il te plait laisse-moi.»

Job parle à propos de la vie à venir et s'il connait cela très bien, en disant qu'il ira au pays des ténèbres et de profondes ombres. Nous pouvons voir que Job ne sait rien du ciel et de l'enfer.

C'est pourquoi Job n'avait aucune espérance du ciel ni de peur de l'enfer qui est l'endroit de la punition éternelle.

Chapitre **11**

L'argument d'ouverture de Tsophar de Naama

1. L'importance des mots

2. Réprimander Job en expliquant la vérité

3. Ne devenons pas des hommes faux

4. Les bénédictions d'abandonner l'iniquité et d'obéir
   à la parole de Dieu

«Prétends-tu sonder les pensées de Dieu, Parvenir à la connaissance parfaite du Tout-Puissant? Elle est aussi haute que les cieux: que feras-tu? Plus profonde que le séjour des morts: que sauras-tu?» (Job 11:7-8)

1. L'importance des mots

«Tsophar de Naama prit la parole et dit: Cette multitude de paroles ne trouvera-t-elle point de réponse, Et suffira-t-il d'être un discoureur pour avoir raison? Te moqueras-tu, sans que personne te confonde? Tes vains propos feront-ils taire les gens?» (Job 11:1-3)

Tsophar insiste sur le fait que les paroles de Job sont nombreuses et qu'il est bavard, il n'est pas juste. Lorsqu'une personne a des sentiments de malaise et que sa colère grandit, il deviendra naturellement bavard, et pas capable de prononcer des paroles de vérité.

«Job! Parce que tu parles tellement, comment n'aurai-je pas de parole pour te répondre? Ceux qui sont bavards commettent beaucoup d'erreurs, et comment peux-tu dire que tu as raison? Comment tes vains propos peuvent-ils faire taire les autres, et si tu les railles; comment ne pourrait-il y avoir personne pour te réprimander?»

Proverbes 10:19 dit, *«Celui qui parle beaucoup ne manque pas de pécher, Mais celui qui retient ses lèvres est un homme prudent.»* Cela signifie que ceux qui parlent beaucoup font de nombreuses erreurs et ils ne sont pas sages

Proverbes 18:21 dit, *«La mort et la vie sont au pouvoir de la langue; Quiconque l'aime en mangera les fruits.»* Cela nous parle de l'importance des mots.

Nous les croyants en Dieu nous devrions toujours avoir des lèvres positives et cela peu importe la quantité de souffrances et de tests que nous traversions. Si nous prononçons des paroles négatives telles que, «C'est difficile, je suis fatigué. Je ne peux plus le supporter,» plus des choses plus difficiles nous arriveront et nous serons même plus fatigués. Même dans les situations les plus difficiles, Dieu ne peut travailler pour nous que si nous confessons positivement avec foi comme, «Je crois Seigneur que tu le feras.»

Le verset 3 dit, «Te moqueras-tu, sans que personne te confonde? Tes vains propos feront-ils taire les gens?» Qu'est-ce que cela signifie?

Job a dit que c'est juste et bon et il a ignoré ses amis et les a dédaignés en disant qu'il était meilleur qu'eux. Et Tsophar demande comment ses amis peuvent continuer à rester calmes en entendant de telles paroles de Job.

1 Corinthiens 13:4 dit, *«La charité n'est point envieuse,»* et 1:31 dit, *«afin, comme il est écrit, Que celui qui se glorifie se glorifie dans le Seigneur.»*

Les gens du monde se vantent de leurs enfants, leurs conjoints et de tant d'autres choses. Mais les autres qui entendent cela deviennent en fait jaloux, malgré le fait qu'ils semblent étonnés. Particulièrement les croyants n'ont pas besoin de ce genre de vantardise.

Mais si nous avons reçu une réponse à un certain problème au moyen de la prière, nous pouvons nous glorifier. C'est pour planter de la foi dans une autre personne et pour planter la vie en lui faisant croire dans le Dieu vivant, et il est donc bon de s'enorgueillir dans le Seigneur autant que possible.

Job a raillé ses amis et Dieu. Il a prononcé de nombreuses

paroles de moquerie envers Dieu. si nous nous vantons, moquons et réprimandons juste parce que l'autre personne agit ainsi, nous ne serons pas différents de cette personne.

C'est pourquoi, nous devrions être capables de comprendre et d'embrasser les autres avec amour et une généreuse vertu. Malgré que nous puissions voir les transgressions de quelqu'un, nous ne devrions pas le révéler aux autres mais nous le garderions confidentiel en louant ses bons côtés.

2. Réprimander Job en expliquant la vérité

«Tu dis: Ma manière de voir est juste, Et je suis pur à tes yeux. Oh! si Dieu voulait parler, S'il ouvrait les lèvres pour te répondre, Et s'il te révélait les secrets de sa sagesse, De son immense sagesse, Tu verrais alors qu'il ne te traite pas selon ton iniquité.» (Job 11:4-6)

Nous ne pouvons pas oser dire que nous sommes justes aux yeux de Dieu, mais Job insiste sur le fait qu'il est juste aux yeux de Dieu. Lorsque ses amis l'écoutaient, ils étaient consternés.

«Job! Tu n'essayes pas de te repentir et de te détourner mais uniquement d'insister sur le fait que tu es juste et pur. Si réellement tu n'as aucun péché, comment Dieu peut-il écouter les accusations de Satan et te permettre de si grandes épreuves? Alors, cela veut-il dire que tu as raison et que Dieu a tort?»

Dieu a créé les cieux et la terre et tout ce qui s'y trouve par Sa parole, et Il nous a donné la Bible. Dans la Bible se trouvent les lois du monde spirituel. Elle nous parle du commencement et de la fin, comment nous pouvons recevoir des bénédictions et le salut, et dans quels types de situations nous recevons des malédictions.

La Bible compte les miracles sans fin et la sagesse de Dieu. Nous, en tant qu'homme ne pouvons jamais saisir combien grande est la connaissance de Dieu.

Selon l'opinion de Tsophar, la puissance de Dieu est illimitée, et il aurait pris la vie de Job parce que Job parlait tellement contre Dieu. Mais Dieu ne faisait que le regarder. C'est pourquoi Tsophar dit que si Dieu n'était pas généreux comme Il l'est, Job serait déjà mort.

Mais puisqu'Il avait laissé Job vivre jusqu'à ce moment, Sa miséricorde est bien plus grande que le poids du péché de Job. Tsophar dit à Job de réaliser ce fait.

« Prétends-tu sonder les pensées de Dieu, Parvenir à la connaissance parfaite du Tout-Puissant? Elle est aussi haute que les cieux: que feras-tu? Plus profonde que le séjour des morts: que sauras-tu? La mesure en est plus longue que la terre, Elle est plus large que la mer. » (Job 11:7-9)

Parce que Job ne comprenait pas les miracles et la puissance de Dieu, il s'est plaint contre Dieu et a maudit ses propres parents. Si nous comprenons les miracles et la puissance de Dieu, nous n'abandonnerons pas même dans les épreuves et les tests, mais nous recevrons la réponse au travers de nos prières et donnerons gloire à Dieu.

Bien sûr, même Tsophar qui disait cela ne comprenait pas clairement Dieu. Nous apprenons à connaître et à comprendre Dieu dans la mesure où notre foi grandit. Le Saint Esprit sonde même les profondeurs de Dieu. Parce que le Saint Esprit nous révèle ce qui est en nous, nous pouvons clairement comprendre Dieu.

Dans la mesure où la parole de vérité remplit notre coeur et y travaille, et selon la grandeur de notre foi, nous pouvons comprendre Dieu.

Tsophar dit aussi que Dieu est aussi haut que les cieux et plus profond que le Shéol. Il pensait que le Shéol était l'endroit pour ceux qui sont morts, où ils dorment éternellement, et qui est comme une sombre vallée de la mort. C'est pourquoi Tsophar dit que c'est un endroit très profond. Il veut dire que tout comme nous ne pouvons connaître la hauteur du ciel et la profondeur du Shéol, Dieu est plus haut et plus profond.

Concernant la taille de Dieu, Tsophar dit que Sa générosité est plus longue que la terre et plus large que la mer. C'est-à-dire que Tsophar veut dire, «Job, tu ne peux pas comprendre le coeur et les pensées de Dieu qui embrasse tout l'univers, et pourquoi prétends-tu connaître toutes ces choses?»

3. Ne devenons pas des hommes faux

«S'il passe, s'il saisit, S'il traîne à son tribunal, qui s'y opposera? Car il connaît les vicieux, Il voit facilement les coupables. L'homme, au contraire, a l'intelligence d'un fou, Il est né comme le petit d'un âne sauvage.» (Job 11:10-12)

'Traîner à son tribunal' signifie ouvrir un procès au tribunal. C'est-à-dire que si Dieu commence un procès au tribunal, qui peut l'arrêter? Ici 'tribunal' représente la souveraineté de Dieu.

Mais Dieu est un Dieu juste qui régit les gens selon les lois du monde spirituel. Si ces enfants de Dieu qui ont reçu le Saint Esprit commettent des péchés ou agissent dans l'injustice, Dieu permet des tests et des épreuves pour les raffiner. C'est pour qu'ils se détournent et pour les conduire sur le chemin du salut.

Dans le verset 11, Tsophar dit, «Car il connaît les vicieux.». Un homme faux ou vicieux se réfère à celui qui a beaucoup de fausseté et d'absurdité, adore les idoles, auquel on ne peut se fier et qui brise ses promesses.

Si les gens autour de nous ne peuvent pas nous faire confiance, cela signifie que nous sommes des gens fallacieux. Ceux qui changent souvent d'avis sont aussi faux et fallacieux. Ces gens regretteront un jour qu'ils ont mené des vies inutiles.

Job n'avait ni rêve ni espérance. Il ne faisait que se plaindre et voulait mourir rapidement. C'est pourquoi Tsophar dit que Job était un homme faux.

Bien sûr, Job traversait les épreuves pour recevoir des bénédictions plus parfaites, mais ces amis ne savaient pas cela. Ils pensaient seulement que Dieu le punissait parce qu'il était mauvais et ils ne faisaient que le condamner.

Maintenant regardons les hommes faux dans ce monde au travers de la vérité.

Les hommes faux dans le monde sont ceux qui n'ont pas de rêve. Tout est détruit dans leurs vies de sorte qu'ils ont abandonné sur eux-mêmes. Ils ne font que vivre leurs vies imprudemment. De leurs bouches ne sortiront que des paroles de fausseté, d'absurdité, de mensonge et de vanité.

Alors, quel genre de personne est une personne fausse selon la vérité?

Premièrement, un homme faux se réfère à ceux qui ne rejettent pas les choses du monde malgré qu'ils comprennent ce qu'est la vie éternelle et la vie véritable. Connaissant les choses vraies, ils se tournent toujours vers les choses inutiles du monde.

A la fin, ils n'auront que la mort.

Deuxièmement, ce sont ceux qui disgracient Dieu malgré qu'ils soient des croyants en Dieu, parce qu'ils ne comprennent pas correctement la volonté de Dieu. Ces gens ne pratiquent pas convenablement la volonté de Dieu, et ne peuvent donc pas recevoir le salut. Parce qu'ils se tournent aussi vers des choses inutiles, ils iront finalement sur le chemin de la mort (Matthieu 7:21)

Troisièmement, ce sont ceux qui disent croire en Dieu mais qui sont très têtus ou font le mal. Ceux qui agissent dans la mal sont tous faux. Malgré qu'ils croient en Dieu, il est difficile pour eux de recevoir le salut.

Dieu regarde notre coeur. Il nous garde sous des yeux vigilants et compte même un seul cheveu sur notre tête. Lorsque Jonas Lui a désobéi et est allé dans le fond du bateau, Dieu le regardait toujours. Même si nous volons quelque chose dans les plus profondes ténèbres de la nuit, Dieu nous voit.

Le verset 12 dit, «L'homme, au contraire, a l'intelligence d'un fou, Il est né comme le petit d'un âne sauvage.»

'Etre intelligent' signifie avoir la capacité pour le raisonnement et la pensée particulièrement à un niveau élevé. Sa signification spirituelle est 'la complète compréhension et connaissance de ce qui a été accumulé dans notre vie.'

Si nous sommes intelligents, nous ne pouvons pas être des hommes faux. Les gens adorent des idoles parce que ce sont des hommes faux. Si nous avons de l'intelligence, nous connaissons Dieu le Père qui nous a donné naissance. Ceux qui ont du bon sens ne fléchiront pas leurs têtes devant des idoles. Vous prosternerez-vous devant un porc si quelqu'un vous dit de le faire? Si vous avez un peu de bon sens, vous ne le ferez pas.

Le petit d'un âne sauvage va sauter ci et là s'il n'est pas attaché. Il peut être capturé dans un piège ou mangé par des animaux féroces. Nous ne devons pas agir comme ce petit ânon stupide, mais obéir à la parole de Dieu et craindre Dieu selon la loi du monde spirituel.

4. Les bénédictions d'abandonner l'iniquité et d'obéir à la parole de Dieu

«Pour toi, dirige ton coeur vers Dieu, Étends vers lui tes mains, Éloigne-toi de l'iniquité, Et ne laisse pas habiter l'injustice sous ta tente.» (Job 11:13-14)

Tsophar dit à Job de bien diriger son coeur et de tendre sa main vers le Seigneur. Job a dit tant de choses qui ne sont pas correctes selon la vérité. Ici 'tendre sa main' signifie capituler devant Dieu, c'est-à-dire se renier soi-même.

Tsophar dit à Job de bien diriger son coeur. Par exemple, s'il va vers l'ouest alors que Dieu lui a dit d'aller à l'est, il doit changer sa direction et aller vers l'est. Tsophar conseille à Job d'abandonner toute iniquité qui se trouve dans ses mains.

Pourquoi Tsophar parle-t-il d'iniquité dans les mains, et non pas d'iniquité dans le coeur? Pendant les temps de l'Ancien Testament, ils étaient sauvés pas les oeuvres. Combien de péchés les hommes commettent-ils avec leurs mains? Ce qui est dans le coeur sort par les mains.

De même «ne laisse pas habiter l'injustice sous ta tente» signifie que nous devrions chasser toute chose mensongère de notre coeur, famille, lieu de travail et domaine des affaires.

Tsophar explique aussi quels sont les types de bénédictions qui viendront si Job changeait son coeur, se soumettait à Dieu, et quittait toute iniquité de ses mains.

> **«Alors tu lèveras ton front sans tache, Tu seras ferme et sans crainte; Tu oublieras tes souffrances, Tu t'en souviendras comme des eaux écoulées. Tes jours auront plus d'éclat que le soleil à son midi, Tes ténèbres seront comme la lumière du matin.» (Job 11:15-17)**

«Tu lèveras ton front sans tache» signifie qu'il peut relever la tête avec assurance devant Dieu sans aucune honte. Les gens se sentent honteux et sans assurance devant Dieu à cause de leurs péchés et le sentiment de culpabilité.

Pourquoi Job a-t-il perdu tous ses biens et ses enfants et pourquoi a-t-il souffert d'ulcères? C'était pour qu'il réalise le mal dans son coeur et qu'il le chasse, de sorte qu'il puisse recevoir de plus grandes bénédictions.

Mais Tsophar ne comprenait pas cette providence cachée dans l'amour de Dieu. C'est pourquoi il se méprenait en croyant que Job souffrait autant, parce qu'il a dû commettre des péchés et qu'il n'avait pas vécu selon la parole de Dieu.

Le Psaume 68:18 dit, *«Si j'avais conçu l'iniquité dans mon coeur, Le Seigneur ne m'aurait pas exaucé.»* Esaïe 59:1-3 dit que si nos péchés élèvent un mur entre Dieu et nous, Dieu ne nous entendra pas, même si nous levons des prières devant Lui.

Tsophar a entendu la vérité et il essaie de faire réaliser à Job ce qu'est la vérité. Si nous vivons selon la parole de Dieu, nous ne devons pas avoir honte et ainsi nous n'aurons aucune peur et serons confiants (1 Jean 3:21-22). Les hommes ont peur, sont nerveux et affligés à cause de leurs péchés.

De plus, le verset 16 dit, «Tu oublieras tes souffrances.» Si la rivière coule et se jette dans la mer, nous ne pouvons pas ramener l'eau parce que de l'eau nouvelle continue à couler. C'est-à-dire qu'il s'agit du cours du temps.

Supposons que vous aviez une maladie ou des problèmes dans la famille ou dans votre lieu de travail, mais qu'après un certain temps ces problèmes disparaissaient. Si vous vivez une nouvelle vie maintenant, vous ne serez pas tristes à cause du passé. Si vous avez du bon temps maintenant, vous serez plutôt heureux de vous souvenir du passé.

Tsophar continue à dire «Tes jours auront plus d'éclat que le soleil à son midi, Tes ténèbres seront comme la lumière du matin.» Qu'est-ce que cela signifie?

Dans Job 11:14, l'iniquité dans les mains est quelque chose dont nous pouvons nous débarrasser en nous repentant et en nous en détournant lorsque la parole de vérité de Dieu vient en nous. Nous pouvons donc chasser l'iniquité des mains, et il n'y aura pas d'injustice dans notre famille, notre lieu de travail et dans les domaines de nos affaires. C'est pourquoi, «Tes jours auront plus d'éclat que le soleil à son midi» signifie que lorsque la lumière de la vie de la vérité entre, le noir passé de l'amour du monde et de la vie dans les ténèbres passera et nous pouvons maintenant marcher dans la vérité et vivre en plein jour.

«Tes ténèbres seront comme la lumière du matin» signifie spirituellement que lorsque nous acceptons Jésus en tant que Sauveur et que la lumière vient en nous, malgré qu'il reste certaines épreuves et tests et ténèbres, ce sera comme le matin. Le matin symbolise la vie nouvelle et la nouvelle espérance d'un jour nouveau.

Cela signifie également que lorsqu'une personne qui n'avait aucune espérance rencontre Dieu, ses épreuves et ses tests partiront, il recevra une force nouvelle et de nouveaux jours viendront pour lui.

> «Tu seras plein de confiance, et ton attente ne sera plus vaine; Tu regarderas autour de toi, et tu reposeras en sûreté. Tu te coucheras sans que personne ne te trouble, Et plusieurs caresseront ton visage. Mais les yeux des méchants seront consumés; Pour eux point de refuge; La mort, voilà leur espérance!» (Job 11:18-20)

«Tu seras plein de confiance» signifie que comme les problèmes difficiles sont résolus et que vous êtes capables de commencer un jour nouveau, vous avez de l'espérance. Supposons qu'une personne qui avait à un moment donné de telles difficultés financières a été capable d'ouvrir un magasin. Alors il peut travailler avec une telle espérance. Parce qu'il y a de l'espoir, nous pouvons aussi nous tenir plus fermement dans la vérité. Spirituellement, rester ferme signifie se tenir fermement sur le rocher de la parole de Dieu.

«Tu regarderas autour de toi, et tu reposeras en sûreté» signifie que si toute la méchanceté disparait dans votre famille, votre lieu de travail et dans les domaines de vos affaires en chassant les iniquités des mains, Dieu nous protège de Ses yeux flamboyants, l'armée céleste et les anges, et avec les murs enflammés du Saint Esprit, nous nous reposerons avec l'esprit en paix. Les épreuves et les tests nous seront étrangers et nous n'aurons que la paix.

Si nous vivons complètement dans la vérité, c'est-à-dire si nous nous tenons sur le rocher de la foi, nous remettrons toutes choses entre les mains de Dieu, et nous gagnerons le repos du coeur.

Le verset 19 dit, «Tu te coucheras sans que personne ne te trouble, Et plusieurs caresseront ton visage.» Si nous nous tenons sur le rocher de la foi, tous les soucis et les troubles nous quitteront. Ce rocher est fort et inébranlable. Il se réfère à Jésus Christ dans le sens spirituel.

Dans notre vie chrétienne, s'il y a un problème, nous devons réaliser que nous ne sommes pas encore sur le rocher de la foi.

«Tu te coucheras sans que personne ne te trouble» signifie que si nous nous tenons sur le rocher de la foi, l'ennemi diable et Satan ne peuvent pas travailler sur nous, et ainsi dans n'importe quelle situation, nous serons libres et dans la paix même en dormant.

«Et plusieurs caresseront ton visage» signifie que nous gagnerons le respect, l'amour, la prospérité et de nombreuses autres choses de la part de nombreuses personnes.

Il est aussi dit, «Mais les yeux des méchants seront consumés; Pour eux point de refuge.» Les yeux de ceux qui ne vivent pas selon la vérité échoueront et ici, il s'agit des yeux spirituels.

C'est-à-dire que parce que le coeur est mauvais, ils n'acceptent pas la parole de Dieu ni n'essayent de la croire. Ils ne comprennent donc aucune vérité. Finalement, parce qu'ils sont spirituellement aveugles, ils ne peuvent trouver d'échappatoire.

Alors, où devons-nous nous échapper? Nous devons échapper du marécage de la mort vers le chemin de la vie qui conduit à la vie éternelle.

Nous devons courir non vers les épreuves et les tests, mais vers la lumière, mais lorsque nos yeux spirituels échouent, nous ne pouvons trouver le moyen d'échapper. Si nous ne vivons pas selon la vérité et ne chassons pas les péchés, nos yeux spirituels échoueront.

C'est pourquoi il est dit «La mort, voilà leur espérance!» Les gens mauvais vont accumuler le mal sur le mal, et finalement, ils perdent toute leur force et tombent. Ils ne peuvent s'empêcher d'aller à la mort, c'est-à-dire l'enfer.

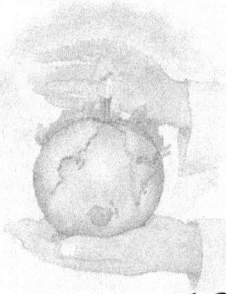

Chapitre 12
La réponse chargée d'émotion de Job

1. Les réprimandes sarcastiques de Job à ses amis

2. Faire de Dieu un Dieu qui bénit les gens mauvais

3. Job élève la grandeur de Dieu

4. Qu'est-ce que Job veut dire réellement?

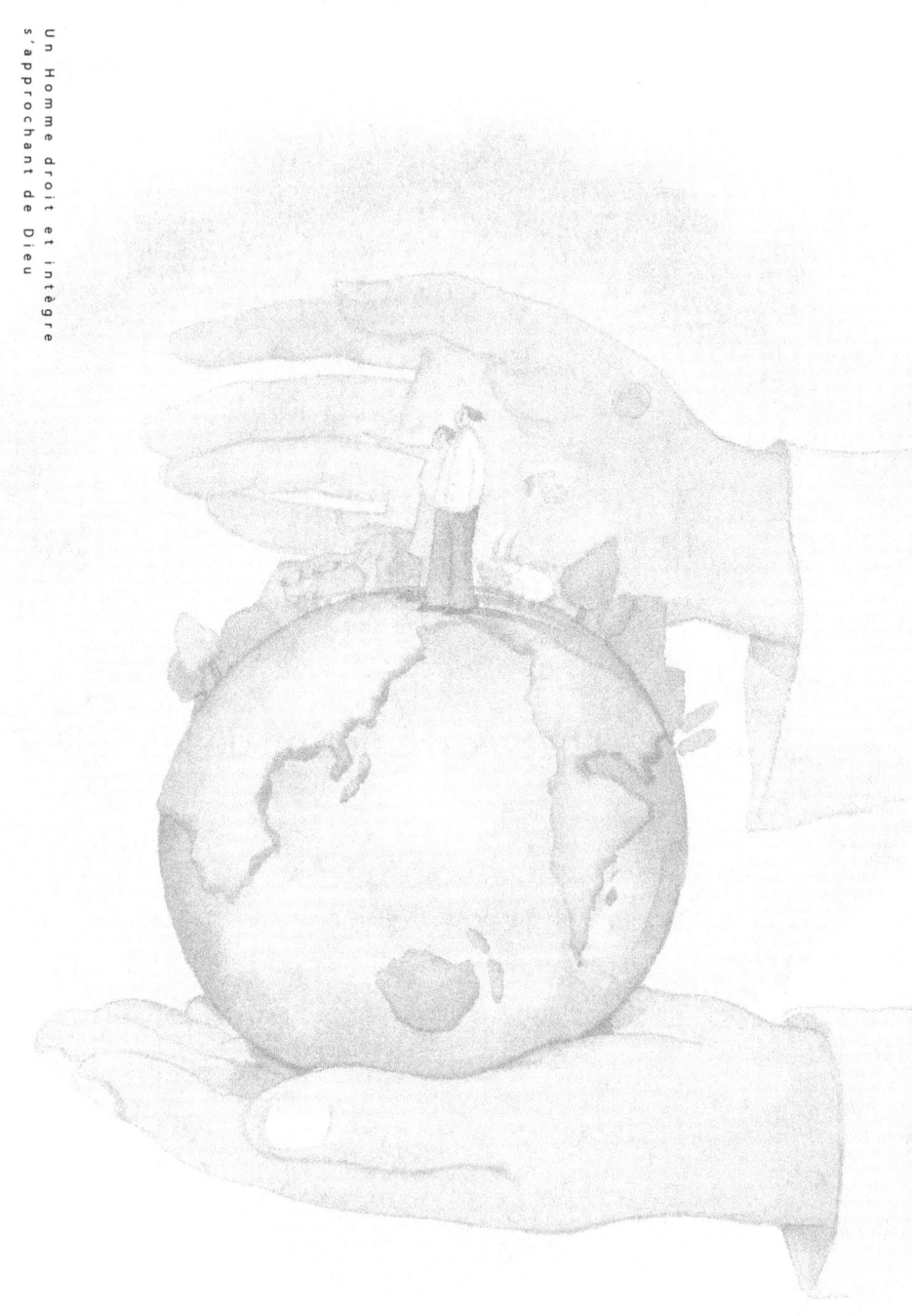

«Il tient dans sa main l'âme de tout ce qui vit,
Le souffle de toute chair d'homme.» (Job 12:10)

1. Les réprimandes sarcastiques de Job à ses amis

> «Job prit la parole et dit: On dirait, en vérité, que le genre humain c'est vous, Et qu'avec vous doit mourir la sagesse. J'ai tout aussi bien que vous de l'intelligence, moi, Je ne vous suis point inférieur; Et qui ne sait les choses que vous dites?» (Job 12:1-3)

Dans le chapitre précédent, Tsophar réprimandait Job et au chapitre 12, Job répond à ses amis. Les deux parties argumentent qu'elles ont raison.

Vous ne devez pas penser que c'est seulement une conversation entre Job et ses amis, de sorte que vous puissiez réaliser et deveniez conscients de la nature de votre coeur. Vous devez vous mettre à la place de Job et de ses amis. Si vous réalisez que vous avez un coeur comme job et un coeur comme ses amis, vous pouvez vous repentir et vous détourner et recevoir les mêmes bénédictions que Job a reçues.

Les amis de Job avaient une grande connaissance et une grande sagesse comme Job, mais Job n'a pas pu accepter ce qu'ils disaient. Job pensait que ses amis étaient très ridicules. Ils essayaient seulement de blâmer Job, en disant qu'ils avaient raison et que Job était dans l'erreur, et il était de plus en plus mécontent.

Job n'aimait pas le fait que ses amis essayaient de lui enseigner quelque chose. Il parlait donc sarcastiquement lorsqu'il a dit que les paroles de ses amis étaient justes et les siennes fausses, et qu'il n'était même pas un homme. Et il a dit très sarcastiquement que s'il mourait, la sagesse mourrait aussi.

Quelle est la signification réelle lorsque Job dit, «On dirait, en vérité, que le genre humain c'est vous!»

Avez-vous discuté avec quelqu'un, et lorsque vous ne pouviez pas persuader l'autre personne à accepter votre point de vue ou si vous ne pouviez pas reporter l'argument, n'avez-vous pas simplement mis fin à la conversation en disant, «Ok alors, tu as raison!» Parce que vous avez ressenti que d'une manière ou d'une autre toute conversation réciproque semblait impossible, vous avez simplement mis fin à la conversation. Ici Job se sentait de la même manière.

Job croyait que ses amis prétendaient avoir de la connaissance et de la sagesse, et qu'ils le dédaignaient de haut en essayant de lui enseigner. C'est pourquoi Job était fâché. C'est pourquoi il parlait cyniquement en disant, «Vous avez tellement de sagesse, si vous mourez, la sagesse mourra aussi!»

Auparavant, les amis de Job disaient qu'il avait des lèvres comme des vents violents. Les vents violents peuvent détruire des maisons, des arbres et des gens, et Job qui avait des lèvres comme des vents violents n'a pas pu rester calme ici. S'il avait réellement compris que ses amis étaient «les gens», il serait resté calme mais il continuait à argumenter.

Ce qu'il voulait réellement dire est qu'il avait aussi la connaissance et l'intelligence, et qu'il n'était pas plus mauvais que ses amis. Il voulait dire, «Je suis aussi sage, et que me manque-t-il donc comparé à vous? Croyez-vous que je ne sache vraiment pas tout ce que vous m'avez dit?»

«Je suis pour mes amis un objet de raillerie, Quand j'implore le secours de Dieu; Le juste, l'innocent, un objet de raillerie! Au malheur le mépris! C'est la devise des heureux; A celui dont le pied chancelle est réservé le mépris.» (Job 12:4-5)

Pourquoi Job inclut-il Dieu dans son argument ici? Nous faisons aussi la même chose. Lorsque nous argumentons avec quelqu'un, nous nous querellons et devenons fâchés, et soudain, nous amenons une tierce partie.

Nous disons qu'un certain pasteur ou qu'un certain diacre a dit ceci ou cela, ou nous pouvons même citer la parole de Dieu. Dieu nous dit que nous ne devons pas argumenter, mais nous argumentons si violemment et nous nous mettons tellement en colère que nos visages deviennent tout rouges et nous disons «Bien, la parole de Dieu dit ceci...»

C'est pourquoi, ceux qui argumentent ne devraient pas dire, «La parole de Dieu dit ceci.» La vérité nous dit de ne pas argumenter et nous violons la vérité si nous argumentons avec les autres. Si nous mentionnons la parole de Dieu pendant que nous violons la vérité, ce n'est pas du tout persuasif.

Le verset 4 dit, «Quand j'implore le secours de Dieu; et qu'il me répond.» Cela ne veut pas dire que Job communiquait avec Dieu. Job connaissait Dieu en entendant parler de Lui de ses ancêtres. Il a entendu qu'Il est Dieu et qu'Il est le Tout puissant au travers de ses ancêtres. C'est pourquoi, quand il faisait quelque chose de mauvais, il offrait des sacrifices et il offrait aussi des sacrifices pour ses enfants.

C'est pourquoi, 'appeler Dieu et Il répond' signifie que Job offrait des sacrifices. Job se lamentait de ce que lui qui était sans blâme et juste, offrait des sacrifices et que maintenant il était devenu un sujet de moquerie de la part de ses voisins. Sa femme le dédaignait et ses amis le méprisaient. Nous devrions savoir que ces paroles de Job ne sont pas vraiment justes.

Si vous adorez en vérité et en esprit et que vous communiquez avec Dieu, deviendrez-vous un sujet de ridicule pour vos voisins ? Ces patriarches qui ont si bien servi Dieu ont été reconnus et loués par leurs voisins. Ils n'ont jamais été insultés ou ridiculisés. Parce qu'ils aimaient Dieu et recevaient aussi l'amour de Dieu, même les Gentils les respectaient.

Le Pharaon d'Egypte a même baissé la tête devant Moïse, et lorsque le peuple d'Israël s'est plaint devant Moïse, Dieu était au côté de Moïse.

Il peut y avoir des persécutions temporaires pour les hommes justes afin d'accomplir la volonté de Dieu, mais même ceux qui les persécutaient ne pouvaient pas leur manquer de respect ni se moquer d'eux dans leur cœur. Un homme juste et sans blâme ne peut jamais être délibérément moqué ni manqué de respect.

Ensuite il dit, «A celui dont le pied chancelle est réservé le mépris.»

Ceux qui ont la connaissance, la renommée, l'autorité et la prospérité ont la paix de l'esprit. C'est pourquoi même quand ils voient quelqu'un d'autre qui souffre de calamités, ils pensent sûrement qu'ils n'ont rien à voir avec cela et ils restent en paix sans se soucier de rien.

Job pensait qu'il était tombé dans des conséquences désastreuses et qu'il souffrait, mais ses amis vivaient dans la paix sans soucis. Ici Job veut dire que ses amis, qui continuaient à vivre à l'aise le négligeaient et le traitaient mal.

D'autre part, il a dit, «A celui dont le pied chancelle.» Job est maintenant celui dont les pieds ont chancelé. C'est-à-dire qu'il voulait dire qu'il était juste et sans blâme et que la calamité l'attendait. C'est une mauvaise utilisation de la parole de vérité.

Tout ce que ses amis disaient n'était pas vrai, mais il y avait aussi de nombreuses choses vraies. Si Job avait seulement dit «Amen» et avait obéi, ses calamités l'auraient quitté. Mais Job a seulement insisté sur le fait qu'il était juste et il regardait ses amis de haut même lorsqu'ils lui disaient la vérité. Il n'a donc pu que continuer à subir des désastres.

2. Faire de Dieu un Dieu qui bénit les gens mauvais

> «Il y a paix sous la tente des pillards, Sécurité pour ceux qui offensent Dieu, Pour quiconque se fait un dieu de sa force.» (Job 12:6)

Les gens mondains qui ne connaissent pas la vérité disent parfois, «Les gens bons ne sont pas prospères. Ce sont les gens mauvais qui sont plus prospères.»

Mais le Dieu de justice aimera plutôt les hommes bons et les hommes justes, pas les hommes mauvais. Dieu ne rendra pas prospères les gens mauvais.

Mais comment Job a-t-il jugé que Dieu est un mauvais Dieu ? Il a dit, «Il y a paix sous la tente des pillards, Sécurité pour ceux qui offensent Dieu. Pour quiconque se fait un dieu de sa force.»

Il dit que Dieu lui a apporté du désastre malgré qu'il soit un homme tellement juste. Bien sûr, Job n'a pas montré son mal dès le commencement. Parce que ses sentiments sont devenus plus tordus, cela l'a conduit si loin.

La même chose se produit pour certains croyants. Au commencement ils confessent qu'ils aiment Dieu mènent une vie chrétienne diligente. Mais à un moment donné tandis qu'ils ne reçoivent pas de réponses à leurs prières, ils arrêtent de prier. Si d'autres essayent de leur donner des conseils au sujet de la foi, ils y répondent avec des paroles qui ne sont pas justes aux yeux de Dieu.

Dans ce cas, ils doivent se repentir rapidement et se détourner de sorte que l'ennemi diable et Satan partiront. Autrement, ils développeront de plus en plus de sentiments de malaise au moyen de leurs pensées et finalement ils ne pourront plus se contrôler.

Alors, même s'ils veulent se repentir, ils ne le peuvent pas . Alors ils prononcent des paroles comme des vents violents qui sont contraires à la vérité comme Job l'a fait. S'ils continuent à décevoir Dieu, ils ne seront plus protégés par Dieu et des désastres se produiront.

Certains disent, «Pasteur, regardez seulement le monde. Combien les voleurs, les escrocs et les gens injustes sont prospères!»

Mais, après leur mort, l'homme riche est tombé en enfer et le mendiant Lazare qui avait craint Dieu est allé au ciel. Bien sûr c'est une bénédiction de vivre selon la parole de Dieu et d'aller au ciel, même si on doit vivre comme un mendiant. Nous ne pouvons pas nous permettre de tomber en enfer uniquement à cause de choses matérielles pour cette vie monétaire.

Bien sûr, s'ils escroquent les autres et amassent de l'argent de manière injuste, comment peuvent-ils avoir la paix dans leurs pensées ? Ils ont toujours des soucis. De même si leur mal est trop grand, ils feront soudainement face à des désastres.

3. Job élève la grandeur de Dieu

«Interroge les bêtes, elles t'instruiront, Les oiseaux du ciel, ils te l'apprendront; Parle à la terre, elle t'instruira; Et les poissons de la mer te le raconteront. Qui ne reconnaît chez eux la preuve Que la main de l'Éternel a fait toutes choses?» (Job 12:7-9)

Dieu a montré Sa divinité avec Sa puissance et Il a tout créé. C'est pourquoi personne ne pourra donner d'excuses au Jour du Jugement en disant qu'il ne croyait pas en Dieu parce qu'il ne savait pas qu'il y ait un Dieu. Ses attributs invisibles et Sa puissance éternelle et Sa nature divine ont été clairement vus en toutes choses. (Romains 1 :20)

Rien qu'en regardant les animaux nous pouvons comprendre qu'il y a un Dieu. Parce que les animaux forts mangent les animaux faibles, les animaux faibles devraient alors s'éteindre. Mais ce n'est pas le cas. C'est parce que les animaux forts ne se reproduisent pas en grand nombre. Les animaux faibles ont des hauts taux de naissance, et ils ont une grande descendance.

Pourquoi ne demandez-vous pas aux moineaux comment ils peuvent voler? Comment les mouches volent-elles? La civilisation humaine s'est tellement développée et a construit des avions. Il y a tellement de pièces dans un avion, mais sans carburant, ils ne peuvent pas voler.

L'humanité ne peut pas même créer une simple mouche. Quel genre d'équipement ont les moineaux et les mouches de sorte qu'ils puissent voler? Nous pouvons sentir un sens de la divinité en cela. Nous pouvons comprendre que Dieu est vivant.

Job reconnait cette puissance de Dieu. Si vous pouviez demander à une mouche «Comment peux-tu voler?» Alors la mouche répondrait, «Dieu m'a créé de cette manière.»

Si vous êtes incapables de croire en Dieu, pourquoi ne parlez-vous pas à la terre? «Eh terre, quel genre de puissance as-tu pour que lorsque nous semons des semences, les semences peuvent germer, grandir, éclore et porter du fruit en toi? Comment se fait-il qu'en creusant on peut trouver de l'or, du charbon, du pétrole de toi?»

Si la terre pouvait répondre, elle dirait, «Dieu m'a donné la puissance.» Si le sol pouvait vous répondre, il vous dirait que Dieu l'a fait de cette manière.

De même, il y a tellement de sortes de poissons dans la mer. Même de grandes baleines et des requins peuvent nager si rapidement et se mouvoir aisément. Malgré que l'humanité ait une grande technologie, nous ne pouvons pas vivre en dessous de l'eau. Toutes ces choses ont été faites par le puissance de Dieu et Sa providence.

> «Il tient dans sa main l'âme de tout ce qui vit, Le souffle de toute chair d'homme. L'oreille ne discerne-t-elle pas les paroles, Comme le palais savoure les aliments? Dans les vieillards se trouve la sagesse, et dans une longue vie l'intelligence. En Dieu résident la sagesse et la puissance. Le conseil et l'intelligence lui appartiennent. Ce qu'il renverse ne sera point rebâti, Celui qu'il enferme ne sera point délivré.» (Job 12:10-14)

'Tout ce qui vit' se réfère à tout ce qui a de la vie y compris les plantes et les animaux. La 'Vie' dont parle Job est ici la capacité de penser. C'est la puissance pour raisonner et penser.

Le 'Souffle' exprime l'intelligence de toutes choses et les principes de la loi naturelle. C'est ce que Job voulait dire ; Les animaux n'ont pas la capacité de comprendre et réaliser les principes de toutes choses. Dieu a donné une âme aux choses vivantes, de sorte qu'elles aient la capacité de penser, mais Dieu a aussi donné à l'homme un esprit de sorte qu'il puisse comprendre la loi naturelle et les principes de toutes choses. Toutes ces choses proviennent de la providence de Dieu.

Ensuite, tout comme nous avons la langue pour discerner différents goûts et nous avons la capacité auditive pour discerner les sons. Dire 'Avec la longue vie il y a l'intelligence' signifie que les gens gagnent plus de sagesse au travers de plus d'expériences tandis qu'ils vieillissent.

'Les hommes âgés' se réfèrent au cours du temps, et avec 'une longue vie' signifie une personne qui a vécu longtemps et en bonne santé. 'Sagesse et force' signifie quelqu'un qui est intelligent et clair envers les principes des choses. C'est-à-dire que cela signifie que quelqu'un a les capacités de discerner entre les choses et il s'accomplit lui-même complètement dans le cadre de cette capacité avec le cours de sa vie.

'Conseil' sont toute la sagesse et les idées pour accomplir certaines choses. Ici Job dit que Dieu a la sagesse et la puissance, et aussi le conseil et la compréhension. Jusqu'à ce point, tout ce que Job dit est raisonnable et vrai.

4. Qu'est-ce que Job veut dire réellement?

Mais rapidement, il révèle ce qu'il veut vraiment dire. Le verset 14 dit, «Ce qu'il renverse ne sera point rebâti, Celui qu'il enferme ne sera point délivré.» Qu'est-ce que cela signifie?

Dieu n'abat pas et n'emprisonne pas les hommes. Mais lorsque les gens violent la loi du monde spirituel, Dieu doit détourner d'eux Sa face, et alors l'ennemi diable et Satan commencent à apporter des épreuves et des tests pour les faire souffrir.

Même si les hommes ont commis des péchés ou ont chuté, s'ils se repentent et se détournent, Dieu les relèvera à nouveau. Malgré que Pierre ait renié le Seigneur trois fois, ce n'est pas de son cœur qu'il avait renié. Donc, lorsqu'il s'est repenti, il a été pardonné et né de nouveau, et il est devenu un apôtre puissant.

> «Il retient les eaux et tout se dessèche; Il les lâche, et la terre en est dévastée. Il possède la force et la prudence; Il maîtrise celui qui s'égare ou fait égarer les autres. Il emmène captifs les conseillers; Il trouble la raison des juges.» (Job 12:15-17)

Job savait que Dieu avait aussi arrêté le flot de la Rivière Jourdain. Job disait que tout comme la Rivière Jourdain a cessé de couler et que le peuple d'Israël a pu traverser, Dieu peut diminuer ou arrêter les eaux.

«Il les lâche, et la terre en est dévastée.» Cela signifie que lorsqu'il y a une inondation, il y aura des glissements de terrain et d'autres calamités pour inonder la terre. Job disait que Dieu est un Dieu qui effraye et s'Il détruit un jour comme cela, nous ne pouvons pas le restaurer. Job dit que c'est aussi Dieu qui fait en sorte que les gens soient trompés, ou qui fait que les gens induisent les autres en erreur et c'est à cause de Dieu que Job lui-même souffrait de moqueries et de mépris.

En fait, Job dit à ses amis, «Amis, ne connaissez-vous pas ce Dieu? Après avoir entendu mes explications ne réalisez-vous pas qui est réellement mauvais? Si vous êtes réellement sages, vous pouvez avoir votre propre jugement.»

A partir d'ici, le vrai cœur de Job est révélé. L'esprit tortueux de Job est en train d'essayer de faire croire à ses amis que Dieu est mauvais. Job a tellement élevé Dieu et maintenant il commence à Le diminuer.

Maintenant, que signifie «Il emmène captifs les conseillers; Il trouble la raison des juges.»

'Conseiller' c'est faire des plans. Les conseillers doivent avoir de la sagesse.

Job a entendu parler de l'histoire d'Israël de la part de ses ancêtres. Lorsque Dieu a ôté la sagesse, peu importe les plans que les conseillers Gentils avaient fait, leurs armées étaient toutes capturées en un instant. Job connaissait les batailles où des centaines de milliers de soldats attaquaient Israël, mais lorsque Dieu s'opposait à eux, les Gentils se sont combattus entre eux et ils fuyaient.

C'est pourquoi. Malgré que les conseillers préparaient de bonnes stratégies, si Dieu retire la sagesse, ils perdront le combat.

Job argumente aussi que Dieu trouble la raison des juges. Les juges doivent siéger et prendre des décisions en accord avec la justice. Et Job veut dire que Dieu laisse les juges rendre des jugements insensés.

Qu'est-ce que Job voulait réellement dire ici?

Job essaye de faire réaliser à ses amis que, puisque Dieu n'est pas juste, il le faisait souffrir tellement malgré que Job soit juste et sans blâmes. Il veut suggérer que puisque Dieu conduit les juges à rendre des jugements insensés, Il est aussi un juge insensé.

«Il délie la ceinture des rois, Il met une corde autour de leurs reins. Il emmène captifs les sacrificateurs; Il fait tomber les puissants. Il ôte la parole à ceux qui ont de l'assurance; Il prive de jugement les vieillards. Il verse le mépris sur les grands; Il relâche la ceinture des forts. Il met à découvert ce qui est caché dans les ténèbres, Il produit à la lumière l'ombre de la mort.» (Job 12:18-22)

«Il délie la ceinture des rois, Il met une corde autour de leurs reins.» signifie briser l'autorité des rois. Si Dieu enlève l'autorité, les rois ne peuvent que rester liés.

Par exemple, lorsque les rois sont capturés par des rebelles ou l'ennemi, ils perdent leur autorité. Leur armes sont placées à leur côté et ils sont liés de cette manière. Si leurs armes sont liées à leur côté, ils ne peuvent utiliser leur force.

Job a aussi entendu parler au sujet de sacrificateurs justes qui ont aussi été capturés ou tués dans l'histoire. Il a aussi vu un homme d'autorité tomber en un seul jour. Job disait que toutes ces choses étaient faites par Dieu.

Le verset 20 dit, «Il ôte la parole à ceux qui ont de l'assurance» Qu'est-ce que cela signifie?

Job pensait qu'il était fidèle devant Dieu, mais que Dieu l'avait abandonné. Mais Dieu ne prive pas ceux en qui il a confiance de leurs paroles.

Lorsque Saül a attaqué les Amalécites, Dieu lui avait dit de tout détruire, y compris les hommes et les animaux. Mais Saül a désobéi à la parole de Dieu et il a capturé et ramené captif le roi ennemi et des animaux choisis. Lorsque Samuel lui a demandé ce qui s'était passé, il a dit qu'il les avait ramené pour offrir des sacrifices à Dieu. Avec des pensées humaines, nous pourrions penser que Saül a fait quelque chose de bien. Mais il y a une signification spirituelle dans tout ce que Dieu ordonne et Saül a désobéi à Dieu avec ses propres pensées.

Il est écrit, «Il prive de jugement les vieillards.» Dieu ne retire pas le discernement des anciens. Il veut qu'ils soient en bonne santé et il veut augmenter leur sagesse et leur connaissance. Pourquoi Dieu voudrait-il enlever le discernement des anciens?

Lorsque les hommes deviennent vieux, ils perdent leur capacité de mémoire ou leur discernement. Job disait que Dieu leur fait perdre la mémoire, mais en fait ce sont les hommes qui se rendent de cette manière.

Maintenant, que signifie, «Il verse le mépris sur les grands; Il relâche la ceinture des forts?»

Les nobles sont des dirigeants. Dieu ne mettra pas de mépris sur les nobles. Ici, la 'ceinture' a aussi un symbolisme. Par exemple, la ceinture de Samson était sa chevelure. Lorsque ses cheveux ont été coupés, il a perdu sa force et il a dû souffrir la moquerie et le mépris.

Alors qu'est-ce que la forte ceinture de Job? C'était sa connaissance, sa sagesse et sa prospérité avec lesquels il pouvait enseigner les autres.

Job dit que Dieu a relâché la ceinture des forts. Ici, Job sait que s'il dit directement qu'il s'agit de lui, ses amis allaient argumenter contre lui en retour, et il l'explique donc indirectement. C'est-à-dire qu'il veut dire que «Dieu est cette sorte de Dieu qu'il a relâché ma ceinture.»

Le verset 22 dit, «Il met à découvert ce qui est caché dans les ténèbres.» Qu'est-ce que cela signifie?

'Etre dans les ténèbres' signifie que quelque chose est caché. Job avait en réalité une fausse connaissance au sujet de Dieu rien qu'en entendant de ses ancêtres.

Avec cette fausse connaissance, Job a cru et a obéi à Dieu aussi bien qu'il le pouvait, et il croyait que la prédestination de Dieu avait été révélée. Et de sévères épreuves et souffrances sont tombées sur lui. C'est ce que Job veut dire. Il critique Dieu en disant que c'est un Dieu qui prédestine tout.

Il est aussi dit «Il met à découvert ce qui est caché dans les ténèbres.» Cela signifie que Job avait l'habitude de vivre dans la lumière, dans le brillant monde, mais en un instant la mort est tombée sur lui. Il veut dire qu'il a l'habitude de vivre dans la lumière, mais qu'une situation comme la mort est tombée sur lui.

Alors, qu'est-ce que la chose que Dieu révèle des ténèbres ? Dieu révèle nos péchés qui sont dans les ténèbres.

En faisant cela, Dieu nous fait découvrir nos péchés cachés dans les ténèbres, et il nous conduit à les chasser et à être renouvelés. Mais Dieu n'apporte pas la mort dans la lumière, mais il donne la vie aux ténèbres pour les éclairer.

Avant que nous ne connaissions Dieu, nous avions l'habitude de vivre dans les ténèbres du monde. Mais depuis que Dieu a commencé à faire briller la lumière d'en haut, nous avons ouvert la porte de notre cœur et accepté la parole de Dieu. De cette manière, nous sortons des ténèbres dans le monde de lumière et nous gagnons la vie allons sur le chemin de la vie éternelle. Dieu est ce Dieu bon, mais la compréhension de Job est l'opposé.

> **«Il donne de l'accroissement aux nations, et il les anéantit; Il les étend au loin, et il les ramène dans leurs limites. Il enlève l'intelligence aux chefs des peuples, Il les fait errer dans les déserts sans chemin; Ils tâtonnent dans les ténèbres, et ne voient pas clair; Il les fait errer comme des gens ivres.» (Job 12:23-25)**

«Il donne de l'accroissement aux nations, et il les anéantit; Il les étend au loin, et il les ramène dans leurs limites.» Nous pouvons clairement voir cela dans le cours de l'histoire.

Lorsque le peuple d'Israël est entré dans le pays de Canaan, ils étaient une puissance mineure, mais au temps du roi David, ils sont devenus si puissants qu'ils recevaient des tributs d'autres nations. Mais parfois, cet Israël adorait des idoles et ils devenaient captifs ou étaient pratiquement détruits.

Même l'empire romain est tombé. Aussi l'Allemagne, le Japon et l'Italie ont essayé de conquérir le monde pendant la Seconde Guerre Mondiale, mais ils se sont tous écroulés en un instant.

Ce n'est pas Dieu qui fait prospérer ou s'écrouler une nation, ou fait gouverner certains pays par des dictateurs. Mais Job dit que tout est fait selon la prédestination de Dieu. S'il en est ainsi, Dieu ne serait capable de rendre aucun jugement au Jour du Jugement. Ceux qui tomberont en enfer vont discuter avec Dieu en disant, «Dieu, tu m'as fait mauvais et tu m'as poussé à commettre des péchés!» Alors que pourrait répondre Dieu ?

Si quelqu'un a échoué dans ses affaires, c'est à cause de lui-même. Il ne devrait pas y avoir des gens insensés qui disent que c'est Dieu qui a fait échouer leurs affaires.

Finalement, regardons les versets «Il enlève l'intelligence aux chefs des peuples, Il les fait errer dans les déserts sans chemin; Ils tâtonnent dans les ténèbres, et ne voient pas clair; Il les fait errer comme des gens ivres.»

Pour devenir un chef, une personne doit gagner de la sagesse. Il doit être prompt à penser, et il doit aussi penser profondément. Il doit être bon en toutes choses sans commettre d'erreurs. Si un leader n'a pas une telle intelligence, il ne sera pas capable de fonctionner en tant que leader pendant longtemps.

Job explique avec une parabole qu'il avait coutume d'être un professeur de tout mais il n'est plus rien puisque Dieu avait pris son intelligence.

Il veut dire que Dieu l'a fait marcher dans la vallée de l'ombre de la mort, l'endroit des ténèbres, et l'a fait chanceler comme un homme ivre.

Au commencement, Job reconnaissait la toute-puissance de Dieu et disait des choses vraies, mais il a commencé à dire ce qui n'est pas vrai. Lorsqu'un homme ivre marche, il chancelle, mais lui-même ne pense pas qu'il chancelle, parce qu'il croit marcher directement vers le but.

Si quelqu'un à côté de lui disait, «Pourquoi es-tu si saoul? Marche droit!» Il répondra probablement, «Je ne suis pas saoul et je marche droit, alors pourquoi me dis-tu que je chancelle?»

Job était dans la même situation qu'un homme chancelant. Lorsque ses amis disaient, «Tu es un pécheur et tu es mauvais», Job répondait «Je ne suis pas un pécheur, je suis droit et sans blâmes. Vous êtes mauvais et c'est Dieu qui m'a mis dans cette situation.»

Job conclut que Dieu est un mauvais Dieu en pensant que Dieu prédestine toutes choses, même en utilisant la comparaison d'un homme saoul.

Chapitre 13

Job argumente devant Dieu

1. L'arrogance de Job

2. Un cœur tortueux qui change souvent

3. Donner des excuses

4. Job écoute la vérité comme s'il s'agissait d'un Proverbe

5. Job se défend

6. Se souvenir des péchés de la jeunesse

«Voici, mon oeil a vu tout cela, Mon oreille l'a entendu et y a pris garde. Ce que vous savez, je le sais aussi, Je ne vous suis point inférieur. Mais je veux parler au Tout-Puissant, Je veux plaider ma cause devant Dieu.» (Job 13 :1-3)

1. L'arrogance de Job

«Voici, mon oeil a vu tout cela, Mon oreille l'a entendu et y a pris garde. Ce que vous savez, je le sais aussi, Je ne vous suis point inférieur. Mais je veux parler au Tout-Puissant, Je veux plaider ma cause devant Dieu» (Job 13:1-3)

«Voici, mon oeil a vu tout cela, Mon oreille l'a entendu et y a pris garde.» signifie que non seulement Job connaissait ce que ses amis lui disaient mais aussi ce qu'il avait dit. Qu'est-ce que cela signifie?

Supposons qu'il y a quelqu'un qui est testé dans une épreuve, et vous lui conseillez avec la parole de Dieu. Mais il ne l'accepte pas. Il dit plutôt, «Je sais tout ce que tu me dis. J'ai tout vu et entendu et j'ai lu la Bible nombre de fois. C'est pourquoi je connais.» S'il agit ainsi cela veut dire qu'il est arrogant.

Maintenant Job répond de cette manière.

Il dit, «Je sais ce que vous savez, je ne vous suis en rien inférieur. Je ne veux même pas traiter avec vous. Je ne veux pas vous entendre. Je parlerai au Dieu tout puissant et je discuterai avec Lui.»

Job dit qu'il est meilleur que ses amis. Ses amis avec leur amour pour lui, voulaient que Job arrive à une réalisation de lui-même et marche proprement aux yeux de Dieu.

Mais Job n'écoutait pas du tout ses amis. Il s'éloigne d'eux. C'est parce que ses amis ne lui conseillaient pas avec une parfaite conscience mais avec leurs émotions surchauffées. Job ne pouvait pas faire confiance à ses amis. Ceux qui gardent la parole de Dieu accepteraient tout conseil avec un 'Amen' si c'est la vérité.

2. Un cœur tortueux qui change souvent

Job disait que même s'il s'écriait à Dieu, Il n'écouterait pas (Job 5 :1), et même si Dieu l'écoutait, il ne Le croirait pas (Job 9 :16). Il a aussi oublié qu'il avait dit à un moment donné que c'était impossible d discuter avec Dieu, et maintenant il dit qu'il veut discuter avec Dieu (Job 9 :14-16).

C'est parce que Job parle librement sans réaliser son cœur alors que les paroles sortent de sa bouche. C'est le cœur tortueux qui court dans la confusion complète.

De nombreuses personnes ne se souviennent pas de ce qu'elles ont dit. Vous pouvez avoir oublié ce que vous avez dit, ou vous avez mal compris ce qui avait été dit.

De même, lorsque vous dites quelque chose, vous devez dire ce que vous avez dans votre cœur, mais parce que vous ne faites qu'exprimer vos pensées instantanées, plus tard vous ne pouvez plus vous rappeler ce que vous aviez dit. Ceux qui parlent au départ de leurs pensées ne peuvent pas accomplir ce qu'ils disent. C'est parce qu'ils ne se souviennent même plus de ce qu'ils ont dit. Mais au contraire, ils insistent sur ce qui n'est pas juste et ils discutent avec les autres.

Nous devons être honnêtes et vrais. Nous ne devons dire que ce que nous pouvons faire et ce qui constitue la vérité. Si nous disons quelque chose nous devons l'accomplir. Nous pouvons comprendre combien Job devient obstiné. Si nous avons des cœurs parfaits, inchangés et vrais, nous n'agirons pas comme cela.

> «Car vous, vous n'imaginez que des faussetés, Vous êtes tous des médecins de néant. Que n'avez-vous gardé le silence? Vous auriez passé pour avoir de la sagesse.» (Job 13:4-5)

Job connaissait très bien ses amis. Parce qu'ils n'étaient pas entièrement vrais et qu'ils mentaient parfois, il ne voulait pas les écouter.

1 Jean 1 :6 dit, *«Si nous disons que nous sommes en communion avec lui, et que nous marchions dans les ténèbres, nous mentons, et nous ne pratiquons pas la vérité.»* Si nous confessons notre foi en Dieu mais que nous commettons des péchés et vivons dans les ténèbres, la Bible dit que nous sommes des menteurs.

Job n'écoutait pas les conseils de ses amis. Il les dédaignait. Il dit aussi maintenant qu'ils étaient pleins de non-sens. Job savait que ses amis étaient hypocrites et que leurs œuvres différaient de leurs paroles.

Job leur conseillait plutôt d'être calmes. Si vous parlez beaucoup, vous commettez des erreurs, et si vous commettez beaucoup d'erreurs, vous ne pouvez gagner de la reconnaissance de la part des autres.

Comme nous l'avons appris, Job était excellent en sagesse et en connaissances et il avait aussi une bonne éducation et qui donc aurait suffisamment d'assurance pour se tenir devant lui et le changer? A moins que Dieu n'ait travaillé au travers de graves ulcères, il ne se serait pas rendu à Dieu.

Mettons-nous maintenant à la place de Job. Supposons que nous sommes dans les difficultés et les épreuves et d'autres personnes nous donnent des conseils au travers de la parole de Dieu. Quel type de cœur auriez-vous? Les accepterez-vous avec des 'Amen' ou votre fierté sera-t-elle blessée et vous les dédaignerez?

Disons qu'un certain diacre a des difficultés et que quelqu'un lui ait conseillé avec la vérité. Si le diacre pense, «Tu n'es pas meilleur que moi, et comment oses-tu essayer de me dire ce que je dois faire?» Alors, ce diacre doit réaliser combien il est mauvais. Peu importe de la bouche d'où cela vient, si c'est la parole de vérité, nous devons être capables de l'accepter humblement.

3. Donner des excuses

«Écoutez, je vous prie, ma défense, Et soyez attentifs à la réplique de mes lèvres. Direz-vous en faveur de Dieu ce qui est injuste, Et pour le soutenir alléguerez-vous des faussetés? Voulez-vous avoir égard à sa personne? Voulez-vous plaider pour Dieu? S'il vous sonde, vous approuvera-t-il? Ou le tromperez-vous comme on trompe un homme?» (Job 13:6-9)

Un 'argument' est une discussion dans laquelle des arguments sont avancés pour et contre certaines propositions ou points. 1 Timothée 6 :20 dit, *«O Timothée, garde le dépôt, en évitant les discours vains et profanes, et les disputes de la fausse science»*

Dieu nous dit de ne pas argumenter, mais Job dit qu'il veut discuter avec Dieu et il demande à ses amis d'écouter ses assertions.

'Assertion' est l'idée ou l'opinion qu'ils expriment dans une discussion ou une argumentation. Ici Job veut dire qu'il n'y a rien de mal avec lui. Discuter n'est pas bien selon la vérité.

Si nous comprenons la vérité et discernons la vérité du mensonge alors nous pouvons comprendre que ceux qui ne sont pas réellement justes essayent d'argumenter et donnent leurs arguments et raisons pour soutenir leur opinion. Ceux qui vivent dans la vérité, même s'ils sont critiqués par les autres, regardent simplement vers Dieu qui est le vrai Juge et ils supportent. Ils se tiennent simplement à la parole de Dieu. Ils n'essayent pas d'argumenter en retour ni à se justifier. Ils remettent simplement tout entre les mains de Dieu de sorte que Dieu Lui-même puisse agir.

Jésus a tout abandonné entre les mains de Dieu et Il a prié lorsqu'il a été faussement accusé. Il n'a jamais donné Ses arguments ni discuté en retour.

Ensuite, Job dit, «Direz-vous en faveur de Dieu ce qui est injuste, Et pour le soutenir alléguerez-vous des faussetés?» Etre faux c'est être malhonnête.

Job disait, «Vous dites que je suis injuste. Mais vous-mêmes vous n'agissez pas selon la vérité, et vous me réprimandez. Alors, n'êtes-vous pas des menteurs? Direz-vous ce qui est injuste aux yeux de Dieu? Essayez-vous de tromper Dieu par la ruse ? Dieu connait votre cœur.»

Alors, que signifie que «Voulez-vous avoir égard à sa personne?» Avoir égard est d'être enclin à favoriser une partie par rapport à l'autre.

Donc, en d'autres termes, cela dit, «Comment pouvez-vous,

vous qui êtes des menteurs agir comme si vous étiez impartiaux devant Dieu? Comment pouvez-vous vous tenir à la place de Dieu et argumenter avec moi avec la parole de Dieu?»

«Dieu regarde à vos cœurs. Malgré que vous puissiez rouler des gens, comment pouvez-vous tromper Dieu qui sonde vos cœurs?»

Job insiste sévèrement sur les points faibles de ses amis. Job voudrait les faire arrêter de parler. Job avait une poutre dans ses yeux mais il ne pouvait la trouver, et il pointait la paille dans les yeux de ses amis.

4. Job écoute la vérité comme s'il s'agissait d'un Proverbe

«Certainement il vous condamnera, Si vous n'agissez en secret que par égard pour sa personne. Sa majesté ne vous épouvantera-t-elle pas? Sa terreur ne tombera-t-elle pas sur vous? Vos sentences sont des sentences de cendre, Vos retranchements sont des retranchements de boue. Taisez-vous, laissez-moi, je veux parler! Il m'en arrivera ce qu'il pourra.» (Job 13:10-13)

Pour ne pas montrer secrètement de la partialité, nous devons ôter l'hypocrisie et regarder humblement vers Dieu, nous entendrons alors la voix de Dieu. Si nous sommes arrogants, nous ne pouvons pas entendre Sa voix.

«Tes œuvres ne sont pas justes, et comment oses-tu me blâmer? Si tu te prosternes humblement devant Dieu et regardes à Lui, vous serez capables d'entendre ses réprimandes vous concernant.»

Job croyait que Dieu n'est pas noble et aussi effrayant. Il

connaissait la dignité de Dieu. Job ne connaissait pas le Dieu d'amour. Il avait peur de Dieu, le connaissant seulement en tant que Dieu qui prédestine tout.

Ensuite, Job dit, «Vos sentences sont des sentences de cendre, Vos retranchements sont des retranchements de boue.» Les amis de Job ont fait de leur mieux pour faire réaliser quelque chose à Job au travers de la parole de Dieu. Mais Job n'a pas accepté ce qu'ils ont dit en tant que vérité, mais uniquement comme des sentences de cendres. Alors comment pourrait-il se réaliser lui-même et changer?

Jusqu'à présent, Job et ses amis discutaient et se querellaient l'un contre l'autre. Lorsque Job attaquait, ses amis se défendaient. Lorsque ses amis attaquaient, Job se défendait lui-même et puis attaquait en retour.

«Tes paroles ne sont même pas des paroles de Dieu. Ce ne sont que des cendres. Que me feras-tu? Tu dois arrêter de dire des choses inutiles et m'écouter tranquillement. Si quelque chose doit m'arriver, elle m'arrivera.»

Un mur fait de rochers sera fort, mais des murs d'argile tomberont facilement. Job a conclu que la défense de ses amis était comme un mur d'argile qui tombera rapidement. Si nous devenons arrogants, nous ne serons pas capables d'écouter la parole de Dieu. De même, malgré que ce soit la parole de Dieu, nous pouvons penser qu'il s'agit des paroles d'un homme.

Si l'arrogance vient en premier lieu comme dans le cas de Job, malgré que nous entendions des conseils ou des réprimandes au travers de la parole de Dieu, nous ne pouvons les comprendre que comme des proverbes humains.

5. Job se défend

«Pourquoi saisirais-je ma chair entre les dents?
J'exposerai plutôt ma vie. Voici, il me tuera; je n'ai rien
à espérer; Mais devant lui je défendrai ma conduite.
Cela même peut servir à mon salut, Car un impie n'ose
paraître en sa présence.» (Job 13:14-16)

Job est maintenant en train de se défendre. Il dit, «Qui se
causerait de la douleur à lui-même en mordant sa propre chair et
qui essaierait de se tuer lui-même?» 'J'exposerais plutôt ma vie'
signifie qu'il est en train d'essayer de prendre sa propre vie.

Job dit, «Pourquoi essaierais-je de souffrir? Pourquoi
considèrerais-je ma vie comme médiocre? Il n'en est pas ainsi.
Je n'ai rien fait de mal, mais Dieu essaye d'enlever ma vie, c'est
pourquoi je me sens désespéré. J'argumenterai devant Lui au
sujet de mes œuvres pour prouver ce qui est juste et ce qui est
faux.»

«Car un impie n'ose paraître en sa présence» signifie que
ceux qui sont pervers et capricieux ne peuvent pas venir près
de Dieu. Et Job dit que cette volonté soit son salut. C'est-à-dire
qu'il veut dire que parce qu'il n'est pas un homme mauvais mais
un homme juste, il aura le salut devant Dieu. Il insiste sur le fait
qu'il a raison.

«Écoutez, écoutez mes paroles, Prêtez l'oreille à ce que
je vais dire. Me voici prêt à plaider ma cause; Je sais que
j'ai raison. Quelqu'un disputera-t-il contre moi? Alors
je me tais, et je veux mourir.» (Job 13:17-19)

Job dit qu'il expliquera et ses amis devraient écouter et
gagner de l'intelligence. Dans le verset 18 Job dit qu'il a préparé

son dossier. Alors quel type de cause a-t-il préparé?

Il a expliqué qu'il était juste et qu'il n'avait jamais commis de péché ni fait rien de mauvais. Il a toujours offert des sacrifices devant Dieu pour n'avoir aucun blâme; il a craint Dieu, aidé les autres et il les a servis.

Ici, il dit qu'il sait qu'il est juste, parce que tout d'abord, il n'a rien fait de mal mais a toujours agi avec justice. Deuxièmement, il dit qu'il est juste parce qu'il était réellement juste lorsqu'il considérait ses œuvres.

Au verset 19; il demande, «Quelqu'un disputera-t-il contre moi?» Parce que si quelqu'un voulait argumenter avec lui, il faudrait qu'il soit plus juste que Job lui-même, et il demande qui pourrait être cette personne. Job dit que s'il y a quelqu'un qui est plus juste que lui, alors il restera silencieux et mourra. C'est-à-dire qu'il se soumettra devant cette personne.

Job croyait qu'il n'avait rien fait de mal et qu'ainsi il n'avait pas de péchés. C'est-à-dire qu'il croyait que ce n'était pas pécher que de rendre les coups lorsque l'autre personne le frappait en premier et de maudire en retour si la personne le maudit en premier. Mais que nous enseigne la parole de Dieu?

Mathieu 5 :39-42 nous l'enseigne en détails. Il est dit, *«Mais moi, je vous dis de ne pas résister au méchant. Si quelqu'un te frappe sur la joue droite, présente-lui aussi l'autre. Si quelqu'un veut plaider contre toi, et prendre ta tunique, laisse-lui encore ton manteau. Si quelqu'un te force à faire un mille, fais-en deux avec lui. Donne à celui qui te demande, et ne te détourne pas de celui qui veut emprunter de toi.»*

Les amis de Job n'ont pas demandé que Job donne son manteau, ni fasse un mile avec eux. Ils voulaient seulement que Job réalise quelque chose au travers de la parole de Dieu. Job n'a pas tendu l'autre joue; il les frappa plutôt en retour deux ou trois fois plus fort.

> «Seulement, accorde-moi deux choses Et je ne me
> cacherai pas loin de ta face: Retire ta main de dessus
> moi, Et que tes terreurs ne me troublent plus. Puis
> appelle, et je répondrai, Ou si je parle, réponds-moi!»
> (Job 13:20-22)

Job essaye d'argumenter avec Dieu parce qu'il n'y a personne
qui soit meilleur que lui. Mais parce qu'il avait encore peur de
Dieu, il ne pouvait dire tout ce qu'il voulait dire. Maintenant
il demandait à Dieu de ne pas faire deux choses de sorte qu'il
puisse librement argumenter avec Lui.

Il dit que la main de Dieu est sur lui, et ainsi, s'Il retire
sa main de lui, et si la menace de Dieu ne le terrifie plus, il a
tellement de choses à discuter.

Pourquoi Job avait-il peur de Dieu? C'est à cause de sa
perception et sa compréhension fausses de Dieu. Parce qu'il
pensait qu'il était un homme juste et qu'il avait aussi une
connaissance incorrecte de la vérité, il s'est mépris sur Dieu en
tant qu'un Dieu effrayant. Il veut dire que si Dieu ne le terrifiait
pas et qu'il l'appellerait, il répondrait, et Dieu pourrait dire après
cela ce qu'il désire.

> «Quel est le nombre de mes iniquités et de mes péchés?
> Fais-moi connaître mes transgressions et mes péchés.
> Pourquoi caches-tu ton visage, Et me prends-tu pour
> ton ennemi? Veux-tu frapper une feuille agitée? Veux-tu
> poursuivre une paille desséchée?» (Job 13:23-25)

Lorsque Job dit, «Quel est le nombre de mes iniquités et
de mes péchés? Fais-moi connaître mes transgressions et mes

péchés.» nous pourrions croire qu'il veut trouver ses péchés. Son intervention réelle est de porter ses plaintes devant Dieu.

Il argumente contre Dieu en disant, «Je n'ai fait rien de mal. Je n'ai pas de péchés, et pourquoi me punis-tu ainsi?»

Dans le verset 24, Job demande aussi pourquoi Dieu lui cache Sa face et le considère comme un ennemi.

Dieu n'a pas caché Sa face à Job, mais il le regardait avec des yeux flamboyants. Il écoutait chaque parole que prononçait Job. Dieu n'a jamais caché Sa face et n'a jamais considéré Job comme un ennemi. Dieu aime tout le monde.

Les amis de Job lui ont conseillé de reconnaître ses erreurs et de se repentir, mais il n'a pas écouté. Il a seulement insisté sur le fait qu'il avait raison, et il a plutôt critiqué ses amis.

Alors, au travers d'Hébreux 12 :1-8, raisonnons sur quel type de personne est Dieu.

«*Nous donc aussi, puisque nous sommes environnés d'une si grande nuée de témoins, rejetons tout fardeau, et le péché qui nous enveloppe si facilement, et courons avec persévérance dans la carrière qui nous est ouverte, ayant les regards sur Jésus, le chef et le consommateur de la foi, qui, en vue de la joie qui lui était réservée, a souffert la croix, méprisé l'ignominie, et s'est assis à la droite du trône de Dieu. Considérez, en effet, celui qui a supporté contre sa personne une telle opposition de la part des pécheurs, afin que vous ne vous lassiez point, l'âme découragée. Vous n'avez pas encore résisté jusqu'au sang, en luttant contre le péché. Et vous avez oublié l'exhortation qui vous est adressée comme à des fils: Mon fils, ne méprise pas le châtiment du Seigneur,*

Et ne perds pas courage lorsqu'il te reprend; Car le Seigneur châtie celui qu'il aime, Et il frappe de la verge tous ceux qu'il reconnaît pour ses fils. Supportez le châtiment: c'est comme des fils que Dieu vous traite; car quel est le fils qu'un père ne châtie pas? Mais si vous êtes exempts du châtiment auquel tous ont part, vous êtes donc des enfants illégitimes, et non des fils.»

Si vous portez un très lourd fardeau, combien allez-vous transpirer et combien sera ce dur? Mais un fardeau même plus lourd que tous les fardeaux est le fardeau de nos péchés. Si nous péchons, nous nous sentons affligés. Nous laissons passer des paroles au départ de cette affliction et ainsi nous commettons encore plus de péchés. Nous ne nous repentons pas de notre mal, mais à cause de nos paroles, nous faisons ressortir encore plus de mal. Si nous donnons des excuses que nous ne pouvions faire autrement que d'agir de cette manière, nous commencerons à raconter des mensonges et les péchés s'accumuleront de plus en plus. Finalement, les péchés nous lieront et nous ne pourrons résoudre ce problème.

C'est pourquoi, lorsque nous avons certains problèmes qui nous ennuient, nous devons endurer et regarder à Jésus. Jésus a souffert de toutes sortes de moqueries et de persécutions de la part de Ses créatures. Parce qu'Il savait qu'il allait s'asseoir à la droite de Dieu et qu'il y aurait le salut pour tous les peuples, Il a méprisé la honte pour la joie qui était devant Lui.

De cette manière, nous devons méditer sur ce que Jésus a enduré, pardonné et parti sur Son chemin et le graver dans notre cœur. Pour que nous chassions les péchés, nous devons les combattre jusqu'au point de verser le sang. Et parce que nous ne faisons pas cela, c'est-à-dire parce que nous ne croyons pas et n'obéissons pas à ce que la parole de Dieu nous dit de faire, nous ne faisons pas, ne chassons pas et conservons certaines choses, nous faisons face à la discipline de Dieu.

Lorsque des enfants marchent de travers, leurs parents les disciplineront. De la même manière, lorsque Ses enfants commettent des péchés, Dieu aussi les discipline. S'il n'y avait ni punition ni discipline de la part de Dieu, la Bible dit que nous sommes des enfants illégitimes.

Dans le verset 25, Job se compare à une feuille agitée parce qu'on avait coupé sa vie. Il s'est aussi comparé à la paille desséchée. Une feuille est une chose inutile et solitaire. La paille desséchée est inutile et ne peut même pas être utilisée comme carburant.

Job dit toutes ces choses avec son cœur tordu, pour abaisser Dieu au bout. Il ne peut ni mourir ni vivre, il est juste comme une feuille qui n'a ni force, ni espérance. Il est même plus inutile que de la paille desséchée, mais il dit que Dieu le poursuit pour le torturer.

6. Se souvenir des péchés de la jeunesse

«Pourquoi m'infliger d'amères souffrances, Me punir pour des fautes de jeunesse? Pourquoi mettre mes pieds dans les ceps, Surveiller tous mes mouvements, Tracer une limite à mes pas, Quand mon corps tombe en pourriture, Comme un vêtement que dévore la teigne?» (Job 13:26-28)

«Pourquoi m'infliger d'amères souffrances» ne signifie pas que Dieu écrit des choses amères. Dans le verset suivant, Job dit que «Dieu le fait hériter des iniquités de sa jeunesse et qu'il lui rappelle son passé du temps de sa jeunesse.»

C'est-à-dire que cela signifie que Dieu a tout enregistré sur Job depuis sa jeunesse. Lorsque Job pensait à son passé, il a vécu une vie fidèle en tant que père et mari, et il aidait les nécessiteux et vivait une vie juste. Il ne faisait rien de mauvais. Durant sa vie adulte, il a vécu une vie juste de sorte qu'il ne pouvait rien trouver de mauvais à son sujet.

Mais quand il était dans sa jeunesse, il a dû se battre avec des amis et peut être en avoir frappé quelques-uns. Il dit donc que Dieu me punit maintenant pour les péchés commis il y a longtemps, alors qu'il était trop jeune pour discerner entre les choses. C'est à dire que Job fait de Dieu une personne très ordinaire.

Lorsque nous acceptons Jésus Christ comme notre Sauveur, Dieu nous pardonne tous nos péchés passés. Lorsque nous nous repentons et nous en détournons avec nos œuvres, Dieu ne se souvient même plus de nos péchés passés et Il nous lave au moyen du sang du Seigneur Jésus. Mais si nous ne nous repentons pas ou si nous ne nous détournons pas mais continuons à commettre des péchés, nous serons toujours des pécheurs.

Maintenant que signifie, «Pourquoi mettre mes pieds dans les ceps?»

Si vos pieds sont mis dans des ceps, vous ne pouvez pas bouger. Vous êtes enfermés, et cela signifie que vous avez perdu votre libre arbitre. Ici, les 'ceps' se réfèrent aux barrières de la vie. Job dit qu'il ne peut ni vivre ni mourir. Dieu l'avait entièrement enfermé en ne lui laissant aucun libre arbitre. Job dit que Dieu se souvenait de ses péchés qu'il avait commis dans sa jeunesse et l'avait mis dans les ceps, en ne laissant aucun espace pour sa vie.

Job proteste contre Dieu en disant que Dieu met une limite à ses pas, et a fait de lui quelqu'un comme quelque chose qui est pourri, comme un vêtement rongé par les mites. Ceci n'est pas une idée correcte. La vérité n'est pas comme une chaine qui nous lie mais c'est la lumière dans les ténèbres qui nous conduit sur le chemin des bénédictions.

Si nous demeurons dans la parole de Dieu, la vérité nous remplira et elle nous rendra libre (Jean 8 :31-32). Si nous avons la liberté de la vérité, nous avons de l'espérance pour le royaume des cieux, malgré que nous empruntions le chemin étroit sur cette terre. Parce que nous croyons que Dieu nous payera en retour selon ce que nous avons fait, nous pouvons mener une vie chrétienne joyeuse et reconnaissante.

Chapitre **14**

La différence entre la chair et l'esprit
- Blâmer Dieu pour tout

1. Discuter le manque de sens de la vie

2. Job dit que Dieu prédestine tout selon Son désir

3. Job essaye de donner une leçon à Dieu avec des paraboles

4. Se souvenant de son passéet recevoir l'amour de Dieu

«C'est pour lui seul qu'il éprouve de la douleur en son corps, C'est pour lui seul qu'il ressent de la tristesse en son âme.» (Job 14 :22)

1. Discuter le manque de sens de la vie

«L'homme né de la femme! Sa vie est courte, sans cesse agitée. Il naît, il est coupé comme une fleur; Il fuit et disparaît comme une ombre.» (Job 14:1-2)

Dans le chapitre précédent, Job a prononcé des paroles négatives dans des plaintes, des lamentations et de l'irritation. Mais parce qu'il avait peur de Dieu, il n'a pas dit tout ce qu'il voulait dire.

Mais maintenant, la flèche de son ressentiment se tourne vers les femmes. Dans ce verset, Job dédaigne les femmes. Dans les temps de l'Ancien Testament, les femmes étaient généralement considérées comme des servantes des hommes et elles ne pouvaient qu'obéir.

Bien sûr, Dieu ne fait pas de discrimination entre les hommes et les femmes. Mais dans le livre de la Genèse, nous comprenons que le péché est entré dans l'humanité et ils sont allés sur le chemin de la destruction au travers d'une femme. Dieu aime ce qui est fort et qui a de l'assurance, mais au contraire, Il n'aime pas l'indécision qui entraine de changer si rapidement ses pensées à cause de la ruse et de la fausseté. Généralement le cœur de la femme est plus faible et plus changeant que celui de l'homme. C'est différent d'une personne à une autre, mais généralement le cœur intérieur de l'homme est plus ferme que celui de la femme.

Même dans l'Ancien Testament, Dieu a parfois nommé

des femmes qui avaient des cœurs qui ne changent pas pour leur confier des tâches importantes. Nous trouvons que Dieu a appelé certaines femmes et les a laissé accomplir Son œuvre comme Déborah dans l'Ancien Testament qui avait un cœur ferme et confiant et dans le Nouveau Testament, nous trouvons la Vierge Marie.

Job a pensé aux femmes comme à des êtres insignifiants, et ainsi, il est dit que l'homme né de la femme a la vie courte. C'est-à-dire qu'il dit que parce que l'homme est né de la femme qui est comme une servante de l'homme et doit obéir à l'homme, la vie de l'homme est sans valeur.

Notre vie est habituellement de 70 ou 80 ans et certaines personnes vivent plus de 100 ans. Un homme né d'une femme a une vie courte et est rempli d'agitation. Il est comme une fleur qui fleurit et se fane rapidement ou comme une ombre qui disparait rapidement. Job parle de l'inutilité et la courte durée de la vie.

Ecclésiastes 12 :15-16 dit, *«Écoutons la fin du discours: Crains Dieu et observe ses commandements. C'est là ce que doit faire tout homme. Car Dieu amènera toute oeuvre en jugement, au sujet de tout ce qui est caché, soit bien, soit mal.»*

La Bible nous dit que si nous ne craignons pas Dieu et ne vivons pas selon Sa parole, nous ne sommes pas différents des animaux (Ecclésiaste 3 :18) Dieu amènera surement chaque acte en jugement, tout ce qui est caché, que ce soit bon ou mauvais. Si nous ne craignons pas Dieu et ne vivons pas selon la parole, malgré que nous ayons la prospérité, la renommée, l'autorité et la sagesse, tout est inutile (Ecclésiaste chapitre 1). Le seul résultat sera l'enfer, ce qui est la mort éternelle.

L'écrivain de l'Ecclésiaste a compris la signification spirituelle de cela et a dit que tout ce que nous faisons sous le soleil est inutile. Mais Job n'a pas compris cela. Il dit simplement que la vie est inutile.

Littéralement, la parole de Job peut sembler juste, mais spirituellement elle n'est pas tout à fait juste. Comme Job l'a dit, la vie n'est que de 70 ou 80 ans et elle est donc courte. Mais spirituellement, ceux qui croient en Dieu et vivent selon Sa parole gagneront la vie éternelle, et ils vivront donc éternellement dans le royaume des cieux. Bien sûr, ceux qui ne croient pas en Dieu tomberont en enfer et souffriront pour toujours.

Job dit aussi que la vie est pleine d'agitation et il abaisse non seulement sa propre vie actuelle mais aussi sa vie passée. Dans le passé de Job, il a connu beaucoup de moments heureux, mais à cause de ses souffrances présentes, il renie même son passé.

Aussi 'être sans cesse agité' est exactement le contraire de ce que cela devrait être pour les croyants. Ces enfants de Dieu qui ont reçu le Saint Esprit sont pleins de joie et de contentement. Tandis que les jours passent, le jour de la rencontre avec le Seigneur approche et tandis qu'ils travaillent dur, la royaume et la justice de Dieu sont accomplis et c'est pourquoi ils sont joyeux.

Nous les enfants de Dieu ne devrions pas éclore pour un moment et faner rapidement comme les fleurs. Nous devons être remplis de l'Esprit tout le temps et continuer à être renouvelés à chaque instant de sorte que notre âme puisse prospérer. Les gens charnels devraient continuer à chasser la chair pour être transformés en hommes spirituels.

2. Job dit que Dieu prédestine tout selon Son désir

«Et c'est sur lui que tu as l'oeil ouvert! Et tu me fais aller en justice avec toi! Comment d'un être souillé sortira-t-il un homme pur? Il n'en peut sortir aucun. Si ses jours sont fixés, si tu as compté ses mois, Si tu en as marqué le terme qu'il ne saurait franchir, Détourne de lui les regards, et donne-lui du relâche, Pour qu'il ait au moins la joie du mercenaire à la fin de sa journée.» (Job 14:3-6)

Combien misérable est la condition de Job maintenant ! Job proteste aussi sur le fait que Dieu ouvre Ses yeux sur ce genre d'homme inutile et l'emmène Lui-même en jugement.

Comme Job l'a dit, il est bon que Dieu ait les yeux fixés sur Job, mais ce n'est pas que Dieu l'amène en jugement, mais c'est Job qui le causait lui-même.

Dieu a les regards fixés sur nous humanité parce qu'Il nous aime. Il nous cherche pour nous sauver, pour nous faire détourner des péchés et devenir des enfants sanctifiés qui sont aimés par Dieu.

Job n'a entendu parler de Dieu qu'au travers des histoires de ses ancêtres. Il ne connaissait pas vraiment le Dieu d'amour.

Au verset 4, Job dit, «Comment d'un être souillé sortira-t-il un homme pur?» Il conclut qu'il n'y en a aucun. On voit qu'il est arrogant pour tirer une telle conclusion. De plus, ce qu'il dit n'est pas correct.

Dieu peut tout faire. Avant que nous acceptions Jésus Christ, nous étions des enfants des ténèbres et nous étions dans l'esclavage du péché. Mais quand nous croyons en Jésus Christ, Dieu nous envoie le Saint Esprit en tant que don, et nous pouvons chasser les choses impures et devenir de vrais enfants qui sont sanctifiés. Job dénie ce fait, et il bloque les œuvres de la foi.

Le verset 5 dit, «Si ses jours sont fixés, si tu as compté ses mois.» Job proteste aussi que Dieu a tout prédestiné. Job veut dire que Dieu a prédestiné sa souffrance tel qu'il a souffert.

Job pense au Dieu dont il avait entendu parler par ses ancêtres. Dieu a fait sortir les israélites d'Egypte, a fait venir le pharaon jusqu'au bord de la Mer Rouge et il partagé la Mer Rouge pour que seul le peuple d'Israël puisse traverser. Lorsqu'ils ont atteint Mara, Dieu a rendu l'eau amère et ensuite, il a permis à Moïse de la changer en eau douce. C'est-à-dire que c'est l'opinion de Job. Dieu a tout fait comme il l'entendait et il a tout pré programmé pour laisser vivre quelqu'un et laisser mourir un autre ou pour pardonner à un autre. C'est pourquoi il dit que Dieu a aussi programmé son état et qu'Il exécute Son plan à son égard.

Job aurait pu exprimer ses sentiments en disant «Dieu, je suis un homme faible né d'une pauvre femme. Je te prie de me pardonner et de me laisser maintenant en repos. Laisse-moi achever ma vie dans laquelle je dois faire ce qui a été prononcé sans aucune liberté.»

Mais Dieu ne traite pas les hommes comme des ouvriers rémunérés. Dieu nous a donné un libre arbitre de sorte que nous puissions choisir ce que nous voulons. Les ouvriers rémunérés n'ont pas de liberté parce qu'ils doivent faire leur travail pour recevoir leur salaire.

Job pensait que si Dieu voulait le punir, alors Dieu l'avait puni. Il a cru que Dieu avait enlevé ses enfants parce qu'il voulait le faire et Dieu a aussi enlevé tous ses biens et l'a couvert d'ulcères.

Si nous nous méprenons sur la parole de Dieu, nous pourrions blâmer Dieu comme Job l'a fait, malgré que ce soit nous qui avons fait quelque chose de mal. Alors nous ne pouvons pas trouver nos erreurs. Il y a certaines raisons pour que nous fassions face à des tests et des difficultés. Par le miroir de la vérité, nous pouvons trouver ce que nous faisons mal aux yeux de Dieu.

Job s'est mépris sur Dieu comme un Dieu qui prédestine tout, et il a connu des problèmes. Mais il avait toujours la droiture de vivre selon Sa parole. Et ainsi lorsque Dieu lui a permis ces tests, Job s'est finalement détourné du mal et Job en est arrivé à connaître le chemin de la vie éternelle, et il a vécu dans une grande joie et espérance.

3. Job essaye de donner une leçon à Dieu avec des paraboles

«Un arbre a de l'espérance: Quand on le coupe, il repousse, Il produit encore des rejetons; Quand sa racine a vieilli dans la terre, Quand son tronc meurt dans la poussière, Il reverdit à l'approche de l'eau, Il pousse des branches comme une jeune plante. Mais l'homme meurt, et il perd sa force; L'homme expire, et où est-il?» (Job 14:7-10)

Job s'est plaint et a dit tant de choses contre Dieu, mais il n'y avait pas de réponse ; il s'est alors calmé un peu. Maintenant il donne la parabole d'une femme et d'un arbre pour donner une leçon à Dieu.

Pourquoi Job dit-il qu'il y a de l'espérance pour un arbre?

Nous pouvons voir que si nous coupons un arbre, on peut voir de nouvelles pousses qui sortent à cet endroit.

Il est dit, «Quand sa racine a vieilli» Si la racine reste dans la terre pendant longtemps, elle vieillira. Même si le tronc meurt dans le sol desséché, il reviendra à la vie avec de l'eau.

Le verset 10 dit, «Mais l'homme meurt, et il perd sa force» et nous pouvons à nouveau voir que Job se méprend. Physiquement, lorsqu'un homme meurt, il retournera en une poignée de poussière. Un homme qui expire signifie qu'il n'a pas de force. C'est-à-dire que tout ce qu'il a possédé, tels que la renommée et l'autorité et tout ce qu'il a fait retourne au néant lorsqu'il meurt. S'il expire, on ne peut plus le trouver sur cette terre.

Et ces paroles de Job ne sont pas réellement vraies. Ceux qui croient en Dieu et sont morts avec le salut ressusciteront en un corps ressuscité lors de la venue du Seigneur Jésus Christ et ils seront enlevés dans les airs. C'est pourquoi la Bible dit que lorsqu'un croyant meurt, il est endormi (Jean 11 :11; 1 Corinthiens 15 :18). Le corps retournera en une poignée de poussière, mais l'esprit ne périra jamais. Il se réunira à nouveau au corps ressuscité et vivra éternellement.

Les Pharisiens du temps de Jésus croyaient qu'ils avaient un esprit. Ils croyaient que les croyants iraient dans le royaume des cieux. Cependant, les Sadducéens croyaient qu'il n'y avait pas d'esprit et que lorsqu'un homme mourait, il ne ferait qu'expirer sur la terre. Job aussi avait un avis qui était similaire à celui des Sadducéens.

«Les eaux des lacs s'évanouissent, Les fleuves tarissent et se dessèchent; Ainsi l'homme se couche et ne se relèvera plus, Il ne se réveillera pas tant que les cieux subsisteront, Il ne sortira pas de son sommeil. Oh!

si tu voulais me cacher dans le séjour des morts, M'y tenir à couvert jusqu'à ce que ta colère fût passée, Et me fixer un terme auquel tu te souviendras de moi!» (Job 14:11-13)

L'eau de la mer semble s'évaporer et monter, mais elle finira par redescendre en pluie. L'eau de la mer ne diminue pas. Si l'eau de la mer diminuait, les rivières et les torrents s'assécheraient. Parce qu'il avait beaucoup de connaissance, Job savait que l'eau de mer ne diminuerait jamais. Si elle le faisait, cela assécherait inévitablement les rivières et les fleuves. Il explique ce principe de base.

Il dit aussi, «Ainsi l'homme se couche et ne se relèvera plus.» Et cela non plus n'est pas correct. Le mendiant Lazare qui craignait Dieu est allé dans le sein d'Abraham. Lorsqu'un homme meurt, il n'est pas vrai qu'il ne ressuscitera pas; il peut se relever, ressusciter et vivre éternellement.

Alors, que signifie, 'Il ne se réveillera pas tant que les cieux subsisteront, Il ne sortira pas de son sommeil?' Cela ne signifie pas que Job sait que les cieux et la terre disparaitront comme cela est relaté dans le livre de l'Apocalypse.

Souvent, quand quelque chose va mal, nous disons, «Cela est impossible, même si les cieux et la terre changeaient.» Job dit aussi cela en disant cela pour signifier que c'est possible même si les cieux et la terre disparaissaient. Si les cieux disparaissaient, on pourrait survivre, mais en fait les cieux existent à jamais et c'est donc aussi quelque chose d'impossible. C'est-à-dire que Job dit que parce que l'homme ne se réveillera pas jusqu'à ce que les cieux n'existent plus, il restera ainsi éternellement.

Job conclut que les cieux existaient auparavant et qu'ils existeront éternellement, et que donc la disparition des cieux ne se produira jamais. De la même manière il explique qu'un homme qui meurt et se relève n'arrivera pas.

Le verset 13 dit, «Oh! si tu voulais me cacher dans le séjour des morts, M'y tenir à couvert jusqu'à ce que ta colère fût passée, Et me fixer un terme auquel tu te souviendras de moi!»

Job comprenait que le Shéol était seulement un endroit où les morts séjourneraient éternellement et il demandait donc à Dieu de le cacher dans le Shéol, qui est dans l'état de néant. Combien il doit se sentir douloureux pour dire de telles choses !

Job pense que Dieu est fâché à cause des péchés qu'il avait commis dans sa jeunesse et qu'il lui donnait un temps si dur à cause de cela il pensait que Dieu l'avait puni à cause de cela comme il l'avait prédestiné, mais un jour. Sa colère se calmera. Même parmi les hommes, ils peuvent avoir de l'inimitié pendant un certain temps mais rapidement, leurs cœurs les rapprocheront l'un de l'autre.

Ainsi, malgré que ce soit mort, il voulait que Dieu le cache dans le Shéol et se souvienne de lui quand le temps de limitation pour lui prendra fin et que Sa colère aura disparu. Si Dieu ne se souvient pas de lui, il mourra éternellement et c'est quelque chose qu'il ne veut pas.

Alors, qu'est-ce que Job veut que Dieu fasse? Job dit qu'un arbre continuera à vivre même s'il meurt, mais Job est une personne misérable, né d'une femme sans valeur. De plus, il souffre d'ulcères et il encore plus misérable. Parce qu'il est dans une telle situation désespérée et misérable, il veut que Dieu se souvienne de lui et le relève plus tard.

4. Se souvenant de son passé et recevoir l'amour de Dieu

«Si l'homme une fois mort pouvait revivre, J'aurais de l'espoir tout le temps de mes souffrances, Jusqu'à ce que mon état vînt à changer. Tu appellerais alors, et je te répondrais, Tu languirais après l'ouvrage de tes mains. Mais aujourd'hui tu comptes mes pas, Tu as l'oeil sur mes péchés; Mes transgressions sont scellées en un faisceau, Et tu imagines des iniquités à ma charge.» (Job 14:14-17)

Maintenant Job change son argument. Il demande à Dieu de se souvenir de lui et de le relever, même s'il meurt et dort dans le Shéol. Mais maintenant, il dit que si un homme meurt il ne peut plus revivre.

Que signifie, «J'aurais de l'espoir tout le temps de mes souffrances, Jusqu'à ce que mon état vînt à changer?»

Cela signifie que Job souffre, mais s'il avait de l'espérance comme un arbre qui peut vivre même après qu'il soit mort, il ne se serait pas plaint devant Dieu. S'il a de l'espérance qu'il peut vivre à nouveau, il supportera et attendra. Mais parce que le résultat sera différent, c'est-à-dire parce que la mort représente une fin complète, il s'écrie en paroles de plaintes autant qu'il veut.

Si nous avons un cœur comme Job, nous devons chasser ces choses mensongères de notre cœur. Job n'avait pas reçu le Saint Esprit dans son cœur parce qu'il vivait au temps de l'Ancien Testament, mais nous pouvons recevoir l'aide du Saint Esprit étant donné que nous sommes les enfants de Dieu qui avons reçu le Saint Esprit, et nous ne devons pas agir comme Job.

Avant Job se reposait sur Dieu et ainsi il offrait des sacrifices pour ses enfants, se souciant de ce que ses enfants pouvaient avoir commis des péchés. Mais malgré que Job avait offert des sacrifices, il n'avait jamais rencontré Dieu ni entendu Sa voix. De plus, même dans ses douleurs, Dieu ne l'avait pas rencontré ni répondu.

Job pensait à son passé. Il a pensé que si Dieu l'avait appelé pendant qu'il offrait des sacrifices devant Dieu, Il lui répondrait. De manière à persuader Dieu, Job rappelle son bon temps du passé.

Avant, il avait de la prospérité, de l'éducation, de la santé et toutes choses et il pouvait influencer les autres par ses vertus. Dieu l'a rendu prospère à ce moment, et Dieu le considérait comme précieux.

Le verset 16 dit, «Mais aujourd'hui tu comptes mes pas, Tu as l'oeil sur mes péchés.» Il veut dire que Dieu a changé d'avis maintenant; Dieu compte ses pas pour observer le péché qu'il a commis au temps de sa jeunesse. Dieu a enlevé ses biens et l'a fait beaucoup souffrir.

Job disait, «En ce temps-là, Tu m'aimais et m'a donné de l'abondance. Combien me considérais-tu comme précieux? Si Tu m'appelais «Job», j'aurais pu répondre. Mais maintenant tu m'as abandonné de telle manière, et quelle en est la raison? Et pourquoi me traites-tu comme un ignoble criminel?»

Que signifie le verset 17, alors qu'il dit «Mes transgressions sont scellées en un faisceau, Et tu imagines des iniquités à ma charge?»

Si le péché est scellé dans un sac, il ne peut pas sortir. De la même manière, si l'iniquité est rassemblée, elle ne peut pas non plus sortir. Job veut dire que Dieu va bien au-delà de la limite rien qu'en comptant ses pas et il le considère maintenant comme un criminel. Combien plus Job devait-il souffrir pour dire quelque chose de tel!

> **«La montagne s'écroule et périt, Le rocher disparaît de sa place, La pierre est broyée par les eaux, Et la terre emportée par leur courant; Ainsi tu détruis l'espérance de l'homme.» (Job 14:18-19)**

Si la montagne s'écroule, sa forme va disparaître. Les rochers bougent vers d'autres positions. Si un volcan entre en éruption, le sommet de la montagne va éclater et toute la région sera couverte de lave.

Pourquoi Job utilise-t-il ce genre de parabole devant Dieu? Ici Job se compare à une haute montagne et des rochers durs. Il avait l'habitude d'avoir de la renommée comme une montagne, à être riche et à posséder de l'autorité. Mais parce que Dieu a détruit cette montagne, il est devenu une montagne et un rocher inutiles.

Le verset 19 dit, «La pierre est broyée par les eaux, et la terre emportée par leur courant; Ainsi tu détruis l'espérance de l'homme.»

Si l'eau coule pendant un temps long, même les rochers vont s'éroder. Rien qu'une goutte d'eau n'a pas de force, mais si elle coule pendant des centaines ou des milliers d'années, même les plus solides rochers auront un trou.

Job dit, «et la terre emportée par leur courant». La poussière de la terre est une chose tellement petite qui peut à peine être vue. Rien qu'un peu d'eau peut faire bouger des pierres, et pourquoi dit-il que les torrents emportent si peu de terre?

Pourquoi Job qui a beaucoup de connaissances dit-il quelque chose qui peut paraître illogique?

Ici 'l'eau' se réfère à la grandeur de Dieu. Job est sarcastique envers Dieu en disant qu'Il possède une si grande puissance, mais qu'il marche sur lui et le détruit lui qui est seulement comme de la poussière de la terre.

Job dit, «Avant que tu ne me frappes, j'étais dur comme le rocher et solide comme le métal. J'étais riche et j'avais la paix dans la famille. Mais comme l'eau abîme les pierres, la grandeur de Dieu a fait couler mon corps sain, a pris mes biens et ma belle-famille. Tout comme les torrents lavent la poussière de la terre, avec une telle grande autorité comme la Vôtre, Tu m'as lavé, moi qui ne suis que comme la poussière de la terre! Tu m'as rendu inutile. Tu as détruit toutes mes espérances.»

Ici Job se méprend sur ce que c'est Dieu qui détruit l'espérance des hommes. Mais en fait, Dieu donne de l'espérance aux gens. Il veut que les hommes soient heureux, et Il veut nous bénir en toutes choses et il nous donne la santé alors que notre âme prospère.

> «Tu es sans cesse à l'assaillir, et il s'en va; Tu le défigures, puis tu le renvoies. Que ses fils soient honorés, il n'en sait rien; Qu'ils soient dans l'abaissement, il l'ignore. C'est pour lui seul qu'il éprouve de la douleur en son corps, C'est pour lui seul qu'il ressent de la tristesse en son âme.» (Job 14:20-22)

Supposons qu'il y ait un combat entre un enfant de 5 ans et un homme âgé de 25 ans. Qui devrait céder? Juste parce qu'un enfant de 5 ans maudit et essaye de se battre, l'homme de 25 ans ne devrait pas se battre avec l'enfant. Ce serait comme cracher sur son propre visage. Il devrait céder où fuir la situation.

Job dit que Job a une telle grande autorité mais qu'il essaye de le poursuivre et le vaincre, lui qui n'est pas meilleur que la poussière de la terre. «Tu es sans cesse à l'assaillir, et il s'en va» signifie que Dieu essaye toujours de vaincre contre lui et ainsi, Il a enlevé ses biens, sa santé et la paix de sa famille. Finalement, Dieu fera en sorte que Job quitte ce monde et descende dans le Shéol.

«Tu le défigures, puis tu le renvoies» signifie que l'apparence de Job a tellement changé, avec son visage qui devient rouge et bleu, pâle et jaune.

Que veut-il dire avec «Que ses fils soient honorés, il n'en sait rien» au verset 21?

Job avait auparavant coutume d'être riche et honoré. Il croyait dans les bénédictions de Dieu et ainsi il offrait des sacrifices et des actions de grâce devant Dieu. Cependant, malgré qu'il ait fait de telles choses dans le passé, maintenant il n'est pas mieux que la poussière de la terre. Alors quelle est la signification des bénédictions d'hier? C'est ce que Job dit.

Peu importe combien il pouvait être heureux auparavant, Dieu lui a tout enlevé, et il ne doit même plus s'en souvenir. Et ainsi il ne peut pas être reconnaissant.

Il dit aussi qu'il est insignifiant, mais il ne le perçoit pas. Il disait qu'il n'était pas insignifiant, mais qu'il avait beaucoup de connaissances et de sagesse, et ses amis ne devraient même pas commencer à parler devant lui. Il a méprisé ses amis et il a aussi discuté avec Dieu. Il n'a pas réalisé qu'il était insignifiant.

Parce que Job avait reculé vers un lieu très bas maintenant, il devrait avoir réalisé son insignifiance de sorte qu'il puisse se repentir et se détourner. Mais il ne réalise pas qu'il est insignifiant. Il argumente plutôt sur le fait qu'il était un homme honoré, mais ce n'est que Dieu qui l'a rendu aussi misérable, et qu'ainsi il n'est pas insignifiant.

Dans quel type de situation vous trouvez-vous? Etre insignifiant ne signifie pas que nous devons être découragés. Nous devons refléter sur nous-mêmes avec la vérité pour clairement réaliser ce que nous sommes exactement. Alors seulement, nous pouvons trouver le moyen de résoudre nos problèmes. S'il y a des problèmes familiaux ou des difficultés financières ou des problèmes dans les affaires, il y a sûrement une raison. C'est une bénédiction que de trouver cette raison et de s'en détourner.

Ceux qui ne se découvrent pas eux-mêmes, mais qui ne font que blâmer les autres ne peuvent trouver aucune amélioration.

Dans le verset 22, Job retourne dans sa réalité et il se cherche lui-même. Il ne perçoit pas qu'il est insignifiant, mais en réalité sa chair se dégrade et son cœur est tellement brisé.

Parce que Job ne blâmait que Dieu et n'essayait pas de trouver sa faute, il ne pouvait ni se réaliser, ni se repentir.

Chapitre 15

Second argument d'Eliphaz le Thémanite

1. N'argumentons pas

2. Sarcasme et un esprit méfiant

3. Les sentiments de malaise d'Eliphaz deviennent plus aigus

4. Eliphaz essaye d'enseigner à Job avec les paroles de ses ancêtres

5. Eliphaz maudit au départ de son envie et de sa jalousie

«Il ne pourra se dérober aux ténèbres, La flamme consumera ses rejetons,
Et Dieu le fera périr par le souffle de sa bouche.» (Job 15 :30)

1. N'argumentons pas

« Éliphaz de Théman prit la parole et dit: Le sage
répond-il par un vain savoir? Se gonfle-t-il la poitrine
du vent d'orient? Est-ce par d'inutiles propos qu'il se
défend? Est-ce par des discours qui ne servent à rien?»
(Job 15:1-3)

Les amis de Job croyaient que Job était une personne sage,
mais tandis qu'ils l'écoutaient, ils le considéraient comme un
homme insensé. C'est parce qu'un homme sage ne se comporte
pas avec une connaissance comme du vent.

Personne ne peut embrasser ni contenir le vent d'orient. Job
a continué à argumenter avec des propos inutiles, et c'est un
argument non profitable comme d'essayer de saisir le vent.

Ces paroles d'Eliphaz sont certainement vraies. Mais malgré
qu'Eliphaz réprimande job avec la vérité, cela n'aura aucune
utilité parce que l'attitude et les sentiments de Job envers ses
amis deviennent de plus en plus mauvais.

Lorsque les sentiments de quelqu'un sont heurtés, même
les bonnes et justes paroles ne seront pas acceptées par cette
personne. Mais au contraire à cause de ces paroles il aura encore
plus de sentiments de malaise. C'est pourquoi, si nous sommes
sages, nous devrions garder nos bouches fermées dans cette sorte
de situation.

«Toi, tu détruis même la crainte de Dieu, Tu anéantis tout mouvement de piété devant Dieu. Ton iniquité dirige ta bouche, Et tu prends le langage des hommes rusés. Ce n'est pas moi, c'est ta bouche qui te condamne. Ce sont tes lèvres qui déposent contre toi.» (Job 15:4-6)

Avant lorsque Job était riche, il a offert à Dieu des offrandes brûlées avec sa peur révérende de Dieu. Mais maintenant il se plaint contre Dieu et il dit que Dieu est un mauvais Dieu. Une des raisons pour lesquelles Job a commencé à discuter avec Dieu est à cause de l'argument avec ses amis, et donc ses amis sont aussi responsables pour ses actes.

Eliphaz a dit que Job a dit qu'il était juste et droit, mais les paroles qui sortent de sa bouche le condamnent et prouvent qu'il est un pécheur.

Pourquoi Eliphaz dit-il que Job est rusé ?

Auparavant, Job avait coutume de servir et de craindre Dieu, mais maintenant c'est le contraire. C'est pourquoi Eliphaz dit que Job est rusé.

Mais le cœur intérieur de Job n'est pas rusé. Comme il est écrit dans le chapitre 1 de Job, il était honnête et sans blâme. Si nous écoutons les paroles de Job, l'opinion d'Eliphaz semble correcte. Mais souvent les paroles de quelqu'un et son cœur ne sont pas en accord. En ce moment, Job était devenu temporairement un homme rusé parce qu'il ne connaissait pas la vérité. Cela ne veut pas dire que son cœur intérieur soit rusé.

Eliphaz dit à Job «Ce n'est pas moi, c'est ta bouche qui te condamne.» C'est pareil pour ceux qui se querellent les uns les autres. Au début, ils ne font que parler, mais si la dispute devient plus aiguë, ils finissent même par maudire. Ils disent qu'ils ont raison mais aux yeux d'une tierce partie, les deux sont mauvais.

C'est pourquoi, une dispute offensera les autres, les verront se sentir le cœur lourd, se fâcheront et commettront des péchés. La discussion ne sert à rien. C'est seulement insensé. Cela ne fera que causer des sentiments de malaise dans les autres et ils feront sortir encore plus de mal. L'autre personne est devenue mauvaise à cause de moi, cela veut dire que j'ai fait pécher cette personne.

2. Sarcasme et un esprit méfiant

«Es-tu né le premier des hommes? As-tu été enfanté avant les collines? As-tu reçu les confidences de Dieu? As-tu dérobé la sagesse à ton profit? Que sais-tu que nous ne sachions pas? Quelle connaissance as-tu que nous n'ayons pas?» (Job 15:7-9)

Le premier homme qui existe c'est Adam. Eliphaz savait très bien que Job n'était pas le premier homme qui soit né.

Pendant six jours, Dieu a créé les cieux et la terre et tout ce qu'ils contiennent et ensuite Il a créé l'homme. Donc avant même que l'homme ne soit créé, il y avait des collines. Eliphaz pose cette question en sachant que les collines existaient les premières.

Il n'y a aucune manière pour un homme d'assister au conseil secret de Dieu. De plus, il est absolument impossible pour Job d'avoir la sagesse par lui-même. Eliphaz utilise maintenant le sarcasme envers Job.

Alors, pourquoi les amis de Job deviennent-ils si sarcastiques? C'est parce que Job a dit qu'ils ne pouvaient être en accord avec lui de toute manière, et qu'il voulait discuter uniquement avec Dieu. Mais tandis qu'ils avaient entendu la discussion de Job avec Dieu, c'était aussi insensé. Leurs pensées étaient déjà étranglées, et ils sont même devenus plus cyniques. Parce qu'ils savaient que Job était tellement têtu, ils le lui reprochaient.

Ils auraient pu dire, «Job ce que tu sais, nous le savons tous, et nous comprenons tout ce que tu comprends.»

Ici, nous devons comprendre qu'un tel argument entraîne souvent des troubles, des épreuves et des tribulations au travers des accusations de Satan. Les arguments s'élèvent parce que les deux parties ont de la connaissance. Au début, ils commencent par des choses triviales, mais tandis qu'ils continuent à discuter, leurs tempéraments commencent à s'enflammer, et parfois même ils maudissent.

La parole de Dieu nous dit que celui qui sert est plus grand que celui qui est servi, et elle nous exhorte à vaincre le mal par la bonté. Ainsi ce qui est bon est-il d'insister sur notre orgueil et puis avoir des inimitiés avec les autres?

Jésus avait beaucoup de puissance, mais il ne discutait pas avec les autres. Lorsque d'autres personnes n'acceptaient pas Sa parole mais essayaient plutôt de le lapider, Il s'est retiré (Jean 8 :59), et il ne se querellait pas et ne criait pas (Matthieu 12 :19-20). Nous devons ressembler au caractère de Jésus.

«Il y a parmi nous des cheveux blancs, des vieillards, Plus riches de jours que ton père. Tiens-tu pour peu de chose les consolations de Dieu, Et les paroles qui doucement se font entendre à toi?...» (Job 15:10-11)

Ici, Eliphaz décrit les apparences, et les circonstances des amis. Malgré que quelqu'un soit nettement plus âgé, si le niveau de connaissance est similaire et si les deux peuvent se respecter, ils peuvent être amis. Eliphaz demande comment Job peut montrer un tel manque de respect envers certains de ses amis qui étaient plus âgés que son père.

Jusqu'à maintenant, ses amis avaient mentionné la parole de Dieu avec le cœur de Dieu.

«Nous te consolons avec la parole de Dieu et pourquoi nous résistes-tu? N'est-ce pas parce que tu nous dédaigne par ton arrogance?»

Mais en fait, lorsque ses amis essayaient de le consoler avec la parole de Dieu, cela ne faisait que le rendre encore plus furieux, plutôt que de le consoler. Cela poussait Job à exprimer encore plus de mal et de révéler son péché. Job et ses amis commettent le même type de péché maintenant.

Mais nous devrions aussi comprendre que les fautes des amis de Job sont plus grandes que celle de Job. Dans la dernière partie du livre de Job; Dieu réprimande les amis de Job plus qu'il ne le fait pour Job, et il a demandé à Job de prier pour le pardon des péchés de ses amis.

Nous devons garder cela en mémoire. Si l'un de vos frères se fâche à cause de vous, votre faute de l'avoir fâché est plus grande que sa faute de se fâcher.

«Où ton coeur t'entraîne-t-il, Et que signifie ce roulement de tes yeux? Quoi! C'est contre Dieu que tu tournes ta colère Et que ta bouche exhale de pareils discours!» (Job 15:12-13)

Eliphaz argumente avec Job avec ses sentiments qui avaient atteint le pire niveau. Il réprimande Job de résister à Dieu et de dédaigner ses amis de haut.

«Un cœur qui l'entraine et des yeux qui roulent» signifie que si les gens continuent à discuter, chacune des parties insiste sur ce qu'elle a raison et tellement naturellement les sentiments de malaise et la colère grandiront. S'ils sont en colère, le sang circule plus vite et ainsi leurs visages deviennent rouges et parfois même leurs yeux aussi deviennent rouges. Lorsque les autres regardent ces gens, il semble que leurs yeux brillent. Ils ne brillent pas de bonté mais de mal.

S'ils continuent à partir de là, ils peuvent même trembler et avoir des convulsions du corps. S'ils atteignent ce point, ils ne peuvent pas du tout contrôler leur pensée, et leurs bouches ne parleront pas la vérité. Job et ses amis ont atteint ce point-là de colère.

Eliphaz dit «c'est contre Dieu que tu tournes ta colère Et que ta bouche exhale de pareils discours!» Mais il ne savait pas ce qu'était l'esprit quand il a dit cela. C'est juste qu'ils ont essayé d'enseigner une leçon à Job avec la parole de Dieu, mais Job n'a fait qu'ignorer leurs paroles. Et Eliphaz dit maintenant que Job s'oppose à la parole de Dieu. Eliphaz sait que les paroles de Job ne sont pas juste les paroles de sa bouche, mais dans l'expression de son cœur.

Parfois, nous prononçons des paroles du plus profond de notre cœur et à d'autres occasions, nous disons ce qui n'est pas réellement dans notre cœur. Si nous disons quelque chose qui n'est pas dans notre cœur, cela signifie que nous mentons. De même malgré que ce ne soit pas notre intention, nous prononçons parfois des paroles que nous n'avons pas mûrement réfléchies. C'est aussi une forme de mensonge. C'est parce que ce que nous avons dans notre cœur ressort par nos lèvres.

Parfois, les gens se saoulent et disent des tas de choses insensées. Ils accusent et blâment parfois d'autres personnes lorsqu'ils se saoulent. Les paroles qu'ils prononcent ne sont pas justes, mais c'est le sentiment réel de leur cœur. Ils le contrôlent en temps normal, mais lorsqu'ils sont saouls, ces paroles qui sont dans leur cœur sortent de leurs lèvres.

Il est naturel que ce qui se trouve dans le cœur ressort par les lèvres. Si nous vivons honnêtement dans la vérité, toutes les paroles de nos lèvres seront les mêmes que les paroles que nous avons dans notre cœur.

3. Les sentiments de malaise d'Eliphaz deviennent plus aigus

«Qu'est-ce que l'homme, pour qu'il soit pur? Celui qui est né de la femme peut-il être juste?» (Job 15:14)

Dans la Bible, il y a de nombreuses personnes qui sont pures. Moïse était plus doux et humble que n'importe qui d'autre sur la surface de la terre et il était fidèle dans toute la maison de Dieu (Nombres 12 :3-7).
Lorsqu'Etienne a prêché la parole de Dieu au peuple, ces gens mauvais l'ont lapidé à mort.

«Et ils lapidaient Étienne, qui priait et disait: Seigneur Jésus, reçois mon esprit! Puis, s'étant mis à genoux, il s'écria d'une voix forte: Seigneur, ne leur impute pas ce péché! Et, après ces paroles, il s'endormit.» (Actes 7 :59-60)

Etienne mourait sans avoir fait quelque chose de mal, mais il a prié pour le pardon de ceux qui le tuaient. Combien son cœur est-il pur!

Mais pourquoi Eliphaz dit-il une chose pareille?

Eliphaz connaissait ce cœur impur. C'était un cœur mauvais et rusé. Et lorsqu'il considérait les autres autour de lui, ils n'avaient pas non plus le cœur pur. Ainsi, il conclut que personne n'a de cœur pur.

Eliphaz considérait aussi les femmes comme inutiles, c'est pourquoi il dit qu'il n'y a personne de juste au milieu de ceux qui sont nés d'une femme. Cela n'est pas juste non plus ni au sens physique ni au sens spirituel.

Par exemple, il y a l'amiral Soonshin Lee en Corée qui était fidèle à la nation, fidèle à ses parents et aimait tous ses frères et sœurs. Il avait été faussement accusé et exilé, et à cause de la crise du pays, on lui a ordonné de revenir et de se battre pendant la guerre. Malgré tout cela, il ne s'est pas plaint envers le roi qui l'avait puni. Il a finalement sacrifié sa vie pour la nation, son peuple, ses parents et pour ses frères et sœurs.

Comment pouvons-nous dire qu'une telle personne n'est pas juste? Nous pouvons vraiment trouver qu'il y a des justes même parmi les hommes nés d'une femme.

C'est pareil en esprit. Lorsque nous ouvrons la porte de notre cœur et recevons Jésus Christ en tant que Sauveur, nous recevons le Saint Esprit, notre esprit qui était mort à cause du péché va renaître.

Romains 10 :10 dit que nous sommes justifiés en croyant dans le cœur et sauvé en confessant avec nos lèvres. Ceux qui croient réellement en Dieu vont essayer de chasser toute forme de mal et combattront les péchés jusqu'au sang. Parce qu'ils chassent les contrevérités et vivent selon la parole de Dieu, leur confession deviendra vraie et ils seront justifiés par Dieu.

A ce point-ci, Eliphaz devient si furieux qu'il ne parvient plus à se contrôler lui-même, et il prononce aussi des absurdités.

Certains pourraient se demander «Comment les hommes peuvent-ils garder tous les commandements de Dieu et devenir sanctifiés?» Mais en Dieu rien n'est impossible. Il peut changer notre cœur à tout moment.

Si nous aimons Dieu et gardons Ses commandements et vivons selon Sa parole, alors nos cœurs seront changés en cœurs bons et saints. Si nous recevons le Saint Esprit et la force de Dieu d'en haut, nous pouvons définitivement garder les commandements de Dieu et devenir sanctifiés.

Lorsqu'il était un prince en Egypte, Moïse avait tellement de colère en lui qu'il a tué un égyptien qui dérangeait sérieusement un de ses compatriotes. Mais après avoir traversé les épreuves dans le désert pendant 40 ans, il est devenu la personne la plus docile sur la surface de la terre.

L'apôtre Paul avait aussi un tempérament dur, mais quand il a rencontré le Seigneur, il a été très bien raffiné. Il a été transformé en un apôtre d'amour et il a pu recevoir la couronne de la justice. Jean et Jacques avaient aussi de mauvais caractères mais ils ont aussi été transformés en apôtres d'amour.

«Si Dieu n'a pas confiance en ses saints, Si les cieux ne sont pas purs devant lui, Combien moins l'être abominable et pervers, L'homme qui boit l'iniquité comme l'eau!» (Job 15:15-16)

Être 'saint' signifie n'avoir aucune forme de mal et n'être que bon et juste. Dieu met sûrement Sa confiance dans Ses saints. Il dit, «Soyez saints car Je suis saint», et pourquoi ne ferait-Il pas confiance à Ses saints? Si les sentiments de quelqu'un deviennent furieux, il commence à parler de choses absurdes, des choses qui n'ont même pas de sens.

Eliphaz dit, «Si les cieux ne sont pas purs devant lui» pourquoi Dieu considérerait-il les cieux impurs, alors qu'il avait créé les cieux et la terre et était heureux à leur sujet?

Alors Eliphaz dit, «Combien moins l'être abominable et pervers, L'homme qui boit l'iniquité comme l'eau!» Etre corrompu, c'est de faire toutes choses en abandonnant la justice de l'homme. Eliphaz condamne Job avec sa fureur.

Job pense qu'il n'avait pas commis de péchés mais qu'il a vécu une vie de justice. Mais ses amis ne l'ont pas réconforté en paroles mais l'ont seulement blâmé et condamné, lui qui avait été placé dans une telle situation misérable.

Le cœur intérieur même de Dieu n'était pas mauvais, ni détestable ni corrompu. Mais ses amis parlaient ainsi.

Parce que Job n'était pas d'accord avec eux, ses amis se sont fâchés et ont condamné Job. De cette manière Job a aussi relâché ses sentiments et est devenu furieux.

Qu'est-ce qui a causé un tel résultat? C'est à cause de la discussion. Si les gens ont de plus en plus de sentiments de malaise, ils parlent des paroles qui n'ont pas de sens et dans le pire des cas, ils se maudissent même les uns les autres.

4. Eliphaz essaye d'enseigner Job avec les paroles de ses ancêtres

«Je vais te parler, écoute-moi! Je raconterai ce que j'ai vu, Ce que les sages ont fait connaître, Ce qu'ils ont révélé, l'ayant appris de leurs pères.» (Job 15:17-18)

Alors Eliphaz a dit, «Job, tu ne nous a pas écouté, alors laisse-moi te dire les paroles transmises par nos pères, de sorte que tu puisses comprendre.»

A ce point, Eliphaz a essayé de persuader Job avec toute sa connaissance, mais Job ne l'écoutait pas. Maintenant il mentionne les paroles de leurs pères. Les paroles qui ont été donnés à Moïse et d'autres prophètes n'avaient pas disparu, mais avaient été transmis à cette génération.

«A eux seuls appartenait le pays, Et parmi eux nul étranger n'était encore venu. Le méchant passe dans l'angoisse tous les jours de sa vie, Toutes les années qui sont le partage de l'impie. La voix de la terreur retentit à ses oreilles; Au sein de la paix, le dévastateur va fondre sur lui; Il n'espère pas échapper aux ténèbres, Il voit l'épée qui le menace;» (Job 15:19-22)

Le pays d'Israël a été donné au peuple choisi par Dieu. Joël 3 :17 dit, *«Et vous saurez que je suis l'Éternel, votre Dieu, Résidant à Sion, ma sainte montagne. Jérusalem sera sainte, Et les étrangers n'y passeront plus.»* Ce verset signifie spirituellement que les enfants de Dieu doivent obéir à la parole de Dieu et vivre en elle. Si nous sommes amis du monde et faisons des choses mauvaises ou mensongères, Satan entrera dans notre vie et nous ferons face à des difficultés.

«Le méchant passe dans l'angoisse tous les jours de sa vie, Toutes les années qui sont le partage de l'impie.» Qu'est-ce que cela signifie? Maintenant, Eliphaz réprimande Job en disant que Job est un homme méchant et sans racines.

Certains pourraient dire que les méchants sont prospères,

mais en fait un homme mauvais va chuter.

Le Psaume 1 :6 dit, *«Car l'Éternel connaît la voie des justes, Et la voie des pécheurs mène à la ruine.»* Proverbes 24 :19-20 dit, *«Ne t'irrite pas à cause de ceux qui font le mal, Ne porte pas envie aux méchants; Car il n'y a point d'avenir pour celui qui fait le mal, La lampe des méchants s'éteint.»*

Il y a un jugement entre ce qui est bon et mauvais (Ecclésiaste 12 :16), et nous ne devons donc pas envier la prospérité des gens mauvais.

Dans le verset 20, les 'impies' se réfère à ceux qui sont cruels et violents. Dans la Bible, nous pouvons voir comment Dieu réagit face aux hommes méchants et impies. C'est-à-dire qu'Eliphaz dit que ce que Dieu a prévu contre Job est déjà arrêté parce que Job est un homme méchant et impie.

Dans le verset 21, il est écrit «La voix de la terreur retentit à ses oreilles;» Quel type de son Job a-t-il entendu? Il a entendu le bruit de tous ses biens qui étaient détruits, de ses enfants qui étaient morts et de tout son bétail mort. Non seulement cela! Sa femme l'a méprisé. Ses proches l'ont méprisé. De plus, il a été frappé d'ulcères sur tout le corps. Job continuait à entendre des bruits de terreur.

Combien Job avait-il été prospère auparavant? Il semble qu'il avait mené une vie prospère, mais lorsqu'il a fait face à des épreuves et des tests, il n'a entendu que des bruits de terreur, et tout s'est simplement écroulé en un instant. Job n'avait aucun moyen d'échapper à ses épreuves d'agonie.

Le verset 22 dit, «Au sein de la paix, le dévastateur va fondre sur lui; Il n'espère pas échapper aux ténèbres, Il voit l'épée qui le menace.» Qu'est-ce que cela signifie?

Une épée est nécessaire pour couper quelque chose. Être destiné à l'épée se réfère à la situation de Job dans laquelle de nombreuses personnes se moquent de lui et le méprisent et qu'il souffre d'une douleur lancinante. Parce qu'il était destiné pour l'épée il ne pouvait même pas espérer revenir des ténèbres.

Éliphaz disait, «Job! tu es mauvais et sans remords. Tu semblais prospère, mais par les œuvres de Dieu tu as été maudit. Tu es destiné à l'épée, et n'espère donc pas être délivré de ces épreuves. La destruction est préparée pour les méchants et sans remords. Ce qui te reste c'est seulement que les gens te mépriseront et riront de toi.»

Pouvez-vous imaginer combien Job a dû se fâcher lorsqu'il a entendu de tels commentaires! Il était condamné en tant qu'homme mauvais et sans remords, alors qu'il croyait avoir vécu une vie juste.

«Il court çà et là pour chercher du pain, Il sait que le jour des ténèbres l'attend. La détresse et l'angoisse l'épouvantent, Elles l'assaillent comme un roi prêt à combattre; Car il a levé la main contre Dieu, Il a bravé le Tout-Puissant,» (Job 15:23-25)

Voilà ce qu'Eliphaz veut dire : Parce que Job s'est effondré complètement, il devait maintenant se soucier de sa nourriture et emprunter des autres. Il ne pouvait pas sortir des ténèbres et finalement, il va réaliser qu'il n'y a aucun moyen pour lui de récupérer, mais il ne peut rien y faire que de tomber dans plus de souffrances.

Job avait peur de Dieu dans ses souffrances et sa douleur. S'il n'avait pas craint Dieu, il aurait parlé plus méchamment, mais il se contrôlait à cause de la crainte. De même si le roi s'était préparé pendant tant d'année à attaquer l'ennemi, combien facilement allait-il remporter le combat?

Eliphaz explique que la raison pour laquelle Job se trouve dans une telle agonie est qu'il a étendu sa main contre Dieu. Du point de vue des amis, Job s'est dressé contre Dieu et a élevé sa main contre le ciel.

Par exemple, lorsque deux personnes se querellent, elles lèvent parfois leurs mains et parlent avec des crépitements. Eliphaz explique que c'est parce que Job s'est lui-même comporté de manière arrogante devant le tout puissant.

Nous ne devrions pas juger les autres. Les amis de Job le jugent en tant qu'une personne mauvaise, sans remords et arrogante principalement à cause des paroles de Job, mais Job ne pouvait pas être d'accord avec eux. Le cœur intérieur de Job n'était pas réellement méchant.

Parce que ses amis ne le connaissaient pas du tout, et parce qu'ils avaient une idée complètement différente à son sujet, il ne pouvait dire qu'il voulait discuter avec Dieu, et pas avec ses amis.

«Il a eu l'audace de courir à lui Sous le dos épais de ses boucliers. Il avait le visage couvert de graisse, Les flancs chargés d'embonpoint; Et il habite des villes détruites, Des maisons abandonnées, Sur le point de tomber en ruines.» (Job 15:26-28)

«Il a eu l'audace de courir à lui Sous le dos épais de ses boucliers» signifie qu'il est arrogant et qu'il désobéit donc continuellement à Dieu. C'est au sujet de Job. «Il avait le visage couvert de graisse» signifie la richesse matérielle. Eliphaz disait que Job était devenu arrogant à cause de sa prospérité.

Lorsque le roi Salomon est devenu riche, il a commencé à adorer des idoles et il a abandonné Dieu. Lorsque le peuple d'Israël adorait Dieu avec dévotion, ils étaient très prospères. Mais quand ils étaient dans l'abondance matérielle et n'avaient pas de difficultés, ils trahissaient Dieu et adoraient des idoles. Lorsque Dieu détournait Sa face d'eux, Ses malédictions tombaient sur eux de sorte qu'ils étaient envahis par des pays voisins et amenés captifs pour devenir des esclaves.

Lorsqu'un pays s'écroule, les villes deviennent désolées et parce que personne n'y vit, les animaux viennent au milieu des ruines. Les gens errent pour trouver de la nourriture ou habitent au milieu des rochers dans les montagnes pour se cacher, ou cultivent sur les collines.

Eliphaz dit que Job est une telle personne. Job a perdu tous ses enfants et toutes ses possessions, et il est tombé dans une destination misérable en n'ayant rien à manger avec les douleurs des ulcères. Eliphaz essaie d'enseigner à Job les paroles qui ont été transmises par leurs sages pères.

5. Eliphaz maudit au départ de son envie et de sa jalousie

«Il ne s'enrichira plus, sa fortune ne se relèvera pas, Sa prospérité ne s'étendra plus sur la terre. Il ne pourra se dérober aux ténèbres, La flamme consumera ses rejetons, Et Dieu le fera périr par le souffle de sa bouche.» (Job 15:29-30)

Maintenant les amis de Job maudissent Job et pourquoi font-ils cela? Lorsque Job était riche, aidait les autres et était respecté par les autres, ils prétendaient aimer Job et avoir de la communion fraternelle avec lui. Mais dans leurs cœurs, il y avait de la jalousie et de l'envie.

Comme Job semblait aller sur le chemin de la destruction et prononçait des paroles contre Dieu, ils l'ont réprimandé, et en même temps, leur envie et leur jalousie explosaient. C'est pourquoi ils maudissent Job et disent que Job ne serait plus riche comme avant, et ses possessions n'augmenteront pas.

Ils veulent dire que Job ne sera pas capable de sortir de sa situation lorsqu'ils disent, «Il n'échappera pas des ténèbres.»

«La flamme consumera ses rejetons» signifie que même les semences vont sécher, et cela signifie qu'il n'y a plus d'espérance. Cela signifie que Job ne sera pas capable d'échapper aux malédictions.

Que signifie, «Et Dieu le fera périr par le souffle de sa bouche?» Dieu a créé les cieux et la terre avec Sa parole. Donc si Dieu souffle Son souffle contre Job, tout va s'arrêter. C'est-à-dire que Dieu va souffler de Son souffle contre ceux qui sont arrogants.

Littéralement, cela est juste, mais cela ne s'applique pas réellement à Job.

«S'il a confiance dans le mal, il se trompe, Car le mal sera sa récompense. Elle arrivera avant le terme de ses jours, Et son rameau ne verdira plus. Il sera comme une vigne dépouillée de ses fruits encore verts, Comme un olivier dont on a fait tomber les fleurs.» (Job 15:31-33)

Au temps de Jésus, les Pharisiens, les Scribes et les grands prêtres ont gardé la loi et ils se considéraient comme étant justes. Mais Jésus les a réprimandés en disant qu'ils étaient comme des sépulcres blanchis. Ils ont crucifié leur Sauveur sans le reconnaître comme leur Sauveur malgré qu'Il soit devant leurs yeux. Mais ils croyaient qu'ils gardaient la loi de Moïse et qu'ils étaient de bons croyants en Dieu. En fait, ils se trompaient eux-mêmes et ils sont finalement tombés dans la destruction.

«Job tu te considères toi-même comme étant juste, mais tu t'es trompé toi-même. Seule la destruction était tombée sur lui. Tu as tout perdu et tu n'as rien qui reste. Avant que ton jour ne vienne, avant que tu ne voies la lumière, toutes ces malédictions tomberont sur toi. La destruction viendra sur toi avant que la branche ne soit verte. Ne rêve même pas de restauration!»

Eliphaz dit à Job de n'avoir aucune espèce d'espérance de restauration.

Comme il est dit au verset 33, si des grappes non mûres sont mangées par des vers, ou tombent par le vent, combien cela est insensé! Si la fleur de l'olivier tombe par le vent, elle ne peut se transformer en fruit, et donc même la floraison est inutile. Eliphaz dit que la vie de Job est ainsi.

Ici examinons la signification spirituelle de la grappe. Jésus a dit qu'il était le cep et que nous étions les sarments (Jean 15 :5). Ce n'est que si les sarments sont attachés au cep qu'elles peuvent fleurir et porter du fruit. Si le sarment tombe, il sèchera, sera piétiné et finalement sera brûlé.

Si nous nous éloignons de Jésus Christ, c'est-à-dire si nous ne vivons pas selon la vérité, nous deviendrons comme la balle, et nous ne pourrons échapper au tourment dans le feu au temps du jugement. C'est tout comme les grappes non mûries qui tombent du cep.

«La maison de l'impie deviendra stérile, Et le feu

dévorera la tente de l'homme corrompu. Il conçoit le mal et il enfante le mal, Il mûrit dans son sein des fruits qui le trompent.» (Job 15:34-35)

Eliphaz compare Job à un homme sans Dieu et corrompu, et il le juge comme une mauvaise personne qui accepte la corruption.

Pourquoi dit-il cela?

Lorsque Job était riche, il aidait de nombreuses personnes et montrait de la générosité. De ceux qui ont reçu son aide, il a aussi reçu de nombreux dons. Les amis de Job ont vu cela avec leur jalousie et leur envie, et lorsque leurs arguments sont devenus plus intenses, ils avaient plus de sentiments de malaise et disaient que Job était corrompu.

Bien sûr, Job n'a reçu aucun pot-de-vin. Ici, nous pouvons voir combien ses amis étaient jaloux et envieux!

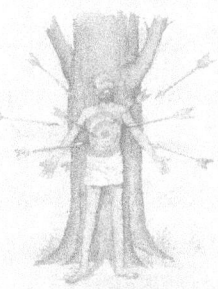

Chapitre **16**

Job rejette tout sur Dieu

«J'étais tranquille, et il m'a secoué, Il m'a saisi par la nuque et m'a brisé,
Il a tiré sur moi comme à un but. Ses traits m'environnent de toutes parts;
Il me perce les reins sans pitié, Il répand ma bile sur la terre.» (Job 16 :12-13)

1. Des paroles de vent sans signification

«Job prit la parole et dit: J'ai souvent entendu pareilles choses; Vous êtes tous des consolateurs fâcheux. Quand finiront ces discours en l'air? Pourquoi cette irritation dans tes réponses?» (Job 16:1-3)

En secouant la tête, Job dit que ses amis sont des consolateurs fâcheux. Pourquoi Job dit-il cela?

'Réconforter' est de rendre l'âme de quelqu'un pacifique et de le mettre à l'aise. Les amis de Job ne pouvaient pas devenir ses consolateurs. Ils n'ont fait que le fâcher d'avantage et lui ont causé plus de souffrances dans le cœur.

Ses amis ont continué à le gronder avec leurs paroles, et tandis que Job les écoutait, sa pensée est même devenue plus perplexe. Au travers des paroles de ses amis, il avait plus d'agonie et de complexité dans son cœur. C'est ce que Job veut dire.

Alors, pourquoi Job conclut-il que les paroles de ses amis sont des 'paroles de vent'?

C'est parce peu n'importe combien leurs paroles sont bonnes, il n'y avait pas d'action qui suivait. Par exemple, supposons que le diacre A un problème soudain et que le diacre B vient vers lui et lui dit, «Si tu pries, le problème sera résolu et tu recevras des bénédictions.»

Mais le diacre A sait que le diacre B vit lui-même dans les

difficultés comme lui, et il ne peut donc pas réellement faire attention au conseil du diacre B. malgré qu'il ne le montre pas extérieurement, dans sa pensée il pensera sûrement, «pourquoi ne pries-tu pas en premier lieu pour recevoir la réponse?» Le conseil n'apporte que la moquerie.

Non seulement dans l'église, mais aussi dans le monde, nous pouvons trouver de nombreuses paroles comme du vent. Il y a tellement de paroles qui ne bénéficient à personne mais qui ne causent que plus de malentendus et de sentiments de malaise.

De la même manière, les paroles de ses amis, qui n'étaient pas suivies de leurs œuvres, n'étaient d'aucune aide pour Job. C'est pourquoi Job conclut que leurs paroles sont des paroles de vent.

Il n'y a pas de limites à des paroles de vent. Elles ne provoqueront que plus de discussions. Elles ne peuvent pas porter des fruits. C'est pourquoi ces paroles ne peuvent pas demeurer ni encourager ceux qui sont désespérés. Les gens insistent seulement qu'ils ont raison dans une tentative de gagner la discussion, de sorte que seul Satan aura une opportunité d'agir.

«Amis qu'est-ce qui vous harcèle pour que vous parliez de cette façon?»

Il y avait des raisons pour que les amis de Job soient harcelés, mais Job pensait qu'il avait parfaitement raison, et ainsi il ne pouvait pas comprendre pourquoi ses amis étaient motivés pour parler avec de telles paroles de vent.

Job s'est plaint et a maudit Dieu en disant que Dieu était un mauvais Dieu. De plus, il n'écoutait même pas les conseils de ses amis, mais au contraire il les regardait de haut. Mais il insistait toujours sur ce qu'il était juste et droit. Ainsi, aux yeux de ses amis, il paraissait seulement ridicule et pitoyable. C'est pourquoi ils prononçaient de telles paroles. Lorsqu'une partie est attaquée avec une telle agitation, c'est la faute des deux parties.

Certaines personnes pensent qu'elles sont persécutées par les membres de leurs familles ou leurs voisins parce qu'elles vont à l'église et aiment Dieu. Mais la plupart des cas elles font face à des difficultés et des persécutions à cause de leurs erreurs et de leurs manquements ou même de leurs mauvaises œuvres. Si nous rendons l'arôme de Christ, il n'y aura pas de persécutions. Il y a certains cas où nous sommes persécutés pour la justice dans la providence de Dieu, mais ce sont des cas rares.

«Moi aussi, je pourrais parler comme vous, Si vous étiez à ma place: Je vous accablerais de paroles, Je secouerais sur vous la tête,» (Job 16:4)

Job pense que ses amis prononcent des paroles et montrent des œuvres qui sont tellement déraisonnables et même au point d'en être choqués. Donc, Job suggère ici qu'ils devaient changer leur position.

En d'autres termes, Job dit, «Si j'ai dans le cœur la méchanceté que vous avez, je composerais aussi des paroles contre vous et des paroles irraisonnables pour vous attaquer et je secouerais le tête vers vous.»

Accabler de paroles signifie qu'ils confectionnent leurs paroles sans avoir aucun acte pour montrer ou soutenir leurs paroles. Cela signifie que ses amis ont jugé et condamné Job dans leurs pensées comme ils l'ont voulu. Selon l'opinion de Job, ses amis n'avaient aucune œuvre, et ils ne faisaient que composer leurs paroles selon leurs opinions, et ainsi il ne leur faisait pas confiance.

Alors pourquoi secoue-t-il la tête? Dans une discussion animée, ils deviennent si fâchés qu'ils secouent même la tête. Nous pouvons maintenant voir combien les amis sont agités.

Même si les paroles de quelqu'un ne coïncident pas du tout avec nos opinions, nous ne devons pas secouer la tête. Nous devons arrêter cette habitude. Cela va embarrasser l'autre personne, et cela nous fera juger et arriver à la conclusion que ses paroles sont mauvaises, même avant qu'il n'ait fini son explication. C'est pourquoi c'est quelque chose de très dur.

Le cœur de Job a été brisé à cause des paroles et des œuvres de ses amis. Il essaye maintenant de faire réaliser leurs mauvaises œuvres à ses amis.

2. Job arrive à une réalisation de lui-même

«Je vous fortifierais de la bouche, Je remuerais les lèvres pour vous soulager. Si je parle, mes souffrances ne seront point calmées,» (Job 16:5-6)

Avant de tomber dans les épreuves, Job a parlé à de nombreuses personnes, il a fortifié les faibles et a aidé ceux dans le besoin. Il avait au moins des œuvres charnelles de bonté (Job chapitre 4). Les amis de Job n'avaient aucune œuvre tandis que Job avait montré les œuvres charnelles avant de faire face aux épreuves.

«Vous me dites quoi faire et ce qui est mauvais en moi alors que vous-mêmes ne montrez aucune œuvre, mais je peux vous dire ceci parce que j'ai agi. Si c'était avant que je ne reçoive cette épreuve, j'aurais pu vous fortifier et soulager votre douleur. Mais malgré que je parle de cette manière, je ne puis résoudre aucun de mes problèmes. Même si je reste calme, comment mon cœur peut-il être en paix?»

Job croyait qu'il ne prononçait que de bonnes paroles, mais ses amis ne faisaient que se fâcher d'avantage. Ils étaient tellement en colère qu'ils commençaient aussi à secouer la tête, car ils croyaient que Job ne pouvait pas prononcer de telles paroles.

De leur point de vue, Job est maintenant sous la malédiction de Dieu. Mais au lieu de se repentir, il discute avec Dieu et regarde ses amis de haut. C'était une attitude mauvaise. Ainsi, malgré que Job prononçait de bonnes paroles, ils ne voulaient pas non plus l'écouter.

Job a dit qu'il pourrait fortifier ses amis et soulager leurs douleurs si c'était comme auparavant, mais ces paroles ne faisaient qu'agiter ses amis encore plus.

Par exemple, supposons qu'il y ait une personne dont la situation présente n'est pas bonne. Il dit qu'il était un grand homme auparavant et il essaye d'enseigner les autres. Qu'est-ce qui se passerait? Les autres personnes ne l'écouteraient pas, et riraient probablement de lui.

Au contraire, s'il avait expliqué la raison pour laquelle il devait traverser des épreuves, c'est une attitude de repentance, et cela peut donc donner une leçon et un profit aux autres. De cette manière, Job se découvre graduellement lui-même.

Il dit, 'Si je parle, ma douleur ne diminue pas'. Cela signifie qu'il réalise le fait qu'à un moment donné, il pouvait fortifier les autres et diminuer leurs douleurs, mais maintenant il n'est capable de rien faire pour calmer sa propre douleur.

Alors, réfléchissons au fait que Job pouvait réellement donner vie aux autres auparavant.

Avant, les paroles de Job pouvaient encourager et fortifier les autres parce qu'il avait la connaissance et la prospérité et les gens regardaient vers lui. C'est pourquoi ils l'écoutaient. Mais en Job lui-même il n'y avait pas de vie éternelle, et donc ses paroles ne pouvaient pas leur apporter la vie éternelle.

Job a prononcé des paroles mauvaises parce qu'il était malade, et ses amis l'ont condamné comme une personne vulgaire. La chair ne fait que périr et ne profite en rien (Jean 6 :63). C'est pourquoi Dieu a dû permettre des épreuves à Job pour lui donner la vraie vie. Comment une personne qui ne peut résoudre son propre problème pourrait-elle résoudre les problèmes des autres?

Job dit, «Si je me tais, en quoi seront-elles moindres?» Les gens charnels ne peuvent pas le supporter lorsqu'ils font face à de telles difficultés. Ils doivent exploser avec tout ce qu'ils ont accumulé dans leurs pensées de manière à ressentir un soulagement.

Job n'était pas un homme spirituel, c'est pourquoi s'il se retenait, il avait mal, et il devait laisser paraître sa méchanceté. Mais de cette manière, il a mis ses amis en colère et il commis de grands péchés avec ses lèvres.

Les gens charnels aiment répandre de mauvaises choses sur le dos des autres. S'ils se tiennent tranquilles, il est difficile de les retenir. S'ils entendent n'importe quelle espèce de paroles calomnieuses au sujet de quelqu'un, ils ne peuvent rester tranquilles, mais ils doivent le propager très vite. Alors seulement ils se sentiront soulagés et à l'aise.

Alors, comment peuvent-ils se sentir à l'aise après avoir répandu les mauvaises choses, c'est-à-dire, après qu'ils aient commis de mauvaises choses? Les gens charnels entendent la voix de Satan, et lorsqu'ils agissent au départ de leur méchanceté en répandant des remarques calomnieuses, ils font en sorte que Satan se sente à l'aise. C'est pourquoi leur pensée est aussi à l'aise.

Si nous devenons des hommes spirituels, et avons une attitude plus positive, nous pouvons changer les situations pour qu'elles deviennent avantageuses. Mais les hommes charnels prononcent encore et encore des paroles négatives. De la sorte leur cœur devient de plus en plus mauvais, et ils s'enferment dans des pièges. Ils rendent leurs situations encore plus difficiles avec leurs paroles négatives et finalement ils tombent dans le trou de destruction.

3. Job dit que Dieu le dessèche et lui fait perdre ses amis

«Maintenant, hélas! il m'a épuisé... Tu as ravagé toute ma maison; Tu m'as saisi, pour témoigner contre moi; Ma maigreur se lève, et m'accuse en face.» (Job 16:7-8)

Job dit que c'est Dieu qui l'a épuisé et qui a ravagé toute sa maison. Si vous êtes spirituellement fatigué, vous n'avez pas de force dans le cœur, et vous ne pouvez rien faire.

'Etre ravagé' signifie qu'ils sont détruits et tombés, mais spirituellement cela signifie que leur cœur est corrompu et qu'ils ne sont pas capables d'accomplir la tâche de l'homme. Job dit que Dieu l'a frappé et qu'ainsi il est fatigué et est tombé dans un trou, en souffrant en permanence. C'est pourquoi il dit que Dieu l'a épuisé.

De plus, il dit que ses amis sont pires parce qu'ils prononcent des paroles absurdes et agissent de manière absurde pour l'attaquer. Job ne réalise pas que ses amis étaient agités à cause de lui, et il proteste que Dieu lui a fait perdre ses amis.

Dans le verset 8, Job est tellement épuisé qu'il commence à se faner. Si une fleur est cueillie, elle a déjà quitté la source de la vie, et elle flétrira rapidement.

De la même manière Job dit que Dieu a frappé sa source de vie, qui est sa prospérité, sa famille, sa santé et ses enfants, et ainsi il se fane, sans être capable de supporter les douleurs, et il dit que toute la cause de son déclin c'est Dieu. Il blâme Dieu pour toutes choses.

Il dit aussi, «Ma maigreur se lève, et m'accuse en face.» Si quelque chose se fane cela devient maigre. 'Etre maigre' signifie spirituellement que quelqu'un s'est entièrement effondré et est tombé en pièces.

La prospérité, la famille et la santé de Job sont partis et même ses amis se sont opposés à lui. Et il blâme Dieu en disant qu'Il l'avait fané et desséché comme cela, et la conséquence est qu'il est devenu maigre.

4. Job dit que Dieu l'a déchiré

«Il me déchire et me poursuit dans sa fureur, Il grince des dents contre moi, Il m'attaque et me perce de son regard. Ils ouvrent la bouche pour me dévorer, Ils m'insultent et me frappent les joues, Ils s'acharnent tous après moi.» (Job 16:9-10)

Job argumente que Dieu s'est mis en colère contre lui et il

l'a déchiré et poursuivi. Dire que 'Dieu le déchire' se réfère à la situation où les ulcères de Job ont durci et se sont répandus. De la tête aux pieds, les ulcères continuaient à durcir, se fendre et se répandre, ainsi dans la pensée de Job, ce n'était pas différent qu'un déchirement de Dieu.

'Poursuivre' signifie qu'il est attaqué par l'ennemi jusqu'à l'agonie. La signification spirituelle est que Dieu pointe à plusieurs reprises les péchés de Job. Job veut dire que Dieu le persécute.

De plus, Job dit, Il grince des dents contre moi, Il m'attaque et me perce de son regard et cela augmente son agonie. Job dit que Dieu lui a donné une grande douleur en le déchirant et lui donne encore plus de douleurs en le perçant de Son regard.

Le verset 10 dit, « Ils ouvrent la bouche pour me dévorer.» Cela signifie quelque chose de négatif. C'est parce que les paroles des amis de Job ne le réconfortaient pas mais le blessaient plutôt.

Job dit que ses amis l'ont giflé avec contentement. Même dans ce monde, si quelqu'un nous dit quelque chose d'incroyablement mauvais, nous pouvons le ressentir comme si nous étions frappés. Par exemple, si nous entendons des paroles de grand mépris, nous pouvons le ressentir comme si on crachait sur nous, avec le sentiment extrême d'être moqué.

Jusqu'à présent les amis de Job ne l'ont pas réellement méprisé. Mais maintenant Job pense à son passé quand il avait la splendeur. Auparavant ses amis avaient l'habitude de l'admirer et de l'aimer, mais maintenant ils semblent s'opposer à lui. Parce que Job pense à son passé, il dit que ses amis le méprisent et se liguent contre lui pour s'opposer à lui.

Job est en train de juger et de condamner tout comme ses amis le font. Mais il est dans une situation misérable et il ressent comme si Dieu le regarde et le pourchasse.

Supposons que vous avez fait faillite dans vos affaires ou que vous ayez subitement perdu votre travail. Alors il peut vous sembler que les gens autour de vous vous regardent avec froideur et vous percent de leur regard. Malgré que les autres ne le font pas en réalité, vous pourriez les juger et les condamner comme s'ils n'étaient pas les mêmes qu'auparavant pour vous donner de la douleur.

5. Les bénédictions en passant des tests

« Dieu me livre à la merci des impies, Il me précipite entre les mains des méchants. » (Job 16:11)

Job dit que ses amis sont les impies et les méchants. Job et ses amis se disent l'un l'autre que l'autre est méchant.

Aujourd'hui de nombreux croyants blâment Dieu pour leurs problèmes en disant, « Dieu m'a testé. Il m'a donné cette difficulté dans ma vie il m'a donné cette maladie. » Mais si nous blâmons Dieu, nous ne pouvons plus entendre la voix du Saint Esprit qui est dans notre cœur et nous ne pouvons pas trouver le chemin pour résoudre le problème.

Dieu n'a jamais livré Job aux impies ni ne l'a mis entre les mains des méchants. Il n'a jamais demandé à Job de discuter. Maintenant, Dieu l'observe.

Ce que Dieu a autorisé à Satan est de prendre les possessions de Job et de l'affliger d'ulcères. Ce n'est pas vrai que Dieu ait donné du mauvais temps à Job. Au travers de cette épreuve, le mal caché de Job a été révélé et a pu être ôté. Job a rencontré Dieu et nous pouvons voir que le résultat de l'épreuve est la bénédiction.

Job n'avait entendu parler de Dieu qu'au travers de ses

ancêtres mais il ne l'avait jamais rencontré. Mais si nous rencontrons le Dieu vivant au travers d'une épreuve, nous n'aurons pas uniquement la foi de connaissance, mais la foi spirituelle avec laquelle nous pouvons réellement croire avec notre cœur.

Si Job n'avait pas souffert de l'épreuve, il aurait reçu des bénédictions matérielles comme auparavant, mais il n'aurait pas reçu les bénédictions spirituelles du fait de réellement connaître Dieu. Il n'aurait pas découvert ses péchés et ne les aurait pas chassés pour devenir finalement sanctifié.

Après que Job ait traversé les épreuves, il recevrait des bénédictions. Parce que Dieu le savait, il l'a permis. Ce n'est que lorsque nos âmes prospèrent que nous recevrons des bénédictions non seulement sur cette terre, mais aussi dans le royaume des cieux où nous pourrons accéder à un meilleur lieu de séjour en brillant comme le soleil.

Dès que Dieu permet à l'épreuve de venir, qu'elle termine rapidement ou pas dépend entièrement de la personne qui traverse l'épreuve. Cela dépend combien bon ou mauvais est son cœur. Si vous avez beaucoup de mal, vous allez révéler plus de méchanceté pendant l'épreuve, et ainsi le test durera plus longtemps.

Peu importe la situation dans laquelle vous vous trouvez, si vous montrez votre foi, vous réjouissez, priez, rendez grâce et plaisez à Dieu avec une foi inchangée, Dieu enlèvera rapidement les camps de l'ennemi diable et vous donnera des bénédictions.

Lorsque ses amis ont commencé à lui conseiller, Job a-t-il dit, «Vous avez raison! Je dois avoir quelque chose de mauvais puisque j'ai ce type de problème. Je vais essayer de trouver mes erreurs comme vous me l'avez conseillé.» Ses amis auraient-ils discuté avec lui? Ils ne l'auraient pas réfuté. C'est Job qui a mis ses amis en colère.

S'il avait essayé de se trouver lui-même et de se détourner, Dieu lui aurait donné Sa grâce pour se découvrir lui-même. Dieu l'aurait aidé et lui aurait donné de la force. Malgré que Job soit frappé d'ulcères partout, Dieu l'aurait guéri en un instant et l'aurait béni.

Job et ses amis sont tombés dans leurs trous respectifs de méchanceté. C'est pourquoi, nous devons discerner entre ce qui est juste et faux avec de bons cœurs, et nous repentir de notre péché et nous en détourner.

> «J'étais tranquille, et il m'a secoué, Il m'a saisi par la nuque et m'a brisé, Il a tiré sur moi comme à un but. Ses traits m'environnent de toutes parts; Il me perce les reins sans pitié, Il répand ma bile sur la terre.» (Job 16:12-13)

C'est ce que Job dit: avant qu'il ne rencontre des tests, il vivait dans la paix et le confort, mais Dieu l'a brisé. Tout comme les gens tiennent le cou d'un poulet avant de le tuer, Dieu l'a pris par le cou et l'a réduit en pièces. Lorsque Job pensait à ce qui lui était arrivé, il a pensé que Dieu était un Dieu cruel.

La signification du cou de Job qui est secoué suggère que Job croyait que Dieu brisait la volonté ferme et la détermination de Job. C'est à dire que le pilier qui supportait la tête de Job, c'est-à-dire son honneur, sa dignité et toutes les choses dont il avait joui ont été détruites. C'est pourquoi Job ne peut qu'être faible.

Job a aussi dit que Dieu l'a pris pour cible, que Dieu s'acharnait sur lui comme un exercice et une cible pour être atteint par un arc et des flèches.

Dans le verset 13, Job dit que Dieu le frappe des quatre côtés.

Il lui perce les reins et répand sa bile sur la terre.

Job donne une parabole pour chaque chose. Ici la flèche n'est pas une vraie flèche mais la flèche du cœur de Dieu. Le cœur de Dieu devient comme des flèches et il tire sur lui des quatre côtés. Job dit qu'il tire ses flèches sur lui sans miséricorde en ouvrant ses flans.

Si un flan est ouvert, cela signifie qu'il a perdu le contrôle sur son corps. Si le dos de quelqu'un est brisé, il ne peut pas utiliser tout son corps. Parce que son cou est brisé, sa volonté est brisée et son flanc est ouvert par une flèche, il a perdu l'équilibre de son corps.

De même, 'Il répand ma bile sur la terre.' Signifie que la douleur dans son cœur est tellement grande. Parce qu'il n'avait connu l'expérience de rencontrer Dieu, il criait avec tellement de douleur comme si sa bile coulait sur le sol.

Même si ton affaire a fait faillite, nos enfants se perdent et nous sommes affligés de maladies, nous devons garder en esprit que Dieu nous garde toujours avec ses yeux enflammés et Il nous délivre. Parce qu'Il nous conduit toujours à travailler pour le meilleur de toutes choses, nous ne pouvons que lui donner gloire en toutes choses.

6. Que tous nous retirions notre corne

«Il me fait brèche sur brèche, Il fond sur moi comme un guerrier. J'ai cousu un sac sur ma peau; J'ai roulé ma tête dans la poussière.» (Job 16:14-15)

Job dit que Dieu traverse toutes les défenses qu'il possède et court vers lui comme un guerrier. Pourquoi le Dieu tout puissant percerait-il et courrait-Il vers Job qui n'est qu'une simple créature?

Aujourd'hui, beaucoup de ceux qui souffrent de difficultés et de tests à cause de leurs manquements disent que c'est Dieu qui les frappe. La raison pour laquelle ils souffrent de difficultés dépend d'eux, mais ils pensent que Dieu est terrible et ils disent qu'Il les a brisés.

Job révèle aussi son mal pendant qu'il reçoit l'épreuve causée par sa méchanceté. Dans la mesure où nous posons des actes de contrevérité, nous recevons des accusations de Satan et nous souffrons de tests et d'épreuves.

Job fait face à des épreuves parce qu'il y avait une raison pour cela, mais il blâme Dieu pour tout, et il ressent qu'Il est un mauvais Dieu et un Dieu terrible.

Le verset 15 dit, «J'ai cousu un sac sur ma peau.» Cela signifie que tout son corps est couvert de blessures. Un sac n'est pas doux mais rude.

'Coudre' signifie que son corps continue à se creuser et à sécher. C'est-à-dire que 'coudre un sac' signifie que la peau de Job continue à se fendre et à sécher encore et encore.

Lorsque Job était riche, il avait le caractère d'un homme juste, et il devait donc avoir une peau douce. Mais à cause des ulcères, sa peau est grandement endommagée, et c'est pourquoi il rappelle la situation du sac, se plaignant devant Dieu.

Il dit aussi, «J'ai roulé ma tête dans la poussière.» Que signifie ici la tête?

La tête symbolise la fierté de quelqu'un. Nous formons notre intelligence lorsque nous accumulons plus de connaissance et d'éducation. Tandis que notre intelligence est formée, notre fierté et notre opinion sont aussi formées. Cette intelligence devient notre force et notre puissance.

Mais lorsque nous acceptons Jésus Christ et expérimentons le

Saint Esprit, nos noms sont inscrits dans le Livre de Vie dans le ciel dès cet instant, et nous sommes reconnus en tant qu'enfants de Dieu. Ceux qui deviennent enfants de Dieu devraient enlever cette corne. Nous devons nous débarrasser du casque de l'orgueil et de notre opinion propre, de sorte que nous gagnions la puissance de la vérité et nous n'aurons que le casque de la vérité.

Accepter Jésus Christ et expérimenter le Saint Esprit ne signifie pas que nous sommes devenus parfaits. Tout comme un bébé nait et grandit pour devenir un jeune puis un adulte, tandis que nous emmagasinons la parole de Dieu et la mettons en pratique, nous devenons un homme spirituel et des enfants sanctifiés de Dieu. De cette manière, si nous avons une parfaite mesure de la foi, nous gagnerons la qualification pour entrer dans la ville de la Nouvelle Jérusalem qui contient le trône de Dieu.

Galates 5 :16-17 nous presse également de nous débarrasser des désirs de la chair et de suivre les désirs du Saint Esprit.

> *«Je dis donc: Marchez selon l'Esprit, et vous n'accomplirez pas les désirs de la chair. Car la chair a des désirs contraires à ceux de l'Esprit, et l'Esprit en a de contraires à ceux de la chair; ils sont opposés entre eux, afin que vous ne fassiez point ce que vous voudriez.»*

Cela dit que les désirs de la chair sont contre le Saint Esprit. L'orgueil et le fait d'insister sur nos propres voies dans une discussion appartiennent aux désirs de la chair. Après que nous recevons le Saint Esprit, ces deux désirs se combattent l'un l'autre. Une partie veut suivre la loi du Saint Esprit, mais l'autre veut suivre des contrevérités qui s'opposent à la volonté de Dieu. Ils se combattent donc l'un l'autre.

C'est pourquoi Romains 7 :22-24 dit aussi, *«Car je prends plaisir à la loi de Dieu, selon l'homme intérieur; mais je vois dans mes membres une autre loi, qui lutte contre la loi de mon entendement, et qui me rend captif de la loi du péché, qui est dans mes membres. Misérable que je suis! Qui me délivrera du corps de cette mort?...»*

Lorsque l'être intérieur qui essaye de suivre les désirs de l'Esprit et l'être extérieur qui essaye de suivre la loi du péché se combattent l'u l'autre, nous pourrions nous lamenter en disant, «Homme misérable que je suis!» Ici, si nous prions avec ferveur, chassons le mal et suivons ce qui est bon, le cœur pour suivre le désir du Saint Esprit augmente et nous pouvons mener une vie victorieuse. Dès ce moment, nous pouvons grandir pour obtenir une foi ferme comme un rocher qui ne peut être ébranlée.

L'apôtre Paul dit, *«Chaque jour je suis exposé à la mort, je l'atteste, frères, par la gloire dont vous êtes pour moi le sujet, en Jésus Christ notre Seigneur»* (1 Corinthiens 15 :31). Parce que l'apôtre Paul mourait chaque jour, il a pu prêcher l'évangile avec les manifestations d'une puissance illimitée de Dieu.

Mais certaines personnes pensent que c'est injuste de chasser son orgueil. Job se lamente de ce que son casque a été Sali dans la poussière.

Jésus et les pères de la foi n'insistaient pas sur leur fierté, arrogance, égoïsme ou leurs propres opinions. Lorsque Moïse était un prince, combien son casque était fort ! mais après qu'il ait été raffiné dans le désert, son casque était parti.

C'était la même chose avec Abraham, Jacob, Elie, Elisée, Daniel et les disciples de Jésus et l'apôtre Paul. Après avoir reçu le

Saint Esprit et avoir traversé tout le processus de raffinement, ils ont tous aussi enlevé leurs casques de manière à être grandement utilisés par Dieu.

Ceux qui vivent dans leurs propres opinions ne peuvent pas obéir à la parole de Dieu. Le roi Saül avait lui-même de fortes opinions. Il n'a pas obéi à la parole de Dieu et a été finalement abandonné par Dieu. Lorsque Jonas n'a pas chassé son casque d'orgueil, il a désobéi et a rencontré une grande tempête en mer.

Job combattait ses amis avec son casque. C'est pourquoi il parlait de son orgueil et que son égo était souillé, qui sont son casque. Cela nous dit combien grand est son orgueil.

Parce qu'il pensait que son casque était secoué par Dieu et ses amis, cette douleur est plus grande que de perdre ses possessions et ses enfants et la douleur des ulcères. De manière à ce que nous devenions de parfaits enfants de Dieu, nous devons briser nos casques.

7. Job insiste sur le fait qu'il est juste

«Les pleurs ont altéré mon visage; L'ombre de la mort est sur mes paupières. Je n'ai pourtant commis aucune violence, Et ma prière fut toujours pure. O terre, ne couvre point mon sang, Et que mes cris prennent librement leur essor!» (Job 16:16-18)

Job a pleuré parce qu'il a perdu tous les membres de sa famille et à cause de la douleur des ulcères. Il a pleuré parce qu'il a été abandonné par sa femme et ses amis mais ce qui était encore plus douloureux est que son casque ait été souillé et il criait à cause de sa tristesse. Lorsqu'une personne crie autant, son visage et ses yeux deviennent rouges.

Parce que Job a aussi beaucoup crié, son visage est devenu rouge et ses yeux étaient aussi rouge. Parce qu'il n'avait aucune force dans ses yeux ; on semblait être l'ombre le mort.

Mais le type de larmes que nous devons verser sont des larmes de lamentation pour les pauvres âmes, des larmes de repentance que nous avons versées après avoir commis des péchés, des larmes pour nous changer en une nouvelle créature et les larmes de reconnaissance et de joie pour la grâce de Dieu.

Parce que Job n'avait pas le vie en lui et qu'il était un homme charnel, il ne pouvait que crier. Mais ces enfants de Dieu qui ont la vie et l'espérance se réjouiront, rendront grâce et prieront et ils obtiendront la victoire dans n'importe quel test ou épreuve. Il y a une différence majeure entre ceux qui ont la vie et ceux qui ne l'ont pas.

Job dit «Je n'ai pourtant commis aucune violence, Et ma prière fut toujours pure.» Il est vrai qu'il n'y avait pas de violence dans les mains de Job. Ce qui se trouve dans le cœur de quelqu'un se manifeste dans ses actes. Job n'était pas aussi mauvais que pour montrer des œuvres mauvaises à l'extérieur, mais il ne pouvait s'empêcher de prononcer des paroles mauvaises avec sa bouche. C'est parce qu'il n'était pas entièrement changé par la vérité.

Job dit que sa prière est pure et nous pouvons comprendre de ceci qu'il ne réalise pas le fait que ce qu'il disait est faux, mais il insiste toujours qu'il a raison.

Job dit, «O terre, ne couvre point mon sang, Et que mes cris prennent librement leur essor!» Cela signifie que parce qu'il est juste et pur, il dit à la terre de ne pas couvrir sa rectitude. Lorsqu'ils sont accusés à tort ou persécutés, certaines personnes disent 'Le ciel et la terre savent que je suis innocent!» Job fait une telle comparaison qui explique sa situation.

Mais les enfants de Dieu ne doivent pas utiliser de telles expressions telles que, 'Le ciel sait que j'ai raison.' C'est parce que Dieu sait tout. Si nous discernons par la parole de Dieu, nous pouvons aussi discerner si nous avons tort ou raison.

> «Déjà maintenant, mon témoin est dans le ciel, Mon témoin est dans les lieux élevés. Mes amis se jouent de moi; C'est Dieu que j'implore avec larmes. Puisse-t-il donner à l'homme raison contre Dieu, Et au fils de l'homme contre ses amis! Car le nombre de mes années touche à son terme, Et je m'en irai par un sentier d'où je ne reviendrai pas.» (Job 16:19-22)

Un 'Témoin' est une personne qui donne un témoignage, et un avocat est quelqu'un qui plaide pour vous. Job dit que la personne qui témoignera de son innocence est au ciel.

Il veut dire qu'il n'y a personne sur cette terre qui peut le sauver et résoudre son problème, et que la seule personne qui peut le faire, c'est Dieu.

Job pensait que ses amis se moquaient de lui, mais aux yeux de ses amis, Job n'était pas juste. La parole de Dieu nous dit de nous réjouir, de prier, de rendre grâces et de demander à Dieu avec foi.

Mais au contraire, devant Dieu Job versait des larmes et se lamentait, des plaintes et du ressentiment, avec des jugements et de la condamnation. Par conséquent Satan pouvait donc travailler encore mieux pour rendre sa maladie plus sérieuse et augmenter sa douleur.

Parce que Job insistait sur le fait qu'il était juste, il a dit qu'il veut plaider avec Dieu. Ici, 'plaider' est dans le contexte de rendre quelque chose claire en discernant spécifiquement entre les choses. 'Un homme' que Job mentionne ici est quelqu'un qui a une extraordinaire justice et probité, qui discerne entre justice et bonté et qui accompli la tâche d'un homme.

Job dit qu'il veut plaider avec tous ceux qui le connaissent, c'est-à-dire un homme, ses voisins, et tous ceux qui ont entendu les nouvelles et le connaissaient. C'est parce qu'il se méprend en croyant qu'ils le prendraient pour un pécheur qui est puni par Dieu.

Job pense que sa vie se terminera rapidement ou dans quelques années au plus, mais il ne pouvait se représenter quand les douleurs cesseraient. C'est pourquoi il conclut qu'il va sur le chemin de non-retour.

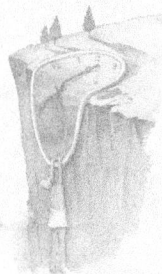

Chapitre **17**

Job se sent plus Affligé tandis que le Temps Passe

1. Job demande un gage à Dieu

2. Job maudit ses amis

3. Job se moque de ses amis avec des mots pédants

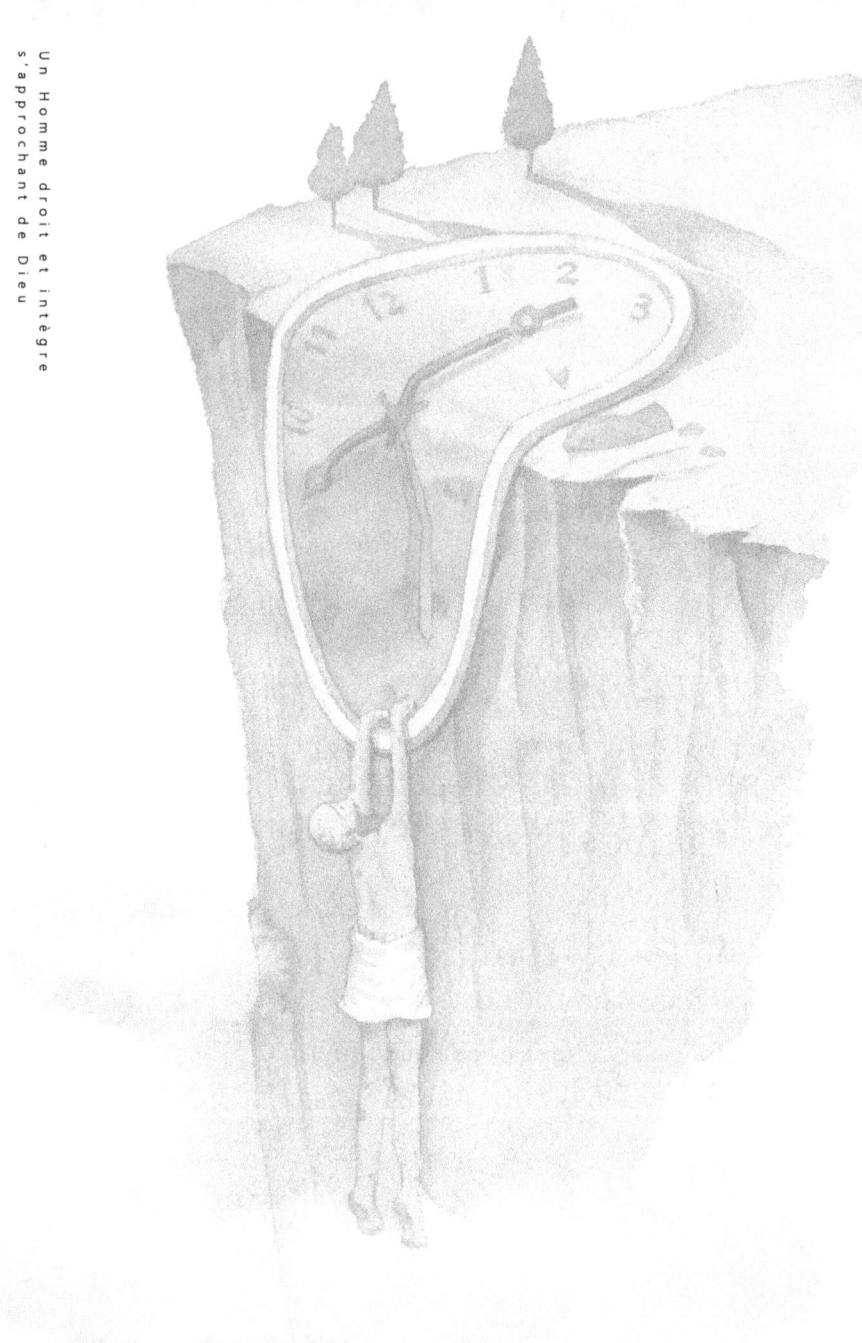

«Quoi! mes jours sont passés, mes projets sont anéantis, Les projets qui remplissaient mon coeur...» (Job 17 :11)

1. Job demande un gage à Dieu

« Mon souffle se perd, Mes jours s'éteignent, Le sépulcre m'attend. Je suis environné de moqueurs, Et mon oeil doit contempler leurs insultes. Sois auprès de toi-même ma caution; Autrement, qui répondrait pour moi?» (Job 17:1-3)

Job se battait avec désespoir et douleur, et il est très fatigué. Il dit que son esprit est brisé et que la tombe est prête pour lui. En fait il ne dit pas qu'il est préparé et prêt pour la tombe dans sa vraie vie. Il dit seulement que sa vie est comme terminée à son avis. Il dit que si quelqu'un continue à échouer dans sa vie et qu'il tombe dans les profondeurs de l'existence, il ne peut pas récupérer et ne peut qu'attendre la mort.

Dans le verset 2, Job dit que ses amis ne le réconfortent pas mais au contraire se moquent de lui. Job en fait a fâché ses amis mais il n'a pas reconnu que c'était sa faute. Lorsqu'il a perçu que ses amis étaient fâchés, il a souffert de douleur.

Supposons que vous ayez emprunté de l'argent, et à cause de votre situation, vous n'avez pas pu garder votre promesse de rembourser. Celui qui vous a prêté est fâché contre vous, il vous a maudit et vous a provoqué. Malgré cela vous ne devez toujours demander son pardon. Peu importe ce que cette personne fait ou dit, si vous dites, «C'est assez, tu en as dit et fait assez!» ou

«Pourquoi es-tu tellement fâché?» Cela signifie que vous avez du mal dans votre cœur.

Même si quelqu'un nous fait quelque chose qui n'est pas bien, avant de s'opposer à lui, nous devons lui faire connaître la vérité, de sorte qu'il puisse garder son cœur dans la vérité.

Un gage est une garantie pour quelque chose, c'est-à-dire que quelqu'un prendra la pleine responsabilité pour quelque chose. Job demande à Dieu de lui donner un gage et d'être son garant. Cela signifie qu'il veut que Dieu résolve ce problème en tant que garant. Il demande à Dieu de devenir son maître en le sauvant du danger. Nous pouvons voir le plaidoyer et la douleur désespérée de Job.

Les incroyants essayent sans conteste de résoudre leurs problèmes par les hommes, et ils essayent de trouver un garant. Tout comme une personne qui a un gros montant de dettes cherche un garant pour résoudre ses problèmes, Job demande aussi à Dieu avec ce type de cœur désespéré.

Mais même si quelqu'un trouve un garant, si le problème fondamental n'est pas résolu, il sera redevable par le garant. C'est pourquoi, on doit résoudre son propre problème par soi-même. Si vous êtes allés dans la mauvaise direction, vous devez en revenir. Vous devez corriger ce que vous avez mal fait.

Mais Job croit qu'il a raison et il cherche un garant. Il crie à voix haute avec des choses qui n'ont pas de sens.

Mais quand ils font face à un problème, ceux qui ont la foi ne doivent pas chercher un homme en tant que garant et lui être redevable. Dieu est tout puissant et nous devons d'abord nous repentir de nos erreurs et suivre la volonté de Dieu, en essayant de trouver la raison pour laquelle nous avons été mis dans ces situations difficiles.

Job dit dans le verset 3, «Qui est celui qui sera mon garant?»

Lorsqu'il cherche le devant, l'arrière, les deux côtés et le sol, il n'y a personne si ce n'est Dieu qui peut le mener à une calamité comme une forte tempête. C'est pourquoi il dit cela.

2. Job maudit ses amis

«Car tu as fermé leur coeur à l'intelligence; Aussi ne les laisseras-tu pas triompher. On invite ses amis au partage du butin, Et l'on a des enfants dont les yeux se consument. Il m'a rendu la fable des peuples, Et ma personne est un objet de mépris.» (Job 17:4-6)

Job dit qu'il a parlé à ses amis avec des paroles de sagesse, mais ils n'ont en fait rien appris, mais au contraire, ils ont révélé leur méchanceté, et que tout était l'œuvre de Dieu. C'est pourquoi Dieu ne va pas le reconnaître et il ne va pas non plus reconnaître ses amis.

Si Job avait parlé à ses amis avec la sagesse de Dieu, il n'aurait pas provoqué ses amis. Parce qu'il a utilisé la sagesse humaine, il y a finalement eu des paroles de Satan et ils traitaient de ces choses avec des émotions surchauffées.

Job demande à Dieu de ne pas élever ses amis qui l'avaient réprimandé et insulté. Il demande à Dieu de reconnaître le fait que les paroles de ses amis ne sont pas justes.

Parce que Job avait reçu un grave fléau et subissait une telle douleur, il maudit les enfants de ses amis pour qu'ils deviennent aveugles.

Même certains croyants en Jésus Christ, lorsqu'ils sont ennuyés par quelqu'un, le maudissent. C'est parce qu'ils n'ont pas la foi pour comprendre le vrai amour.

Plutôt que de penser à la raison, pour laquelle il ne peut recevoir rien d'autre que des moqueries de ses amis, Job condamne ses amis et leur lance des paroles de malédiction. Au travers de cela, nous pouvons comprendre pourquoi Job devait faire face à des épreuves.

Jésus a dit, *«Mais je vous dis, à vous qui m'écoutez: Aimez vos ennemis, faites du bien à ceux qui vous haïssent, bénissez ceux qui vous maudissent, priez pour ceux qui vous maltraitent.»* (Luc 6 :27-28)

La parole de Dieu nous dit d'aimer même nos ennemis, et nous ne devons jamais haïr nos frères dans la foi, qui ne sont même pas nos ennemis. Ce n'est pas facile de bénir ceux qui nous maudissent, mais si nous avons l'amour spirituel, nous pouvons le faire. Si nous changeons en esprit ; nous aurons la compassion même pour ceux qui nous maudissent. Nous pouvons donc prier pour eux et tout remettre à Dieu.

Job a été loué pour être droit et intègre, mais il s'est malgré tout rebiffé lorsque quelqu'un l'offensait ou l'attaquait. Dieu a laissé les choses se passer de telle manière pour transformer la bonté de Job formée selon la loi en bonté du cœur de l'Esprit.

Parce que Dieu connaissait la droiture et l'honnêteté de Job, il a commencé le processus de raffinage pour changer Job en un homme spirituel. Alors on a pu voir la méchanceté de Job se répandre. Lorsque ses amis l'ont blessé avec des paroles, il les a blessés avec le double de mots. C'est pourquoi Dieu devait faire ressortir son cœur mauvais. Lorsque Job a découvert sa méchanceté et l'a chassée, il a pu devenir un véritable enfant de Dieu le Père, qui était reconnu, aimé et béni par Dieu.

Lors des jeux olympiques, si tout le monde pouvait remporter la médaille d'or sans de lourds entrainements, personne n'endurerait une telle période d'entrainement. Les entraineurs ne devraient pas entrainer les joueurs, et les joueurs ne voudraient plus recevoir les entrainements. Mais ce n'est qu'en traversant le processus d'un entrainement intense que les joueurs peuvent remporter une médaille. C'est pourquoi ils acceptent de traverser de tels durs entrainements qui ressemblent au tourment et à la torture.

Supposons que dans votre église ou votre lieu de travail, le chef a complimenté une certaine personne. Alors, vous êtes devenu jaloux et envieux de la personne qui a reçu la louange.

Peut-être avez-vous pensé vous-mêmes « Cette personne ne fait rien de mieux que moi, et pourquoi reçoit-il toute la louange ? »

Si vous avez ce type de cœur en vous, vous devez comprendre la méchanceté de votre cœur. Dans ce cas, vous n'avez même pas été réprimandé par votre chef, mais vous souffrez à cause de votre propre méchanceté.

Maintenant, que signifie de maudire les enfants des amis en disant, « les yeux des enfants se consument ? »

Les yeux symbolisent spirituellement le futur. Si vous ne pouvez pas voir, votre route est bloquée, et c'est pareil à être enfermé. C'est l'une des malédictions les plus graves. Les enfants vont continuer la lignée familiale, et les maudire à devenir aveugles est une telle terrible malédiction.

Dans le verset 6, Job dit que Dieu a fait de lui une fable des peuples, et il est quelqu'un sur qui on crache. Parce qu'il croit qu'il n'y a aucune raison pour lui de souffrir de telle manière, il blâme Dieu pour tout. La nouvelle à propos de Job était largement répandue.

'Cracher sur lui' ne signifie pas que les gens crachaient sur lui. C'est seulement une forte expression de ce que les gens parlaient mal de lui depuis le moment où il a commencé à montrer sa méchanceté.

« Mon œil est obscurci par la douleur; Tous mes membres sont comme une ombre. Les hommes droits en sont stupéfaits, Et l'innocent se soulève contre l'impie. Le juste néanmoins demeure ferme dans sa voie, Celui qui a les mains pures se fortifie de plus en plus. » (Job 17:7-9)

Job était un bon écrivain et un homme de beaucoup de connaissances. Il avait aussi beaucoup de sagesse, ainsi, dans ses paraboles, il y avait beaucoup de significations. La signification spirituelle de 'œil' ici est le futur prévisible. C'est parce que ce que nous voyons de nos yeux sera stocké dans la mémoire et nous pouvons nous en souvenir et l'extraire de la mémoire.

Alors, quel est le grief de Job? Job avait beaucoup de griefs. Il a perdu tous ses biens, et il recevait de la souffrance et des douleurs. Il est tombé dans les bas-fonds de la vie et seule la mort l'attendait. Tout cela était son grief.

Son œil a été obscurci à cause de son grief, et cela signifie que son futur n'est pas clair. Il dit aussi que tous ses membres sont comme des ombres. L'ombre a la forme, mais elle est inutile. Il se réfère à sa vie qui est inutile et sans but. Il compare l'inutilité de son corps à celle d'une ombre.

Son corps se décomposait et était plein de vers et il répandait une mauvaise odeur. Il ne pouvait ni l'améliorer, ni le décorer. Il ne pouvait rien faire à son corps, et il ne pouvait que se comparer à une ombre.

C'est pareil pour notre foi. Nous avons entendu la parole de Dieu et nous la connaissons. Alors, nous devons obéir à Ses commandements qui nous disent de faire quelque chose, de ne pas faire quelque chose, de garder quelque chose ou de chasser quelque chose. Mais beaucoup d'entre nous ne font que les stocker en tant que connaissance et ne les pratiquent pas. Lorsque nous entendons et connaissons la parole de Dieu, mais que nous ne la pratiquons pas, nous entendons la lamentation du Saint Esprit, et notre cœur se sent affligé. C'est pourquoi tant de gens recherchent le Dieu tout puissant, mais ne sont pas capables de recevoir les réponses ni de commencer à s'interroger.

Si nous regardons seulement autour de nous, tant de croyants sont dans une telle vie insensée. Par conséquent, ils font de Jésus en qui ils croient qu'une ombre.

Les enfants de Dieu doivent entrer dans un plus profond niveau spirituel en pratiquant la parole de Dieu mais la plupart échouent à le faire. Ils connaissent la parole mais ne la pratiquent pas et cela devient leur grief.

Ils semblent croire en la parole de Dieu, mais leur foi est comme une ombre qui est sans but ni substance. Ils se demandent ci et là sans comprendre ce qu'est réellement la volonté de Dieu. Ils vont de l'avant et de l'arrière, trébuchent et tombent et ils se relèvent. S'ils rencontraient Dieu, tous leurs problèmes seraient résolus. Mais parce qu'ils n'ont jamais vu de réelles œuvres de Dieu au travers de la foi, ils se promènent toujours spirituellement en rond.

Étant donné que Job n'avait jamais rencontré Dieu il s'était accroché aux griefs. Combien cela est-il pitoyable ! Mais Dieu savait que Job pouvait devenir sanctifié et devenir un plus grand vase. C'est pourquoi Dieu a permis que cette grande épreuve tombe sur lui.

Dans le verset 8, parce que ses amis l'accusent malhonnêtement, il utilise le mot 'droit' comme la référence à une tierce partie pour qu'il puisse s'ajouter à ceux qui sont droits. Il dit cela parce qu'il traverse toutes ces choses, les justes demeureront fermes et l'innocent se soulèvera contre l'impie.

Lorsqu'un homme sans péchés voit un autre homme commettre une telle mauvaise chose, cet homme sans péchés pourrait avoir une juste indignation. Ici la comparaison de Job est en elle-même correcte, mais il n'est pas dans la position de la dire. Nous ne pouvons utiliser ce type de parabole que lorsque nous sommes réellement remplis de la vérité et sans aucune fausseté. Lorsque nous ne sommes pas réellement droits, si nous nous comparons avec un autre groupe de personnes pour nous justifier nous-mêmes, cela pourrait faire chuter les autres et cela aussi est un péché.

En fait, nous commettons souvent ce type de péché dans notre vie quotidienne. Souvent, Satan accuse cela pour causer de nombreuses disputes et conflits.

Le verset 9 dit, «Le juste néanmoins demeure ferme dans sa voie.» 'Demeurer ferme dans sa voie' signifie qu'il est fidèle dans ce qu'il fait.

En disant «Le juste néanmoins demeure ferme dans sa voie,» Job dit qu'il fait ce qu'il est supposé faire sans aucun tremblement, et cela peu importe l'opposition à laquelle il doit faire face.

Il veut dire qu'il est droit, et que ce sont ses amis qui le provoquent pour le rendre mauvais. C'est pourquoi il ne peut s'empêcher d'argumenter avec eux, et il doit continuer à le faire.

Alors, que signifie, «Celui qui a les mains pures se fortifie de plus en plus?»

Avant, Job avait dit, «Tu m'as saisi» (Job 16 :8), «Mon esprit est brisé» (Job 17 :1). Mais ici il dit qu'il sera de plus en plus fort. Et ainsi, il se contredit. Cependant, selon le point de vue de Job, cela est vrai et a du sens.

Job a une grande fierté et il est aussi très têtu, et c'est pourquoi, il va plaider pour lui-même jusqu'à la fin de ses forces. Son corps perd de la force, mais parce qu'il a raison, il devient de plus en plus fort.

Dans notre foi, ce type d'entêtement est inutile. Mais au contraire, cela poussera les autres à nous haïr plus. Cela n'apportera que des conflits et c'est donc inutile. Lorsque les autres ne nous comprennent pas, nous devons nous examiner nous-mêmes.

Lorsque nous n'avons pas la paix les uns avec les autres, les deux parties ont un problème. C'est pourquoi nous ne devons pas insister sur le fait que nous avons raison. Nous devons apprendre à nous accepter l'un l'autre et à nous réaliser nous-mêmes.

3. Job se moque de ses amis avec des mots pédants

«Mais vous tous, revenez à vos mêmes discours, Et je ne trouverai pas un sage parmi vous. Quoi! mes jours sont passés, mes projets sont anéantis, Les projets qui remplissaient mon cœur... Et ils prétendent que la nuit c'est le jour, Que la lumière est proche quand les ténèbres sont là!» (Job 17:10-12).

«Mais vous tous, revenez à vos mêmes discours» ne veut pas dire qu'ils doivent partir et revenir à nouveau. Job leur dit en fait de vérifier ce qu'ils ont dit jusqu'à présent. Job conclut aussi qu'il n'y a aucun homme sage parmi ses amis. Il dit qu'aucun de ses amis ne peut lui enseigner quelque chose, et c'est pourquoi il ne peut trouver de solution à son problème.

Job veut dire que, parce qu'il ne peut rien gagner de ses amis, ses plans et même les désirs de son cœur sont déchirés. Il ne peut lui-même résoudre le problème. Dieu l'a abandonné, et même ses amis n'ont pas la sagesse pour résoudre le problème. Il ne peut donc s'empêcher d'aller sur le chemin de la mort.

Il déverse toutes ses émotions et les souffrances de son cœur. Mais cela a seulement permis à Satan de plus travailler sur lui. Si nous construisons nos propres pièges à cause de nos paroles, en continuant à insister sur le fait que nous avons raison en regardant les autres de haut, et en faisant de Dieu un mauvais Dieu, comment Dieu peut-Il nous aider?

Les auditeurs n'aiment pas ce que nous disons et le considèrent comme douloureux, et ainsi, ils ne peuvent être avec nous mais se séparent de plus en plus. C'est quelque chose d'inutile. Parce que Job croyait que ses amis le méprisaient, il se moquait aussi d'eux par ses paroles.

Le verset 12 dit, «Ils prétendent que la nuit c'est le jour.» Ici, la nuit se réfère aux ténèbres. Parce qu'ils font du jour la nuit, les ténèbres sont leurs œuvres. Job dit cela en se référant au cœur de ses amis.

Job se moque d'eux avec ses paraboles en voulant dire, «la lumière est proche, quand les ténèbres sont là!» signifie qu'ils ne disent que des choses insensées, de la même manière que le soleil ne peut pas se lever à l'ouest, Job utilise des expressions pédantes.

Bien qu'eux-mêmes ne pouvaient pas utiliser ces paroles pédantes, les amis de Job savaient qu'il se moquait d'eux, alors combien devaient-ils être en colère!

De nos jours, même parmi les croyants, certaines personnes condamnent les autres avec la parole de Dieu ou prononcent des paroles sarcastiques s'ils n'aiment pas certaines choses chez les autres. Il y a même certains pasteurs qui détournent la parole de Dieu et citent erronément cette parole pour menacer les membres de l'église. Mais la vérité nous donne la paix, la joie, la liberté et la vie; et non la crainte et la nervosité.

> «C'est le séjour des morts que j'attends pour demeure, C'est dans les ténèbres que je dresserai ma couche; Je crie à la fosse: Tu es mon père! Et aux vers: Vous êtes ma mère et ma soeur! Mon espérance, où donc est-elle? Mon espérance, qui peut la voir? Elle descendra vers les portes du séjour des morts, Quand nous irons ensemble reposer dans la poussière.» (Job 17:13-16)

Job dit que son espérance descend dans le Shéol car il est déçu sans aucun sens. Mais l'espérance de ceux qui croient en Jésus Christ est dans le ciel.

Job n'avait pas de vie. Tout ce qui lui appartenait avait été détruit. C'est pourquoi il dit qu'il ne peut rien faire d'autre que d'aller dans le monde des ténèbres, dans le Shéol. Il dit aussi que son lit aussi sera fait dans les ténèbres.

Job dit aussi, «je crie à la fosse 'Tu es mon père'», parce qu'une fosse peut être un bouclier pour son corps. Pour ceux qui n'ont pas d'espérance dans le royaume des cieux, lorsqu'ils meurent, la fosse, la tombe recouvrira leurs corps. Alors pourquoi 'Père'? Le rôle d'un père est de protéger ses enfants. S'il descend dans la fosse, la fosse deviendra son père pour le couvrir et le protéger.

Alors, que signifie, «Et aux vers: 'Vous êtes ma mère et ma sœur'?»

La mère ou les grands frères et sœurs s'embrassent et s'enlacent les uns les autres, provoquant un contact physique en élevant un petit bébé. Job exprime son corps qui est rempli de vers et se dégrade. Parce que les vers sont en contact avec sa peau, il dit que ce sont sa mère et ses sœurs. Il exprime en fait sa douleur et ses regrets.

Il exclame où se situe son espérance. Mais pour nous qui avons la vérité et la foi, notre espoir n'est pas dans le Shéol, mais dans le royaume des cieux. Alors combien est-ce reconnaissant!

Lorsqu'un homme meurt et est enterré dans la tombe, il est confiné dans la poussière. C'est pourquoi Job dit que lorsqu'il repose dans la poussière, l'espérance s'en va aussi avec lui. Mais les croyants en Dieu ont leur espérance dans le royaume des cieux, et ils reçoivent donc des bénédictions aussi sur cette terre.

Tandis que leurs âmes prospèrent, tout prospère chez eux, et ils sont en bonne santé. Parce qu'ils ont reçu la vie éternelle, ils sont libres de la peur de la mort et ils peuvent vivre sans la joie et la reconnaissance.

Dans la mesure où ils chassent le mal de leurs cœurs et deviennent sanctifiés, ils ont la vraie paix dans leur cœur et ils sont tellement reconnaissants qu'ils puissent entrer dans le royaume des cieux. En plus de cela, il y a tellement de bénédictions que les croyants recevront sur cette terre, en ne mentionnant pas l'honneur et les bénédictions qu'ils recevront dans le futur dans le royaume des cieux.

Chapitre **18**

Payer en Retour le Mal par le Bien
- L'épitre de Bildad sur la méchanceté

1. Ne nous déchirons pas

2. Chassons la jalousie

3. Si nous maudissons et désirons que les autres chutent

4. Lorsque le mal originel est révélé dans le cœur

«Il est saisi au piège par le talon, Et le filet s'empare de lui; 10 Le cordeau est caché dans la terre, Et la trappe est sur son sentier.» (Job 18 :9-10)

1. Ne nous déchirons pas

«Bildad de Schuach prit la parole et dit: Quand mettrez-vous un terme à ces discours? Ayez de l'intelligence, puis nous parlerons. Pourquoi sommes-nous regardés comme des bêtes? Pourquoi ne sommes-nous à vos yeux que des brutes? O toi qui te déchires dans ta fureur, Faut-il, à cause de toi, que la terre devienne déserte? Faut-il que les rochers disparaissent de leur place?» (Job 18:1-4)

Si vous voyez vos amis ou vos proches se quereller l'un avec l'autre, vous direz éventuellement, «Combien de temps allez-vous vous quereller? Je vous prie de vous arrêter!» Lorsqu'ils argumentent, la plupart des gens essaient de trouver des mots jusqu'à la fin pour remporter la discussion. S'ils sont poussés dans leurs retranchements, ils se fâchent et sont vexés.

Vérifions si nous avons ou non conservé ce type d'argument inutile dans une tentative de le gagner.

Parfois une tierce personne intervient pour arrêter la discussion, mais lui-même s'implique. Bildad de Schuach dit, «Quand mettrez-vous un terme à ce discours?» mais lui-même cherche des paroles.

Combien cela est-il ridicule aux yeux de Dieu! Job et ses amis qui se querellent entre eux n'est pas juste, mais cet ami qui leur conseille de rester calmes n'est pas juste non plus.

Bildad demande à Job, «Pourquoi sommes-nous regardés comme des bêtes?» Parce que Job avait dit que ses amis ne sont pas comme des hommes, pas parfaits, et qu'ils ne lui conviennent pas, Bildad dit que Job les regarde comme des animaux et des gens stupides.

Les animaux agissent comme bon leur semble sans aucune raison ni discernement. Bildad demande à Job s'il les considère comme stupides, parce Job avait dit qu'ils étaient 'des poids morts.'

Job, dans sa colère, les avait disgraciés et insultés. Ses amis lui répondent aussi. Ils sont donc pareils. Job se débat dans une situation sans espérance et extrêmement pénible parce que ses amis continuent à lui répéter qu'il a tort.

Examinons comment Job se débat.

Job 16 :9-11 dit, «*Il me déchire et me poursuit dans sa fureur, Il grince des dents contre moi, Il m'attaque et me perce de son regard. Ils ouvrent la bouche pour me dévorer, Ils m'insultent et me frappent les joues, Ils s'acharnent tous après moi. Dieu me livre à la merci des impies, Il me précipite entre les mains des méchants.*»

Il s'est plaint contre Dieu et a considéré ses amis comme méchants en disant que 'Dieu le livre à la merci des impies et le précipite entre les mains des méchants.' Par conséquent, Job se débat avec ces paroles.

Jusqu'au moment où ils arrivent à la vérité et changent, beaucoup de croyants se déchirent et se débattent avec eux-mêmes. Ils pensent qu'ils sont des victimes, et s'ils n'aiment pas quelque chose, ils se fâchent et se causent eux-mêmes une commotion. En faisant cela, ils se débattent en n'étant pas capables de contrôler leurs pensées.

Si nous avons des émotions surchauffées dans notre cœur, nous ne pouvons pas nous empêcher de nous déchirer nous-mêmes. Se déchirer et se débattre avec les autres est la même chose que de nous déchirer nous-mêmes. Nous devons nous examiner pour voir si oui ou non nous sommes ce type de personne.

Par exemple, il y a certaines personnes, lorsqu'elles se saoulent, elles crient et frappent à des portes en demandant qu'on leur ouvre rapidement. Lorsqu'elles se querellent entre mari et femme, ils se jettent des objets du ménage et les brisent.

Certains croyants n'assistent pas au culte de dimanche parce qu'ils ont un problème avec un frère dans la foi. Violer le jour du Seigneur représente un péché devant Dieu, donc, s'ils n'assistent pas au culte, cela n'est que dommageable pour eux, pas pour les autres. S'ils arrêtent de prier, juste parce qu'ils sont en colère ou parce qu'ils sont tombés dans des tests et des épreuves, cela signifie aussi qu'ils se déchirent eux-mêmes.

De même, uniquement parce que le mari a une aventure avec quelqu'un d'autre, si la femme sort aussi pour avoir une aventure et brise la famille, quel en est le profit ? Finalement tous ces actes se déchirent.

Le verset 4 dit, « Faut-il, à cause de toi, que la terre devienne déserte ? Faut-il que les rochers disparaissent de leur place ? » C'est un fait inchangé, que la terre et les rochers restent à leur place. Bildad se moque de Job en disant que peu importe la manière dont il se fâche, la terre et les rochers ne seront pas ébranlés.

Supposons qu'un mari est fâché contre sa femme et lui envoie une horloge. Si la femme dit, « Peu importe combien tu deviens fou et casse l'horloge, la terre et les rochers bougeront-ils ? » et qu'elle rit de lui, sa colère va déborder.

Il aurait pu s'arrêter de jeter l'horloge, mais tandis qu'il devient encore plus fâché, il pourrait aussi jeter une télévision ou un autre objet. L'action du mari est mauvaise, mais la méchanceté de sa femme est encore plus grande. Si la femme rend son mari encore plus mauvais, quel en est l'intérêt?

Mais ce n'est pas seulement la femme qui a rendu son mari plus mauvais, mais le mari a aussi rendu sa femme plus mauvaise, et ils sont ainsi pareils se déchirant l'un l'autre.

Se déchirer l'un l'autre met Dieu en colère, et Il doit détourner Sa face de ces choses. Par conséquent, Satan commence à travailler. Des familles sont détruites, des enfants se détournent du chemin, et ils seront malades. De grandes épreuves et tests s'en suivront. Étant donné qu'ils se déchirent l'un l'autre, Dieu détourne Sa face et Satan leur donne des temps durs tant qu'il le veut.

Dans le verset 4, la terre est quelque chose sur laquelle nous nous tenons et les pierres qui ont la taille de rochers ne peuvent pas être remués parce qu'ils sont très solides et lourds. On peut voir qu'il y a une différence entre ces deux choses.

«La terre sera-t-elle étonnée de ta colère? Peu importe combien tu es en colère, que peux-tu faire contre la dureté des rochers?»

On peut voir que Bildad se moque de Job au travers de ses paraboles. Comme ces gens dans ce passage, il y a certaines personnes qui fâchent encore plus ceux qui sont en colère. Ils causent plus d'émotions surchauffées.

La vérité nous dit que nous ne devons pas nous moquer ni rire de quelqu'un même s'il a fait quelque chose de mal et que c'est lui qui se fâche. Ce n'est que si nous pouvons lui faire comprendre sa méchanceté avec notre bonté que nous pouvons arrêter cette méchanceté. Si nous réagissons au mal par le mal, cela ne fera qu'ajouter du mal. C'est pourquoi, pour être victorieux, nous devons vaincre le mal par la bonté.

Dans l'histoire de la Dynastie Choosun de l'ancienne Corée, il y avait une concubine appelée Jang Hee Bin qui s'est tellement déchirée. Son frère aîné s'est lui aussi déchiré lui-même dans les conflits entre parties. Les paroles et les actes qui sont contre la vérité vont sûrement apporter des résultats incroyablement absurdes.

Cette concubine s'est déchirée elle-même avec une jalousie extrême. Le roi l'a condamnée à mort en pensant qu'il exerçait la justice. Mais, à cause de ce que le roi avait fait, la tragédie a continué au travers du fils de cette concubine.

Si le roi et ses ministres avaient connu la vérité et avaient agi selon cette vérité, il aurait pu trouver une autre méthode de punition, comme de l'enfermer, parce que son fils allait devenir le roi, et l'histoire de sang se serait arrêtée. Ceux qui suivent la vérité finiront par être victorieux.

Si nous allons aux derniers chapitres du livre de Job, le mal est révélé profondément dans le cœur de l'homme, et je crois que nous pouvons avoir des réalisations et des compréhensions, gagner la vie au travers de cela et découvrir aussi nos faiblesses.

2. Chassons la jalousie

«La lumière du méchant s'éteindra, Et la flamme qui en jaillit cessera de briller. La lumière s'obscurcira sous sa tente, Et sa lampe au-dessus de lui s'éteindra. Ses pas assurés seront à l'étroit; Malgré ses efforts, il tombera. Car il met les pieds sur un filet, Il marche dans les mailles, Il est saisi au piège par le talon, Et le filet s'empare de lui.» (Job 18:5-9)

Il est évident que si la lumière s'éteint, il n'y a plus de lueur. « La lumière des méchants s'éteindra » signifie que l'espérance de Job, c'est-à-dire l'espérance d'un homme mauvais diminue. En disant que la flamme de son feu cessera de briller, Bildad maudit Job en disant que toutes les œuvres que Job a faites vont s'écrouler, parce qu'aux yeux de son ami, c'étaient toutes des œuvres d'un homme mauvais.

Job se considérait lui-même comme droit et intègre parce que ses œuvres étaient justes. À partir de ce passage, nous pouvons trouver que les amis de Job ont été jaloux de Job à cause de ses œuvres justes. C'est pourquoi ils se moquent de lui comme d'un homme mauvais.

Dans le verset 5, Bildad dit en conclusion que la flamme de son feu ne donne aucune lumière, et dans le verset 6, il est dit que la lumière de sa tente s'obscurcit et que la lampe au-dessus de lui s'éteint. C'est une conséquence de ce qu'il a dit au verset 5. Alors, combien cela est-il mauvais!

Les hommes de vérité qui croient en Dieu devraient encourager une personne comme Job et lui donner plus d'espérance pour le conduire sur le chemin de la justice. Ceci est la vraie tâche de l'homme.

Jésus n'a pas brisé le roseau cassé, ni éteint la mèche qui fume encore (Matthieu 12 :20). Nous devons avoir ce cœur de Jésus. Si nous voulons nous acharner sur un homme mauvais et souhaiter qu'il tombe, cela signifie que notre cœur aussi est mauvais. C'est pourquoi, si un homme mauvais va sur le chemin de la destruction, étant donné que nous avons aussi un mauvais cœur, nous irons aussi sur le chemin de la destruction.

Le verset 7 dit, « Ses pas assurés seront à l'étroit; Malgré ses efforts, il tombera. »

Nous comprenons que parce que Job pensait qu'il était parfait en toutes choses, il avait un pas vigoureux. C'était un pas qui était dignifié.

C'était pourquoi Job était l'objet de l'envie et de la jalousie de ses amis. Mais en temps normal, cela était enfoui dans leurs cœurs, et dans ce cas où Job s'écroule, leur jalousie est clairement révélée.

Ce n'est pas uniquement le cas de Bildad, mais de la plupart des gens. Le cœur de la plupart des gens charnels est ainsi.

Bildad dit que ce que Job a fait auparavant n'est que son propre plan, et il tombe dans son propre plan. Bildad disgracie et dégrade les œuvres que Job a accomplies. Le cœur mauvais de Bildad qui avait l'habitude d'être caché est maintenant révélé et exprimé par des paroles.

Si nous nous sentons légèrement jaloux de ceux qui sont prospères, si nous souhaitons que tout ne prospère pas pour eux, et si nous rigolons d'eux et exprimons notre méchanceté lorsque les choses vont effectivement mal pour eux, cela signifie que nous sommes réellement insensés. Nous ne devrions pas nous réjouir lorsque ceux qui ont mal agi envers nous voient les choses mal tourner, mais nous devrions prier pour eux avec des lamentations.

Le verset 8 dit, «Car il met les pieds sur un filet, Il marche dans les mailles,» Qu'est-ce que cela signifie?

S'il y a un piège, sûrement il est mieux de le contourner. Bildad dit que Job met les pieds dans le filet, se référant au fait de tomber dans un piège.

«Job, tu te plains continuellement et tu déplais au Dieu auquel tu crois, c'est donc comme si tu te jetais toi-mêmes dans le filet et marchais toi-mêmes sur le filet!»

Bildad n'a pas compris la signification spirituelle lorsqu'il a dit cela. Donc maintenant, regardons à la signification spirituelle de ce verset.

Parce que Job s'était plaint contre Dieu et avait prononcé des paroles qui ont uniquement fait plaisir à l'ennemi diable et à Satan, il est de plus en plus tombé dans un piège mortel. C'est comme de se jeter lui-même dans le filet d'un piège et de marcher sur le filet.

Donc, étant son ami, Bildad ne devait-il pas aider Job de sorte qu'il ne marche pas lui-même sur le filet du piège? Si ses amis le font même plus entrer dans le filet et marcher sur les mailles, cela signifie qu'ils commettent un grand péché.

Les amis de Job, en utilisant la parole de Dieu, la parole de vérité, rendent expressément Job encore plus mauvais. Mal utiliser la parole de Dieu signifie violer le troisième commandement des Dix Commandements, qui nous dit de ne pas prendre en vain le nom de Dieu.

Nous ne devons pas être comme Job, qui entre lui-même dans le filet. Se plaindre et avoir une pensée mauvaise signifie entrer dans le filet et de marcher nous-mêmes sur les mailles.

Spécialement dans l'église, nous ne devons pas être de ceux qui poussent leurs frères à être encore plus coincés dans le filet. Nous devons aider le frère et prier pour lui de sorte qu'il ne marche pas sur les mailles.

Alors, que signifie «Il est saisi au piège par le talon, Et le filet s'empare de lui?» Un collet est comme un piège pour attraper les petits animaux.

Si un animal est saisi pas un collet, il perdra probablement la vie. De la même manière, si le talon de quelqu'un est saisi par un collet signifie qu'il va tomber à terre et sera incapable de se relever. C'est une malédiction tellement sauvage.

«Job! Tout comme tu tombes dans un filet et est exécuté par toi-même, ton talon sera saisi par un collet et finalement, tu vas tomber et perdre la vie!»

3. Si nous maudissons et désirons que les autres chutent

«Le cordeau est caché dans la terre, Et la trappe est sur son sentier. Des terreurs l'assiègent, l'entourent, Le poursuivent par derrière.» (Job 18:10-11)

On cache un cordeau parce que le but est d'attraper quelque chose. C'est-à-dire que vous creusez un trou dans le but de capturer quelque chose et puis vous le recouvrez soigneusement avec un peu de paille et une fine couche de poussière de sorte qu'il ne puisse être vu. Lorsque des animaux ou des hommes marchent dessus, ils tomberont dans le trou.

'Cordeau' symbolise ici la souffrance croissante de Job qui l'attend encore. «Le cordeau est maintenant caché dans le sol» signifie que les souffrances qui attendent Job sont cachées et ne peuvent être vues.

'Et la trappe est sur son sentier' signifie qu'il y a une trappe sur le chemin de Job, de sorte qu'il souffre et soit détruit. Dire 'Le cordeau est caché et la trappe est sur son sentier' n'est pas différent que de faire des remarques menaçantes.

Bildad ne pense pas qu'il est en train de menacer Job maintenant, mais sa haine ressort dans ce type de situation.

Si vous avez déjà haï quelqu'un, avez-vous souhaité que cette personne mélange les choses ou rencontre des difficultés? Si vos affaires n'étaient pas bonnes ou que vous ayez été faussement accusé à cause de quelque chose, n'avez-vous pas souhaité que les choses pour cette personne aillent mal?

Dieu nous a donné Son Fils unique Jésus Christ en tant que sacrifice perpétuel pour résoudre le problème de nos péchés. Mais si nous ne résolvons pas ce problème de péché mais avons toujours de mauvais cœurs, que fera Dieu?

Dieu doit nous raffiner pour faire de nous de parfaits enfants et pour nous laver dans le sang du Seigneur. Au travers des épreuves, nous pouvons prier, nous réaliser nous-mêmes, nous détourner et nous repentir. Si nous avions un type de pensée comme celui de Job ou de ses amis, nous devons le chasser le plus rapidement possible.

Le verset 11 dit, «Des terreurs l'assiègent, l'entourent, Le poursuivent par derrière.» Bildad continue à maudire Job avec ses émotions surchauffées.

Bildad maudit Job que non seulement des terreurs vont l'effrayer, mais aussi qu'elles vont continuer. Quel cœur mauvais !

4. Lorsque le mal originel est révélé dans le cœur

«La faim consume ses forces, La misère est à ses côtés. Les parties de sa peau sont l'une après l'autre dévorées, Ses membres sont dévorés par le premier-né de la mort.» (Job 18:12-13)

'Forces' se réfère ici à l'honneur, la prospérité, la réputation et la sagesse que Job avait, 'Misère' ne signifie pas ici une famine sans pluie.

Cela signifie que les enfants de Job étaient partis et que tout ce qu'il avait accumulé était parti, son orgueil, son arrogance et sa corne étaient partis.

«Job, regarde-toi, tu es misérable, et tu perds toute ta force. Il n'y a que des désastres qui t'attendent.»

Job souffre de douleurs, et Bildad lui fait ressentir encore plus de douleurs.

La 'peau' dans le verset 13 symbolise tout ce qui avait été formé avec l'énergie de Job. C'est-à-dire que cela se réfère à son corps, les enfants de son corps, ses circonstances et toutes les œuvres et les résultats qu'il a acquis.

'Le premier-né de la mort' n'est pas seulement la mort, mais une mort extrêmement pénible. «Ses membres sont dévorés par le premier-né de la mort» signifie la mort totale, ne laissant en arrière aucune semence de vie. Ce n'est pas uniquement une mort ordinaire mais une mort tellement tordue qui tue toutes les parties du corps et chaque joint des os.

Nous pouvons voir ici les extrémités du mal. Si vous pensiez, «Combien mauvais sont les amis de Job! Comment peuvent-ils déverser une aussi grande méchanceté?» Alors, vous devriez vous examiner pour voir si vous aussi êtes ce type de personne.

Nous pouvons voir ce type de méchanceté même aujourd'hui. Lorsqu'ils ont une discussion et se fâchent les uns sur les autres, ils maudissent l'autre en disant, «Tombe mort!» Parfois, ils déversent tellement de malédictions et de langage ordurier. Malgré que ce ne soit pas un meurtre physique, les gens s'entretuent avec leurs paroles.

Les amis de Job avaient la connaissance, l'éducation et de bonnes personnalités, mais tandis que la discussion continuait, la mal profondément enfoui dans leurs cœurs a été révélé.

«Il est arraché de sa tente où il se croyait en sûreté,

Il se traîne vers le roi des épouvantements. Nul des siens n'habite sa tente, Le soufre est répandu sur sa demeure.» (Job 18:14-15)

«Il est arraché de sa tente où il se croyait en sûreté,» signifie que toutes les possessions d'un homme sont parties et qu'il n'a plus d'endroit où rester. Si quelqu'un fait faillite, il doit vendre sa maison et elle lui sera enlevée.

Alors, il est écrit, «Il se traîne vers le roi des épouvantements.» Ici, le roi des épouvantements se réfère à une sorte de démon ou à Lucifer. Bildad a utilisé le nom roi pour exprimer l'accumulation de terreur, qui grandit encore et encore.

Le roi des épouvantements se réfère à l'extrémité de la peur et quand l'âme de quelqu'un est enlevée par la peur. Bildad se moque de Job en sachant que Job est dans ce type de terreur.

Alors, regardons à ce qui se passe par la terreur.

D'abord, les gens donnent des excuses comme Job.

Ils ont peur qu'ils seront regardés de haut par les autres et que leurs incapacités seront découvertes. Ils pensent qu'ils ne sont pas correctement reconnus par les autres, et ainsi, ils essayent d'expliquer beaucoup de choses au sujet d'eux-mêmes et de donner des excuses. C'est parce qu'ils ont peur et finalement ils peuvent même s'opposer ou se battre avec les autres.

Deuxièmement, les gens se lient eux-mêmes.

Lorsqu'ils ne sont pas réellement diligents, et fidèles mais sont incapables et n'accomplissent pas leurs tâches, ils auront peur. Dans cette situation, s'ils ne se détournent pas petit à petit, ils seront capturés par le roi de la terreur.

Nous avons peur parce que nous cachons constamment quelque chose qui n'est pas juste et que nous l'avons en nous. Si nous vivons dans la vérité et que nous sommes honnêtes, il n'y a aucune raison pour nous d'avoir peur de quelque chose. Ceux qui n'ont aucune peur vont même se réjouir de recevoir des réprimandes et parce qu'ils veulent gagner plus de compréhension, ils ne donnent pas d'excuses.

Le verset 15 dit, «Nul des siens n'habite sa tente.» Cela signifie que parce que la maison de Job est partie, d'autres personnes viendront pour demeurer dans sa maison. Combien grande est une telle malédiction en disant que même la racine originelle de Job ne demeurera pas! Il est aussi dit, «Le soufre est répandu sur sa demeure.»

> **«En bas, ses racines se dessèchent; En haut, ses branches sont coupées. Sa mémoire disparaît de la terre, Son nom n'est plus sur la face des champs. Il est poussé de la lumière dans les ténèbres, Il est chassé du monde.» (Job 18 :16-18)**

Après avoir maudit Job, Bildad termine avec une parabole d'un arbre. Si la racine de l'arbre est sèche, il ne peut que mourir. Mais pour rendre la situation pire, si la branche est aussi coupée, qu'arrivera-t-il à cet arbre? Cela signifie sa complète extinction.

Lorsque nous sommes en paix, nous ne pouvons pas trouver la mal en nous. Mais au travers des tests et des épreuves, nous pouvons voir la saleté du mal.

Si nous laissons de l'eau boueuse calme pendant de nombreux jours, la boue va descendre dans le bas. Rien qu'en en regardant la surface, nous pouvons penser qu'elle est propre. Mais si elle est secouée, elle redevient de l'eau boueuse. C'est pourquoi, pour la rendre réellement propre, nous devons filtrer la boue de l'eau. Dieu fait la même chose pour Job.

Lorsque Bildad dit que l'arbre de Job va sécher et que

ses branches seront coupées, cela signifie que toute trace de l'existence de Job partira. Tout ce qui reste partira aussi, et il n'y aura donc aucune trace de lui qui reste.

Le verset 18 dit, «Il est poussé de la lumière dans les ténèbres.» Cela signifie la mort et la perte de toute espérance. «Il est chassé du monde» signifie que Job va disparaître de ce monde. Cela ne se réfère pas uniquement à la simple mort, mais qu'il sera chassé du monde habité. Bildad veut dire que Job est coincé parce qu'il est méchant et le monde et sa situation ne l'ont pas accepté mais abandonné.

Par exemple, lorsque quelqu'un semble n'avoir aucune chance de survie, il dit, «le monde et tous m'ont abandonné.» On dit parfois la même chose quand on n'a plus de force pour continuer sa vie, et Bildad dit cela en se référant à Job.

«Il ne laisse ni descendants ni postérité parmi son peuple, Ni survivant dans les lieux qu'il habitait. Les générations à venir seront étonnées de sa ruine, Et la génération présente sera saisie d'effroi. Point d'autre destinée pour le méchant, Point d'autre sort pour qui ne connaît pas Dieu!» (Job 18:19-21)

Le passage dit que les enfants de Job et ses petits enfants vont aussi disparaître. C'est une malédiction qui dit que tout ce qui concerne Job sera complètement déraciné.

En lisant la Bible, je me mets moi-même à la place de Job. Je ne pouvais que verser mes larmes en pensant à Job. Ses amis ne l'avaient même pas réconforté alors qu'il était dans une telle situation désespérée. Ils n'ont fait qu'agir avec tant de méchanceté envers lui. Combien devait-il avoir le cœur brisé !

Si vos amis font quelque chose de tellement mauvais comme cela, comment vous sentirez-vous ? Cela explique comment Job devient un exemple du standard pour une personne qui a reçu de tels grands désastres, de sorte que les gens qui traversent les mêmes choses seront choqués. Sous forme de malédiction, Bildad prévient combien grandes seront les souffrances que Job va rencontrer.

Bildad explique ensuite que Job va rencontrer de telles choses effrayantes parce qu'il est injuste et parce que Job ne connait pas Dieu. Bildad parle ainsi alors que lui-même ne connait pas non plus correctement Dieu.

Chapitre **19**

L'Angoisse et le Tourment de Job
- Un plus profond mal est révélé

1. Ne nous écrasons pas avec des mots

2. Job blâme Dieu et donne des excuses

3. Différence entre l'amour charnel et spirituel

4. Des cœurs rusés et lâches

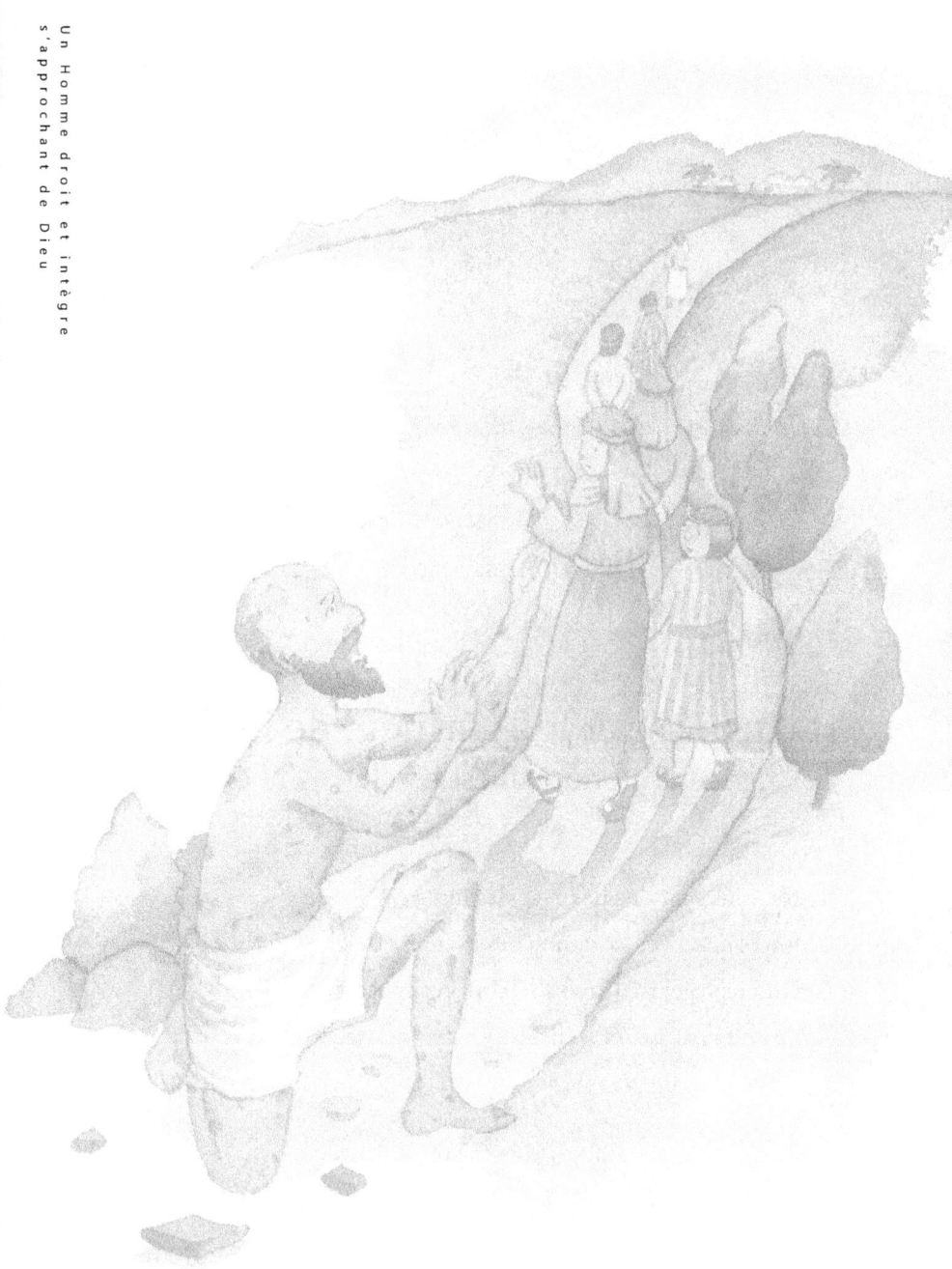

«Il a éloigné de moi mes frères,
Et mes amis se sont détournés de moi.» (Job 19 :13)

1. Ne nous écrasons pas avec des mots

«Job prit la parole et dit: Jusques à quand affligerez-vous mon âme, Et m'écraserez-vous de vos discours? Voilà dix fois que vous m'outragez; N'avez-vous pas honte de m'étourdir ainsi?» (Job 19:1-3)

Si vous êtes tourmentés, vos cœurs souffrent. Comme Job a essayé de remporter une discussion avec ses amis, son cœur est devenu complexe et tourmenté. Lorsque Job disait quelque chose, ses amis faisaient plus de paraboles pour l'écraser avec des paroles, le réprimander et le maudire et ignorer ce qu'il avait à dire.

Que ce soit un croyant ou non, lorsqu'il entend certaines paroles qui sont prononcées contre lui par les autres, il va essayer de trouver d'autres mots pour écraser les autres. Mais ce n'est pas bon d'écraser les autres avec des mots, parce que vous ne pouvez pas faire comprendre à cette personne ou vous n'avez pas le désir qu'elle comprenne.

Nous ne devons ni ignorer ni étouffer les autres. Si nous écrasons les paroles des autres, ils ne feront que réagir de mauvaise manière. Un homme qui a de l'amour et de la vertu va essayer de faire comprendre à l'autre personne.

Le verset 3 dit, «Voilà dix fois que vous m'outragez; N'avez-vous pas honte de m'étourdir ainsi?» Dix fois signifie ici qu'ils l'ont fait à de nombreuses reprises.

Job disait, «Dans mon innocence, j'ai enduré les insultes jusqu'à maintenant, mais vous n'avez même pas honte de m'insulter et de me faire mal. Je suis affligé de maladies à cause de Dieu malgré que je sois innocent, mais vous me réprimandez sévèrement. Si vous aviez des consciences, vous devriez avoir honte de vous!»

Job pensait qu'un homme juste, qui est lui-même, souffrait d'une telle douleur et que la manière dont ses amis le traitaient était simplement inacceptable. C'est pourquoi il est en train de faire réaliser à ses amis que leurs actes sont honteux.

Job avait un cœur honnête, et si quelqu'un ne pouvait pas faire ce qu'il faisait dans sa justice, il lui conseillait d'aller et de le faire. Mais lorsque l'autre personne ne l'acceptait pas, il se sentait embarrassé.

Mais ses amis l'écrasaient avec leurs paroles sans même se sentir embarrassés ni honteux.

«Si réellement j'ai péché, Seul j'en suis responsable. Pensez-vous me traiter avec hauteur? Pensez-vous démontrer que je suis coupable? Sachez alors que c'est Dieu qui me poursuit, Et qui m'enveloppe de son filet.» (Job 19:4-6)

Que signifie, «Si réellement j'ai péché?» Selon l'opinion de Job, il n'avait pas de fautes. Mais parce que ses amis insistaient tellement, il dit, 'Si réellement'. Et alors il leur renvoie son attaque en demandant comment ils se portent et en leur disant de prouver leur justice.

Que signifie, «Pensez-vous me traiter avec hauteur? Pensez-vous démontrer que je suis coupable?»

Job dit que ses amis se vantent face à lui. Job pensait qu'il n'y avait rien de quoi il devait avoir honte, et ainsi, il leur dit, «Si je dois être accusé, et que vous êtes justes comme vous le dites, prouvez-moi votre justice et prouvez-moi ma disgrâce.» La disgrâce est quelque chose de honteux, et un type d'erreur que l'on ne veut pas révéler aux autres.

Lorsque les deux parties discutent, l'autre peut avoir raison ou toutes les deux peuvent avoir tort. C'est pourquoi, il ne faut pas discuter. S'ils ont des émotions surchauffées dans une discussion, les gens révèlent généralement les erreurs des autres.

Parce que leurs paroles ne sont pas acceptées, ils se fâchent, et pour un moment, ils semblent être soumis, mais rapidement, ils révèlent les erreurs et les manquements de l'autre pour les rabaisser. Job avait maintenant ce genre d'intention. Nous devons chasser ce type de mauvaise pensée.

Même dans l'église, il y a des gens qui ont ce type de cœur. Même des pasteurs et des dirigeants de l'église deviennent bouders si leurs opinions ne sont pas acceptées. Ou ils deviennent seulement des spectateurs et ne coopèrent plus en disant, «Voyons comment ils vont le faire.»

Ce type de cœur est le mauvais des mauvais. Si votre zèle se refroidit et que vous ne coopérez pas avec les autres parce que votre opinion n'est pas acceptée, malgré que vous travailliez pour le royaume de Dieu, combien mauvais est cela!

Dans ce type de cas, certaines personnes révèlent même les erreurs des autres derrière leur dos. C'est une abomination aux yeux de Dieu. C'est le cœur du diable et Satan s'en réjouira. C'est pourquoi, nous devons le chasser avec des jeûnes et des prières.

2. Job blâme Dieu et donne des excuses

Regardons le verset 6, «Sachez alors que c'est Dieu qui me

poursuit, Et qui m'enveloppe de son filet.»

Ici, Job dit que Dieu l'a poursuivi. Quand Job exprime qu'il est poursuivi, cela signifie qu'il a abandonné à propos de lui-même. Cela signifie une soumission involontaire obtenue par la force.

Parce que Job croit qu'il a raison, il se soumet involontairement en pensant qu'il ne devrait pas se soumettre. Malgré cela, il dit, «Alors, cela signifie-t-il que vous ayez raison? C'est parce que Dieu m'a poursuivi que je n'ai pas d'autorité et que je suis une victime.» Il blâme et se plaint sévèrement contre Dieu.

Pour prendre un oiseau ou un poisson, nous plaçons un filet, et pour capturer un animal, on place un piège. Job dit que Dieu a refermé Son filet sur lui et l'a poursuivi. Job donne des excuses à ses amis.

Job a été pris dans le filet à cause de sa propre méchanceté. C'est pareil avec certaines personnes aujourd'hui. Ils sont confinés par la loi, mais ils se plaignent cependant de leurs voisins, de l'église et même de Dieu.

Par exemple, leurs affaires ont fait faillite ou ils ont été dépouillés de leur argent à cause de leurs erreurs, mais ils ne mettent pas le blâme sur eux-mêmes. Ils ne font que blâmer les autres en disant que ce sont des gens tellement mauvais et que de telles personnes ont pris leur argent.

Lorsque leurs maisons illégalement construites sont démolies pour le redéveloppement de cette région, ils ne se plaignent pas contre le gouvernement mais contre Dieu et Le blâment. Ce ne sont même pas des croyants et ils font cela. Combien cela est insensé!

«Voici, je crie à la violence, et nul ne répond; J'implore justice, et point de justice! Il m'a fermé toute issue, et je ne puis passer; Il a répandu des ténèbres sur mes sentiers.» (Job 19:7-8)

Dans la violence, il y a la cruauté et l'oppression. Souffrir la violence signifie traverser un très grand accident qui ne se produirait normalement pas.

Parce que Job se trouvait dans une telle grande souffrance, il dit qu'il ne peut pas comprendre ce qu'il traverse, et qu'il n'y a pas de réponse quand il pleure et qu'il n'y a pas de justice quand il crie à l'aide.

Si nous nous trouvions dans la même situation que Job, combien d'entre nous ne se plaindraient pas à Dieu du tout? Beaucoup se plaindraient à Dieu et le quitteraient.

'Justice' a ici la signification de résoudre ou de redresser de la déception, de la frustration, de la colère, et de l'anxiété. Job dit qu'il n'y a pas de justice parce qu'il n'y a personne pour résoudre sa vexation et son exaspération. Il plaide avec un cœur désespéré.

Examinons pour voir si nous étions comme Job ici. La raison pour laquelle Job ne reçoit pas la réponse est parce qu'il ne se réalise pas lui-même.

«*Quand vous étendez vos mains, je détourne de vous mes yeux; Quand vous multipliez les prières, je n'écoute pas: Vos mains sont pleines de sang. Lavez-vous, purifiez-vous, Otez de devant mes yeux la méchanceté de vos actions; Cessez de faire le mal. Apprenez à faire le bien, recherchez la justice, Protégez l'opprimé; Faites droit à l'orphelin, Défendez la veuve. Venez et plaidons! dit l'Éternel. Si vos péchés sont comme le cramoisi, ils deviendront blancs comme la neige; S'ils sont rouges comme la pourpre, ils deviendront comme la laine. Si vous avez de la bonne volonté et si vous êtes dociles, Vous mangerez les meilleures productions du pays; Mais si vous résistez et si vous êtes rebelles, Vous serez dévorés par le glaive, Car la bouche de l'Éternel a parlé.» (Esaïe 1 :15-20)*

«Non, la main de l'Éternel n'est pas trop courte pour sauver, Ni son oreille trop dure pour entendre. Mais ce sont vos crimes qui mettent une séparation Entre vous et votre Dieu; Ce sont vos péchés qui vous cachent sa face Et l'empêchent de vous écouter. Car vos mains sont souillées de sang, Et vos doigts de crimes; Vos lèvres profèrent le mensonge, Votre langue fait entendre l'iniquité.» (Esaïe 59 :1-3)

La raison pour laquelle nous ne recevons pas de réponses à nos prières est parce que nous avons un mur de péchés contre Dieu. Si nous nous repentons sincèrement et nous détournons, Dieu dit qu'il nous pardonnera nos péchés.

Alors, comment Job peut-il recevoir la réponse?

S'il avait réalisé son cœur intérieur, cru en Dieu qui lui répondrait, et prié avec reconnaissance et joie, il aurait pu recevoir de grandes bénédictions. Mais contrairement à la vérité, il s'est seulement plaint et a parlé au départ de ses regrets et douleurs, et il n'y avait aucun moyen pour lui de recevoir les réponses de Dieu.

La vérité nous dit de nous réjouir, de prier et de rendre grâces même dans les souffrances et de croire en Dieu, mais Job s'est plaint, s'est placé dans le désespoir, a discuté et a donné des excuses, et ainsi il n'a pas pu recevoir de réponses.

Le verset 8 dit, «Il m'a fermé toute issue, et je ne puis passer; Il a répandu des ténèbres sur mes sentiers.»

Le 'sentier' signifie ici un raccourci et les ténèbres le couvrent. Job dit que Dieu a emmuré son chemin de sorte qu'il ne puisse pas passer, et quel genre de chemin était celui de Job?

Il récoltait des grains, les mangeait et jouissait d'une vie élégante. Il avait aussi une bonne conscience et aidait ceux qui étaient dans le besoin. Job dit que Dieu l'a empêché de faire de telles choses. Oui, Dieu l'a fait, et c'était pour faire de Job un homme réellement spirituel.

Job prenait le raccourci vers un bon environnement et avenir, mais parce que Dieu a permis aux ténèbres de venir sur son chemin, ses enfants et ses biens ont été perdus, et il était aussi abandonné par sa femme et ses amis. Job dit que toute sa joie est partie, et parce que Dieu a mis la mort comme des ténèbres, il souffre d'une si grande douleur.

> «Il m'a dépouillé de ma gloire, Il a enlevé la couronne de ma tête. Il m'a brisé de toutes parts, et je m'en vais; Il a arraché mon espérance comme un arbre. Il s'est enflammé de colère contre moi, Il m'a traité comme l'un de ses ennemis.» (Job 19:9-11)

Une couronne est quelque chose que les rois avaient coutume de porter. L'honneur est la louange et la réputation. Que signifie le fait que Dieu ait privé Job de sa gloire et de sa couronne?

Job était riche et il était un réconfort pour de nombreuses personnes ; ils étaient fiers de lui. Il était aussi loué et aimé par de nombreuses personnes et tout cela est devenu une gloire pour lui. Job dit que toutes ces choses sont parties à cause de Dieu.

Une couronne se réfère à 'l'autorité'. Tout comme un roi porte une couronne, Job avait de l'autorité qui provenait de sa prospérité. Mais parce que Dieu a enlevé toute sa prospérité, son autorité avait aussi disparu.

Nous pouvons donc comprendre que Job a gagné sa gloire et son autorité, non seulement par ses œuvres seules, mais au travers de ses biens. Au travers de la confession de Job, on peut comprendre combien cela devient insensé quand la prospérité de quelqu'un est perdue.

«Il m'a brisé de toutes parts» signifie que Dieu l'attaque des quatre directions. De nos jours, de nombreuses personnes pensent que lorsque la prospérité disparait, c'est pareil à la mort. Mais la valeur de nos vies ne réside ni dans la gloire ni dans l'autorité.

Dans Luc chapitre 16, nous voyons un homme riche et un mendiant Lazare. L'homme riche jouissait de sa vie, en mangeant des bonnes nourritures, mais il ne connaissait pas Dieu. Le mendiant Lazare devait mendier à la porte de la maison de l'homme riche, mais il craignait Dieu. Laquelle des deux vies allez- vous choisir?

Lorsque Dieu a demandé leurs esprits, l'homme riche a dû souffrir dans la partie inférieure de la tombe, en Hadès, mais le mendiant Lazare est parti dans le sein d'Abraham dans le Tombeau Supérieur (Luc 16 :19-31). Si nous pouvons voir avec les yeux spirituels, nous allons définitivement dire que nous allons craindre Dieu et entrer dans le royaume des cieux comme le mendiant Lazare.

Dans le verset 10, il est dit, «Il a arraché mon espérance comme un arbre». L'espérance était tout ce que possédait Job. Mais comme tout avait disparu en un instant, Job explique que Dieu l'a facilement déraciné comme un arbre avec ses racines.

L'espérance de Job se situait dans des choses matérielles, y compris ses enfants et ses biens. C'est pourquoi, réalisons combien il est inutile et insensé de demeurer dans la chair et devenons des personnes spirituelles qui connaissent correctement Dieu et croient en Lui.

Le verset 11 dit, «Il s'est enflammé de colère contre moi, Il m'a traité comme l'un de ses ennemis.» Job dit que Dieu s'est fâché contre lui à cause des douleurs et du désespoir qu'il avait. De même parce qu'il croit qu'il a commencé à souffrir ainsi à cause de Dieu, il déverse ses mauvaises émotions devant Dieu.

Lorsque vous avez un ennemi, rien qu'en voyant son visage ou en l'entendant respirer ou juste en regardant ses yeux, vous frissonnez. Vous ne voulez même pas le voir, et vous pourriez même vouloir tuer cette personne. L'un des cœurs les plus mauvais de l'homme c'est d'avoir des inimitiés. Combien surprenante est une remarque qui dit que Dieu considère Job comme un ennemi, alors qu'Il nous dit d'aimer même nos ennemis !

> **«Ses troupes se sont de concert mises en marche, Elles se sont frayé leur chemin jusqu'à moi, Elles se sont campées autour de ma tente.» (Job 19:12)**

Quand des troupes sont-elles venues et ont-elles campé autour de Job ?

Ici 'troupes' ne sont pas réellement des soldats mais cela se réfère à ses amis. Combien Job souffrait-il de la part de ses amis pour se référer à eux comme à des troupes ?

Cela peut se comparer comme d'appeler quelqu'un lion ou tigre. C'est une expression forte pour dire que ses amis parlent avec des voix très élevées en rugissant contre lui.

'Se frayer leur chemin' ne signifie pas ici de construire une maison ou un embarcadère. Cela signifie que ses amis ont changé les paroles et les intentions de Job, en lui disant, «Ceci est faux et cela est faux.»

C'est-à-dire que Job croyait que parce que Dieu le considérait comme un ennemi, Il change ses voies, c'est-à-dire ses intentions et ses paroles, au travers de ses amis.

«Elles se sont campées autour de ma tente» signifie que ses amis se tiennent autour de lui et l'attaquent. Job blâme Dieu même pour les erreurs de ses amis.

3. Différence entre l'amour charnel et spirituel

«Il a éloigné de moi mes frères, Et mes amis se sont détournés de moi; Je suis abandonné de mes proches, Je suis oublié de mes intimes. Je suis un étranger pour mes serviteurs et mes servantes, Je ne suis plus à leurs yeux qu'un inconnu. J'appelle mon serviteur, et il ne répond pas; Je le supplie de ma bouche, et c'est en vain.» (Job 19:13-16)

Nous pouvons sûrement comprendre la situation difficile de Job. Sa solitude et ses difficultés deviennent de plus en plus sérieuses.

Lorsque Job était prospère et jouissait de la gloire et de la réputation au travers de sa prospérité, il pouvait être loué par les autres en tant qu'homme juste, parce qu'il pouvait donner de l'espérance aux autres.

Job avait beaucoup d'amour pour ses enfants et offrait à Dieu des sacrifices pour eux en tout temps. Il avait aussi montré de l'amour à ses prochains.

Mais Job aimait d'un amour charnel. L'amour charnel en fin de compte recherche son propre intérêt et le résultat est donc misérable. Les choses charnelles changent. Lorsqu'il n'y a pas d'intérêt pour lui, il se détourne.

Job dit que ses frères l'ont quitté et c'est aussi l'œuvre de Dieu. Il dit que ses proches et même ses amis proches l'ont oublié.

Lorsque Job était un homme riche, il y avait beaucoup de gens dans sa maison, y compris ses serviteurs et ses hôtes. Mais maintenant, ceux qui vivent dans sa maison et ses servantes le considèrent comme un étranger. Il est un étranger à leurs yeux.

Les serviteurs devraient servir leur maître Job, mais maintenant, ils ne lui répondent même pas. Ce n'est que si Job leur demande humblement une faveur, qu'ils peuvent faire quelque chose.

Cela devait être très difficile pour Job d'exprimer toutes ses douleurs et ses regrets. Job a dû pleinement prendre soin de tous ceux qui étaient dans le besoin quand il était riche. Ses amis ont aussi dû recevoir beaucoup d'aide de Job. C'est pourquoi, ils sont venus lui rendre visite pendant qu'il était sur son lit de maladie.

Parce que Job était bon envers eux quand il était riche, il peut dire ces choses maintenant. Mais rien ne lui est revenu. Il ne reçoit que des moqueries et des jugements.

Pourquoi alors, tous ont-ils abandonné Job?

Même si nous dépensons notre argent, nous devons le dépenser spirituellement. Ce ne peut être rendu parfait que si c'est fait avec de l'amour spirituel. Lorsque Job était riche, il a donné de l'espérance à de nombreuses personnes et il les a aidées avec sa prospérité, mais c'était de l'amour charnel. C'est pourquoi même ses frères et ses proches l'ont tous quitté.

Comme dans 1 Corinthiens chapitre 13, si son amour avait été de l'amour spirituel qui dure toujours, est docile, et recherche l'intérêt des autres et si ses œuvres avaient été spirituelles, ses frères ne l'auraient pas quitté. Il n'aurait pas été abandonné par les gens, mais au contraire il aurait reçu de leur part de l'aide en retour.

Si vous donnez de l'argent aux autres, ils peuvent être reconnaissants au moment même, mais après un temps, ils ont oublié. Considérant les plaintes et les ressentiments qui sortent de la bouche de Job, nous pouvons clairement comprendre que cet amour n'était pas spirituel.

Un exemple d'amour spirituel dans la Bible est l'amour entre David et Jonathan. Le père de Jonathan est le premier roi d'Israël, Saül et David était l'un de ses serviteurs. Chaque fois que David partait au combat, il remportait la victoire et sa popularité a grandi parmi le peuple. Le roi Saül est devenu jaloux de lui et l'a haï et finalement, il a essayé de le tuer.

> *«Jonathan protesta encore auprès de David de son affection pour lui, car il l'aimait comme son âme.» (1 Samuel 20 :17)*

Jonathan savait que David deviendrait le roi selon le plan de Dieu et que son père avait été abandonné par Dieu et tomberait. Mais il a malgré tout protégé son ami David. Il aimait David spirituellement et il en était de même de David. C'est pourquoi, après qu'il soit devenu roi, David a protégé le fils de Jonathan Méphibosheth jusqu'à la fin, et il lui a donné un tel grand amour qu'il le faisait manger à sa table.

> **«Mon humeur est à charge à ma femme, Et ma plainte aux fils de mes entrailles. Je suis méprisé même par des enfants; Si je me lève, je reçois leurs insultes. Ceux que j'avais pour confidents m'ont en horreur, Ceux que j'aimais se sont tournés contre moi.» (Job 19:17-19)**

«Mon humeur est à charge à ma femme» signifie que sa femme n'aime pas que Job soit près d'elle. Même sa femme le rejette, et alors lequel de ses frères l'aimerait?
'Les fils de ses entrailles' ne signifie pas ici son peuple, sa race.

La signification spirituelle sont ceux qui respiraient avec Job et partageaient leur cœur avec lui. Quand Job était dans une telle situation difficile, non seulement sa femme, mais aussi ceux qui partageaient leurs cœurs avec lui l'ont abandonné.

Avant que je ne rencontre Dieu, j'ai été malade pendant 7 ans, mais ma femme ne m'a pas abandonné. Ma femme a pris soin de moi pendant que j'étais sur mon lit de maladie, et elle a gagné la subsistance. Elle a dû supporter tant de souffrances.

Il n'y avait cependant aucune amélioration dans ma maladie. Cela ne faisait que s'empirer. Il n'y avait donc aucun espoir pour le futur. Mais ma femme n'a pas divorcé de moi lorsque j'ai été malade. J'ai été abandonné lorsque j'ai été guéri de mes maladies par Dieu.

En fait, je n'en savais pas la raison, mais lorsque Dieu m'a expliqué au sujet du livre de Job, sous l'inspiration du Saint Esprit, Il me l'a expliqué.

C'était normal pour moi d'aimer ma femme dans toute la vérité sans rien lui cacher. Parce que ma femme avait mangé mon minerval d'université avant notre mariage, je n'ai pas pu retourner à l'université mais j'ai dû chercher mon premier travail. Mais je n'avais aucune plainte contre ma femme. Dans n'importe quelle situation, cela ne me déplaisait pas et je ne souffrais pas à cause de la situation.

Mon véritable amour provenant de mon cœur a toujours été transmis à ma femme et parce que la vérité avait parlé, elle pouvait se sacrifier pour moi. Si je n'avais pas été fidèle, ma femme m'aurait tant rejeté, ressentant même que mon souffle était offensant, et elle aurait divorcé.

Mais dès qu'elle sentait les difficultés de la réalité, elle disait, « si je divorce de toi maintenant, les gens diraient que je suis une mauvaise femme qui a abandonné son mari malade. Je ne divorcerai donc pas maintenant. Mais si tu récupères de ta maladie, alors je divorcerai de toi.» En fait, elle l'a répété tant de fois.

Ces paroles de ma femme étaient devenues un piège pour elle, et l'ennemi diable l'a sûrement accusée à cause d'elles après que j'aie rencontré Dieu et aie été guéri complètement de toutes mes maladies, nous étions dans un grand bonheur, planifiant un futur heureux. Mais l'incident s'est produit au cours de l'anniversaire de mon père.

Lorsque ma mère a donné conseil à ma femme avec une bonne intention, ma femme s'est méprise sur ce que ma mère lui disait, elle avait compris que j'étais tombé malade à cause d'elle et elle s'est enfouie. J'ai été abandonné par ma femme.

Plus tard, elle s'est repentie et est revenue et nous nous sommes à nouveau réunis. Dans ce processus, j'ai pu découvrir que le caractère chaud de ma femme était parti. Dieu a travaillé pour le bien de toutes choses.

Dans le verset 18, Job est même méprisé par des enfants. Dans le verset 19, tous ses associés l'ont en abomination et ceux qu'il aimait se sont retournés contre lui.

Ceux qu'il aime sont peut-être ses amis, sa femme ou ses proches, ses voisins ou ses frères. C'est-à-dire que tous les gens autour de Job se sont fâchés contre lui et l'ont haï parce que Job continuait à se plaindre sans essayer d'écouter personne.

Nous pouvons aussi trouver un cas comme celui de Job autour de nous. Supposons qu'une personne avait coutume d'aider beaucoup de gens mais il a fait faillite.

Alors, ceux qui ont une fois été aidés par lui essayent maintenant de lui donner des conseils pour faire ceci ou cela. Dans une telle situation, si la personne qui reçoit les conseils pense uniquement au passé et n'accepte aucun de leurs conseils en pensant, «qui pensez-vous être pour pouvoir me donner des conseils et me dire ce que je dois faire? Je suis meilleur que vous en toutes choses et c'est pourquoi j'ai pu vous aider par le passé.»

Alors, ceux qui ont donné des conseils seront déçus, et penseront de lui, «Il n'a plus rien et il se vante encore.»

Ils ont reçu de l'aide de lui auparavant, mais maintenant, il a fait faillite, c'est pourquoi, ils lui donnent leurs meilleurs conseils, mais il ne les accepte pas. Malgré cela, ils ne devraient pas être déçus ni le haïr. Ils ne devraient pas oublier la grâce qu'ils ont reçue de lui auparavant. Mais de nos jours, les cœurs des gens sont très rapides à oublier la grâce qu'ils ont reçue.

> «Mes os sont attachés à ma peau et à ma chair; Il ne me reste que la peau des dents. Ayez pitié, ayez pitié de moi, vous, mes amis! Car la main de Dieu m'a frappé. Pourquoi me poursuivre comme Dieu me poursuit? Pourquoi vous montrer insatiables de ma chair?» (Job 19:20-22)

La peau et la chair de Job sont desséchées, et il a une colère brûlante à cause des discussions qui ont eu lieu, il ne peut rien digérer même s'il mange. Son corps entier est couvert de pustules et sa peau continue à suinter et à sécher.

C'est pourquoi les os de Job collent à sa peau et à sa chair. Il essayait à peine de survivre, mais il était encore capable de parler. Presque tout dans con corps était sec, donc combien cela devait être pénible pour lui!

Job dit à ses amis d'avoir pitié de lui parce que Dieu l'a frappé.

Si vous tombez dans des tests et des épreuves et me dites, «Pasteur, Dieu m'a frappé. Je t'en prie aie pitié de moi,» alors puis-je avoir pitié de vous? Je ne peux avoir pitié de vous parce que vous blâmez Dieu pour les épreuves qui sont causées par vos propres erreurs. Bien sûr, je puis dire, «Que c'est malheureux!» mais cela ne peut résoudre aucun problème.

Ici, nous pouvons comprendre combien Job était resté dans la chair. Parce qu'il était resté dans la chair, il demande de manière charnelle à ses amis de le prendre en pitié.

Dans le verset 22, Job dit quelque chose d'encore plus surprenant.

«Pourquoi me poursuivre comme Dieu me poursuit? Pourquoi vous montrer insatiables de ma chair?»

Job dit que ses amis le persécutent avec des paroles et qu'à cause de cette persécution, sa chair s'assèche.

Job ne pouvait pas digérer les paroles que ses amis lui avaient données, mais elles n'ont fait que le fâcher. C'est pourquoi, il ressentait que les paroles de ses amis étaient comme une persécution. Il est évident que Job a perdu du poids parce qu'il souffrait si grandement. Mais de manière à fermement exprimer sa douleur, il dit que c'est comme si ses amis consumaient sa chair.

Mais si notre cœur est doux comme du coton, nous ne perdrions pas du poids. Avez-vous un cœur endurci et têtu comme de la pierre? Si quelqu'un vous calomnie ou vous accuse faussement et répand des rumeurs, auriez-vous une colère enflammée contre lui? N'étant pas capable de le supporter, n'iriez-vous pas directement vers lui pour en discuter? Vous pourriez perdre le sommeil à cause de votre colère et sûrement vous allez perdre du poids. Si vous êtes ce type de personne qui perdrait beaucoup de poids de cette manière, vous devriez comprendre que vous avez un cœur dur comme de la pierre.

Lorsqu'on lance une pierre dans une pièce de coton, le coton va embrasser et couvrir la pierre, et il n'y a donc pas de bruit. Si nous avons un cœur doux comme le coton, nous n'aurons aucune espèce de bruit envers les actes des autres. Même si quelqu'un qui a un cœur endurci comme une pierre vous heurte, vous allez seulement l'embrasser avec amour et douceur, et ainsi il n'y aura pas de bruit, et il n'y a aucune raison pour vous de perdre du poids.

Nous ne devrions pas prononcer des paroles qui font du mal aux autres. Nous ne devons pas être celui qui fait perdre du poids à l'autre. Job dit qu'il perd du poids parce qu'il ne peut pas accepter les paroles de ses amis, mais ses amis continuent à lui! Quel est le point en faisant? Si Job avait accepté les paroles de ses amis, il n'aurait pas perdu son poids, mais son problème aurait dû être résolu.

En outre, l'autre personne qui continue à parler de cette manière est aussi en train de commettre un péché. Si nous rendons nos cœurs aussi doux que le coton et devenons un grain de blé qui meurt dans le sol, partout où nous sommes, ce sera le ciel et nos familles et lieux de travail seront évangélisés.

> «Oh! je voudrais que mes paroles fussent écrites, Qu'elles fussent écrites dans un livre; Je voudrais qu'avec un burin de fer et avec du plomb Elles fussent pour toujours gravées dans le roc... Mais je sais que mon rédempteur est vivant, Et qu'il se lèvera le dernier sur la terre. Quand ma peau sera détruite, il se lèvera; Quand je n'aurai plus de chair, je verrai Dieu.» (Job 19:23-26)

Un 'burin de fer' est comme un crayon. Job dit que s'il écrit ce qu'il a vécu dans un livre, cela peut être effacé ou le livre peut être déchiré, mais si c'est gravé sur le roc, cela durera longtemps. Il veut dire qu'il n'a pour seul désir de relater en permanence combien grands sont sa douleur et ses regrets.

Avant vous ne croyiez pas en Dieu et souffriez injustement ou étiez des victimes, n'aviez-vous jamais dit quelque chose comme, «Qui connait ma situation? Le ciel et la terre sauront-ils? Où puis-je relater une telle souffrance?»

Vous pourriez dire ces choses parce que vous avez du mal dans votre cœur. Si nous endurons et laissons tout et nous reposons uniquement sur Dieu. Dieu travaille pour le bien de toutes choses (Psaumes 37 :5). Il n'y a donc nul besoin de relater quoi que ce soit.

Dans le verset 25 il est dit, «Je sais que mon Rédempteur vit.» Ce n'est pas quelque chose qu'il sait sûrement, mais uniquement qu'il avait entendue auparavant.

Il y a une grande différence entre le niveau d'une foi assurée et le niveau d'une foi chancelante. Si votre foi n'est pas assurée, vous pourriez avoir des doutes, aimer le monde et commettre des péchés.

Le verset 26 dit, «Quand ma peau sera détruite, il se lèvera; Quand je n'aurai plus de chair, je verrai Dieu.» C'est aussi ce qu'il avait entendu.

Même les incroyants disent des choses comme, «Le ciel m'a fait trop de mal!», «Dieu a été tellement mauvais avec moi!» et «Je crois que j'irai au ciel car j'ai vécu une bonne vie.» Mais toutes ces paroles finiront en vain. Elles sont uniquement prononcées pour se réconforter soi-même.

4. Des cœurs rusés et lâches

«Je le verrai, et il me sera favorable; Mes yeux le verront, et non ceux d'un autre; Mon âme languit d'attente au dedans de moi. Vous direz alors: Pourquoi

le poursuivions-nous? Car la justice de ma cause sera reconnue. Craignez pour vous le glaive: Les châtiments par le glaive sont terribles! Et sachez qu'il y a un jugement.» (Job 19:27-29)

Job a entendu parler de Dieu et l'a servi, et il ne peut donc pas marcher devant Dieu comme un étranger. Auparavant, Job avait fidèlement servi Dieu. Mais maintenant, il se plaint devant Lui et dit que Dieu est un mauvais Dieu. Alors, comment le verra-t-il plus tard? Lorsque Job pense à la situation où il devra rencontrer Dieu, il devenait nerveux et son cœur défaillait.

Le verset 28 est l'un des passages les plus difficiles à comprendre. C'est une supposition. 'Le ' ici se réfère à Job. Ses amis parlent continuellement pour écraser Job avec des paroles et le faire capituler.

Les amis de Job n'avaient cessé de dire que la cause du problème est Job lui-même. Mais Job ne le reconnaissait pas. Il se sentait seulement victime et faussement accusé en disant que la cause était avec Dieu qui l'avait frappé. Il veut que Dieu capitule et il blâme Dieu pour tout.

Les amis de Job blâment Job pour tout, et Job blâme Dieu!

Mais malgré que Job ait expliqué à ses amis, ils n'ont pas écouté. C'est pourquoi le cœur de Job défaillait. Et maintenant Job va un cran plus haut pour faire une supposition avec ses amis. Il échappe à la flèche de leurs attaques avec des paroles sournoises en blâmant les deux parties.

Nous ne devons blâmer les autres pour rien, ni faire des suppositions aléatoires en jugeant quelqu'un. Mais Job est en train de blâmer les autres pour quelque chose qu'il avait causée. Il faisait des conjectures. Il blâmait à la fois Dieu et ses amis.

Job pouvait faire cela parce qu'il avait beaucoup de

connaissances, mais nous ne devons faire souffrir personne pour quelque chose qui provient de notre propre faute. Si nous le pouvons, nous devons prendre la responsabilité pour ce que nous avons fait. Si nous blâmons quelqu'un d'autre, c'est fait avec un cœur lâche et rusé.

Dans le verset 29, Job conclut que le jugement apporte la punition par le glaive. C'est vrai. Parce que les gens se fâchent, il y a des conflits, de la violence et même des meurtres. Job fait une conclusion à la fois menaçante et ferme en disant que la fin du jugement est la punition par le glaive.

Cela signifie, «Vous, avec votre colère, vous m'avez torturé, et par conséquent, il y aura un jugement pour vous!» La colère n'apporte aucun profit. Dieu jugera certainement entre ce qui est bon et mauvais. Maintenant, Job utilise ces paroles pour menacer ses amis.

Même si une autre personne peut se fâcher contre nous et crache sur nous, nous ne devons pas la menacer. Comment Jésus a-t-il agi? Il a été flagellé, a porté la couronne d'épines et a souffert sur la croix, mais malgré tout, Il priait Dieu en disant, «Pardonne-leur car ils ne savent ce qu'ils font.»

Étienne avait été lapidé par les gens pendant qu'il prêchait l'évangile, et lui aussi a prié à Dieu, «Père ne leur impute pas ce péché.»

Un homme de vérité ne menacera pas une autre personne, même si elle agit avec méchanceté. Un homme de vérité ne fera que pardonner et priera avec amour. Nous ne devons jamais devenir des hommes mauvais qui menacent les autres.

Chapitre **20**

Le Résultat de Devenir Mauvais
- Le second argument de Tsophar

1. Ne soyons pas agités

2. Quel type de cœur avons-nous?

3. Le résultat d'être mauvais

4. Chassons les sentiments de malaise

«Les cieux dévoileront son iniquité, Et la terre s'élèvera contre lui.
Les revenus de sa maison seront emportés,
Ils disparaîtront au jour de la colère de Dieu.» (Job 20 :27-28)

1. Ne soyons pas agités

«Tsophar de Naama prit la parole et dit: Mes pensées me forcent à répondre, Et mon agitation ne peut se contenir. J'ai entendu des reproches qui m'outragent; Le souffle de mon intelligence donnera la réplique.» (Job 20:1-3)

Le 'cœur défaillant' de Job (19 :27) et 'l'agitation' de Tsophar ont une signification un peu différente. Le 'cœur défaillant' de Job se réfère au futur lorsqu'il rencontrera Dieu et Job dit que parce qu'il s'est plaint au sujet de Dieu, il aura de la douleur et des souffrances devant Dieu. 'L'agitation' de Tsophar est une réalisation de soi. Tsophar, avec ses amis, ont réprimandé Job, mais Tsophar réalisait que le contenu des réprimandes s'appliquait aussi à lui-même. Parce que Tsophar avait une certaine conscience, il se sentait agité à ce sujet.

Aujourd'hui, de nombreuses personnes ne prennent pas la responsabilité de ce qu'elles disent. Certaines personnes qui ont une bonne conscience peuvent avoir un sentiment de honte, mais certaines autres ne ressentent rien du tout.

Si un homme ne prend pas la responsabilité de ce qu'il a dit, il perd confiance. Une telle personne aura le cœur agité et se sentira honteuse.

Dans ce cas, s'il ferme la bouche et arrête la discussion, il n'aura plus honte, mais Tsophar et ses amis essayent de se réconforter en prononçant plus de paroles mauvaises.

Le verset 3 explique pourquoi Tsophar était agité.

Tsophar a écouté un reproche qui l'a rendu honteux, et l'esprit de compréhension l'a fait répondre. La raison pour laquelle Tsophar était agité avec un sentiment de réprimande personnelle, est parce que sa conscience lui dicte que les paroles qu'il a prononcées envers Job avec ses amis lui revenaient et pouvaient tout aussi bien s'appliquer à lui. Il sentait qu'il ne pratiquait pas ce qu'il disait, tout comme Job.

Comme Tsophar réprimandait Job avec ses amis, il avait des remords de conscience. Nous pouvons réaliser qu'il avait une certaine conscience.

Ici, nous pouvons comprendre «L'esprit de compréhension me fait répondre,» uniquement quand nous le discernons avec la vérité. C'est-à-dire, comment un homme agité peut-il parler avec sagesse?

Si vous conseillez quelqu'un et que vous lui dites de faire ce que vous ne pouvez pas faire, vous aurez certains remords de conscience, ce qui signifie que si vous avez une certaine conscience, cela signifie que vous vous réprimandez vous-mêmes et ainsi autrement dit, vous essayez de trouver des excuses pour vous défendre.

Dans ce cas, regardons ce que fait Tsophar.

Parce que ses paroles le perçaient, et que Job aussi le perçait, il essaye maintenant de donner des excuses. Il essaye d'attaquer avec de nombreuses paroles dans une tentative pour changer la situation.

Je peux voir ce genre de cas très souvent dans le ministère.

Quand je donne certains conseils sur ce qui a mal marché, ils n'essayent pas de se repentir, mais essayent seulement de donner des excuses. S'ils acceptent mon conseil et se repentent et se détournent, ils seront capables de posséder le cœur de vérité en quelques mois. Alors je me sens désolé de telles choses quand ils n'essayent pas.

Les gens n'aiment pas que leurs manquements soient dévoilés, et à cause de cela, ils essayent de les cacher. Ils ont des cœurs rusés et donnent des excuses, en ne révélant pas leur opinion intérieure. C'est chercher son propre intérêt. Si nous ne chassons pas ce type de cœur, alors nous ne serons pas capables de changer nos cœurs pendant longtemps.

Lorsqu'une personne est agitée parce qu'il sent les remords de conscience, il ressent qu'il doit faire des excuses. Quand quelqu'un pointe certaines de vos erreurs, votre cœur n'est-il pas devenu agité et n'avez-vous pas rapidement pensé à trouver des excuses? «Comment puis-je me sortir de cette situation? Quel type d'excuses y a-t-il? Comment puis-je trouver les points faibles de cette personne et contre attaquer?» Votre cœur ne s'est-il pas senti pressé par ce type de raisonnement?

Ceux qui essayent d'inverser la situation sont les mêmes que les amis de Job. Ils ne peuvent être considérés comme propres parce que Dieu regarde à notre cœur intérieur.

2. Quel type de cœur avons-nous?

Ceux qui vivent dans la vérité ne devraient jamais se sentir agités dans aucune situation. Les justes penseront profondément pour trouver une réponse à donner aux autres. Si quelqu'un se heurte à vous, il est préférable d'arrêter de lui parler. Il vaut mieux pour vous de ne pas vous quereller mais d'avoir la paix.

Nous devons garder cela en mémoire. Si nous devenons agités dans une conversation, nous aurons des émotions surchauffées, nos visages et nos yeux deviendront rouges et la peau autour des yeux tremble et se ride. Si cela continue, nous ne pouvons plus nous retenir et nous pouvons même nous adresser à l'autre personne avec un langage ordurier. Dieu n'aime pas cela, mais l'ennemi diable s'en réjouira.

Ceux qui sont agités et émotionnels de cette manière ne peuvent pas entendre la voix du Saint Esprit. La voix du Saint Esprit s'entend dans un cœur qui est calme comme un lac. Lorsqu'ils sont agités et ont des émotions enflammées, ils ne peuvent pas entendre la voix du Saint Esprit. Nous ne pouvons l'entendre que si nous brisons nos pensées charnelles en nous et enlevons le mal en nous. Peu importe combien nous prions et combien de connaissance nous avons de la parole de Dieu, si nous insistons sur nos propres manières de penser, nous ne pouvons pas entendre la voix du Saint Esprit.

Pour entendre la voix du Saint Esprit, nous devons briser notre propre manière de penser. Et nous devons chasser les contrevérités de nos cœurs, et cela nous aidera à briser les cadres de nos pensées.

Ceux qui ont de bonnes consciences se détourneront ou se tiendront calmes lorsque leurs erreurs sont pointées. Mais ceux qui sont mauvais ne donneront que de pauvres excuses et essayeront de parler plus. Ils ne se contentent pas de donner des excuses, mais essayent aussi de blâmer quelqu'un d'autre, en montrant de nombreuses espèces de mauvaises œuvres.

Et ils se croient sages avec les excuses qu'ils ont créées.

Par exemple, quand quelqu'un les frappe une seule fois, ils le frappent en retour deux fois. Si quelqu'un les attaque, ils contrattaquent aussi. Alors ils pensent, «C'est ainsi que cela doit être. Je suis sage.» C'est un cœur mauvais.

Lorsque quelqu'un a pointé une de vos erreurs, et vous le payez en retour en pointant deux des siennes, vous sentez-vous bien? Lorsque vous voyez que l'autre personne n'est pas capable de répondre vous croyez que vous avez remporté le jeu.

Ce genre de choses provient d'un cœur mauvais qui recherche son propre intérêt. En reflétant cela avec la vérité, combien cela est-il insensé et cruel! Nous pouvons voir le caractère de cette personne, combien elle est mauvaise et cruelle et aussi folle.

3. Le résultat d'être mauvais

«Ne sais-tu pas que, de tout temps, Depuis que l'homme a été placé sur la terre, Le triomphe des méchants a été court, Et la joie de l'impie momentanée? Quand il s'élèverait jusqu'aux cieux, Et que sa tête toucherait aux nues, Il périra pour toujours comme son ordure, Et ceux qui le voyaient diront: Où est-il?» (Job 20:4-7)

Ici, nous pouvons trouver la raison pour laquelle Tsophar pensait qu'il était sage. C'est parce qu'il considérait Job comme un homme mauvais.

Tsophar disait à Job, «Ne sais-tu pas que le triomphe des méchants est court, et la joie de l'impie momentanée? Donc, n'es-tu pas à la fois le mauvais et l'impie?»

Après avoir percé Job avec ces paroles, il a cru qu'il prononçait des paroles de sagesse.

Un homme impie ne vénère pas Dieu, et ses actes ne sont donc pas propres. Parce que Job avait beaucoup de connaissances, Tsophar continue en disant, «Ne comprends-tu pas?»

Nous trouvons dans l'histoire d'Israël ou dans l'histoire moderne que la victoire des méchants se termine très rapidement. Ici, ce que dit Tsophar est correct, mais cela ne s'applique pas à Job.

Les paroles de Tsophar ne s'appliquent pas à Job, mais Tsophar pense qu'il a lui-même raison et qu'il est sage, alors qu'en fait, combien est-il insensé!

Ces enfants de Dieu qui vivent dans la bonté et la vérité recevront les bénédictions du Dieu d'en haut, de sorte qu'ils soient riches sur cette terre, et ils jouiront de la vie éternelle dans le royaume des cieux. Les gens mondains disent que les méchants sont plus prospères, mais lorsque nous regardons au résultat, nous pouvons voir qu'il n'en est pas ainsi.

Le verset 6 dit, «Quand il s'élèverait jusqu'aux cieux» et cela signifie que l'autorité et la gloire du méchant et de l'impie sont révélées au monde et leurs noms sont connus. C'est l'explication de l'autorité et de la gloire du méchant. Au verset 7, le mot 'ordure' apparait. L'ordure représente des déchets inutiles qui sont sales et qui puent. Cela est utilisé en comparaison avec Job, mais Job lui-même n'est pas réellement un homme mauvais ni impie, et cela ne peut donc pas s'appliquer à lui.

Dans l'histoire, nous pouvons trouver de nombreuses personnes qui semblaient capables de jouir d'une grande réputation et prospérité pour toujours, mais en un instant, elles ont été mises dans des situations semblables aux ordures. Ils ont été abandonnés par les gens et ont reçu des insultes. C'est pire que d'être seulement de l'ordure.

Parce qu'ils n'ont recherché que leur propre intérêt avec

la cupidité des hommes, ils ont seulement suivi le contrôle de l'ennemi diable et Satan. De nombreuses personnes sont devenues victimes et ont dû verser du sang innocent. C'est l'histoire de la douleur et des regrets.

Examinons si oui ou non nous avons ce type de cœur mauvais. Et si nous trouvons ce type de cœur, repentons nous et détournons-nous.

«Il s'envolera comme un songe, et on ne le trouvera plus; Il disparaîtra comme une vision nocturne; L'oeil qui le regardait ne le regardera plus, Le lieu qu'il habitait ne l'apercevra plus. Ses fils seront assaillis par les pauvres, Et ses mains restitueront ce qu'il a pris par violence. La vigueur de la jeunesse, qui remplissait ses membres, Aura sa couche avec lui dans la poussière.» (Job 20:8-11)

Si nous parlons avec des émotions enflammées et du mal, nous parlons comme si l'autre personne était pécheresse malgré qu'elle ne soit pas réellement pécheresse, ou nous pourrions parler comme si elle n'était pas réellement innocente malgré qu'elle soit innocente. Mais ceux qui n'agissent qu'en vérité en n'étant pas conduits par leurs émotions enflammées, ne commettront pas ce type d'erreur.

Au verset 7, il est dit, «Et ceux qui le voyaient diront: Où est-il?» Cela signifie que ses œuvres étaient toutes mauvaises et elles ont échoué. Les gens n'essayent même pas de s'en souvenir, et ils ne peuvent se rappeler quelque chose de bien concernant cette personne. Au contraire, ils vont plutôt se rappeler de mauvaises choses à son sujet et cracher sur elle.

Au verset 8, il est écrit, «Il s'envolera comme un songe.» Un songe est inutile après le réveil, peu importe combien il était bon. Tsophar dit que le méchant et l'impie vont disparaître comme un rêve malgré qu'ils puissent momentanément jouir de la réputation de la gloire et de la prospérité.

Job montrait son ressentiment au sujet de son passé, en pensant à son passé. Lorsque ses amis ont vu cela, ils se moquaient de cette manière de Job. Ils jugeaient Job avec leur méchanceté. Job n'a pas pensé de lui-même qu'il était méchant, mais ses amis le critiquaient, et ainsi il se sentait victime.

Alors le passage dit, «Il disparaîtra comme une vision nocturne.» Même le roi d'une nation peut être chassé et envoyé en exil. Il donnera son palais et il ira dans les montagnes pour trouver un abri. Tout ce qui le concerne va s'écrouler.

Tsophar continue, «Job parce que tu es méchant et impie, ta réputation, ta gloire et ta prospérité t'ont été enlevées et tout a disparu comme un rêve sans utilité.» Nous pouvons voir combien Tsophar était mauvais aux yeux de Dieu. Nous pouvons comprendre quel type de paroles fortes et effrayantes les amis de Job ont prononcées sur Job et combien grande devait être sa douleur.

Le verset 10 dit, «Ses fils seront assaillis par les pauvres, Et ses mains restitueront ce qu'il a pris par violence.»

Les amis de Job étaient remplis de fureur et ils ont insulté Job avec des choses qui n'étaient même pas reliées à Job. 'Ses fils sont assaillis par les pauvres' signifie que les enfants des méchants demandent grâce aux pauvres. Dans la Bible, nous pouvons trouver combien misérable était la fin des méchants tels que Saül, et les enfants du roi Achab.

Les pauvres ne représentent pas uniquement ici ceux qui sont financièrement pauvres, mais ceux qui ont relativement moins de réputation et d'autorité. Et maintenant les méchants vont demander la grâce de ces gens pauvres.

Par exemple, un roi ou un président en est arrivé à demander la miséricorde de ses anciens sujets après que la situation ait changé. C'est pour favoriser les pauvres comme c'est mentionné dans ce passage. Quand une corruption est découverte et le président démissionne, il demande la faveur des pauvres et il doit rendre la prospérité qu'il avait accumulée auparavant.

Job a agi avec bonté envers les autres, mais maintenant, sa position a changé et il était condamné par ses amis. Il devait ressentir tellement de douleurs, comme si sa chair était dévorée.

Job a dit que c'était comme si ses amis consumaient sa chair. Mais c'était en fait Job qui se mangeait aussi lui-même. Ceux qui ont un cœur doux et tendre comme le coton embrasseront tout, même des paroles sévères comme des rochers, et aucun son ni collision ne viendra d'eux. Mais ceux qui ont des cœurs endurcis comme des ardoises vont émettre un bruit sourd lorsqu'ils se heurtent aux autres. Alors n'est-ce pas pareil à Job mangeant sa propre chair?

Lorsque nous parlons, nous devons être prudents avec nos paroles, nous ne devons pas offenser ni heurter les sentiments de nos frères en essayant de leur faire comprendre et se détourner de leurs erreurs.

Le verset 11 dit, «La vigueur de la jeunesse, qui remplissait ses membres, Aura sa couche avec lui dans la poussière.»

Nous pouvons très bien comprendre cela au départ de l'histoire. Il y avait de nombreux rois et reines qui avaient une grande autorité, mais malgré cela, leurs vies ont été si misérables à la fin.

«La vigueur de ta jeunesse est partie à cause de ta méchanceté. Maintenant ta force est partie et tu dois te coucher comme une personne décédée dans la poussière.»

De la même manière, les amis de Job l'assaillent de manière si douloureuse.

Certaines personnes croient que les méchants sont plus prospères et ils les envient, mais ce n'est pas vrai. En fin de compte, la méchanceté chute toujours.

Même si certaines personnes ont gagné une grande prospérité ou du succès par des voies malhonnêtes, nous ne devons pas du tout les envier. Même si quelqu'un a gagné des millions de dollars en escroquant les autres, quel sera le profit pour lui ?

Ils vont vivre dans la nervosité, en se demandant si oui ou non leur argent sera volé ou si oui ou non leur crime sera révélé. Ceux qui gagnent de l'argent de cette manière ne seront pas capables de le dépenser correctement. Ils terminent leurs vies après avoir joui de plaisirs inutiles.

Leurs enfants aussi entrent dans des situations misérables et leur destination finale sera l'enfer. C'est pourquoi, il vaut mieux être pauvre et mener une vie juste pour entrer dans le royaume des cieux. C'est une vie bien plus bénie.

4. Chassons les sentiments de malaise

«Le mal était doux à sa bouche, Il le cachait sous sa langue, Il le savourait sans l'abandonner, Il le retenait au milieu de son palais; Mais sa nourriture se transformera dans ses entrailles, Elle deviendra dans son corps un venin d'aspic. Il a englouti des richesses, il les vomira; Dieu les chassera de son ventre. Il a sucé du venin d'aspic, La langue de la vipère le tuera.» (Job 20:12-16)

«Le mal était doux à sa bouche, Il le cachait sous sa langue» signifie que le mal est caché, et qu'ainsi il peut être utilisé à tout moment. Selon l'opinion de Tsophar, la plainte de Job contre Dieu est mauvaise, mais il l'a considérée comme douce et l'a cachée sous sa langue, de sorte qu'il puisse l'utiliser quand il le voudrait.

Mais en fait, ses amis considéraient même de la plus grande méchanceté comme douce, l'ont cachée sous leurs langues et ont agi dans la méchanceté, alors, combien cela est-il ridicule !

En fait, les amis de Job sont plus mauvais que Job, mais ils disent que seul Job est mauvais. Ils ne découvrent pas du tout leur propre méchanceté.

Malgré qu'il était considéré comme droit et honnête parmi les hommes de chair, Job n'était pas un homme spirituel. Il agissait mal selon la vérité. Mais il a échoué à réaliser ses erreurs mais a seulement pensé qu'il avait raison.

Beaucoup d'entre nous croyons que nous connaissons la vérité, mais nous révélons notre méchanceté lorsque nous transperçons les autres avec nos paroles ou pointons leurs erreurs et leurs manquements.

Nous pouvons cependant le considérer comme doux. Nous le cachons sous nos langues et continuons à assaillir les autres, mais nous ne pensons pas que c'est mal. Nous pouvons avoir l'intention de pointer les erreurs des autres pour rendre les choses meilleures et en bénéficier, mais cela pourrait avoir l'effet opposé.

Si les autres n'acceptent pas notre conseil, ils perdront plutôt leurs forces et seront découragés. Nous ne devons donc pas laisser ces choses se produire.

Dans le verset 14, parce que Tsophar ne comprend pas au

sujet du cœur ni de l'âme, il donne une illustration de nourriture.

Il dit que le mal caché sous la langue devient méchanceté et descend dans l'estomac. Cela se réfère au 'cœur'. Si le mal devient nourriture, entre dans l'estomac et devient du venin de cobra, combien cette chose serait effrayante!

Les cobras sont très effrayants. Ils apportent la mort. Spirituellement, le venin des cobras se réfère à la mort et le cobra qui est un serpent vénéneux, est pareil à l'ennemi diable. Le venin est aussi quelque chose d'amer et de sale, et il est plus fort que le cobra lui-même. Le venin du cobra apporte la mort et le venin du cobra se réfère à une plus grande méchanceté.

«Cela devient du venin de cobra dans l'estomac» signifie que Job avait une méchanceté forte et grande. Tsophar disait que Job était un homme d'une si grande méchanceté.

Maintenant, Tsophar augmente l'intensité de son assaut avec ses sentiments de malaise. Dire qu'on est comme un serpent venimeux est en fait une manière très forte de dire que quelqu'un est une personne mauvaise, et étant donné qu'il prononce la parole de venin de cobra, c'est une chose encore plus mauvaise. Alors combien Job devait-il être en colère en entendant cela!

Le verset 15 dit, «Il a englouti des richesses, il les vomira; Dieu les chassera de son ventre.» Tsophar n'a pas dit cela parce qu'il a compris la volonté de Dieu, mais il a seulement dit ce qu'il avait entendu de ses pères, ce qui sont des sentiments enflammés.

Dieu nous laisse récolter ce que nous avons semé et nous rend selon ce que nous avons fait. Si nous faisons le mal, il est évident que nous récolterons finalement du mal. Lorsque nous regardons à l'histoire mondiale, nous pouvons voir que ceux qui ont commis le mal sont finalement morts de morts misérables.

C'est le principe du monde spirituel et la loi de Dieu. Supposons que vous avez pris le chemin du mal en suivant vos propres intérêts. L'autre personne est trompée par vous et il semble que les choses tournent à votre avantage. Mais cela ne durera qu'un moment. Parce que Dieu est vivant, ces choses seront renversées et vous devrez finalement verser des larmes.

Et cela ne cessera pas seulement sur cette terre, mais dans le monde éternel, vous devrez souffrir à jamais dans le feu.

Le verset 16 dit, «Il a sucé du venin d'aspic, La langue de la vipère le tuera.» Qu'est-ce que cela signifie? Le poison du cobra signifie quelque chose de mauvais et apporte la mort. 'Sucer le venin' signifie que parce que Job a fait le mal, il fera face aux conséquences.

> «Il ne reposera plus ses regards sur les ruisseaux, Sur les torrents, sur les fleuves de miel et de lait. Il rendra ce qu'il a gagné, et n'en profitera plus; Il restituera tout ce qu'il a pris, et n'en jouira plus. Car il a opprimé, délaissé les pauvres, Il a ruiné des maisons et ne les a pas rétablies.» (Job 20:17-19)

Il est écrit, «Il ne reposera plus ses regards sur les ruisseaux, Sur les torrents, sur les fleuves de miel et de lait.» Cela veut dire que Job a perdu toutes ses terres et toutes choses desquelles il pouvait tirer sa prospérité, et il ne sera plus capable de les revoir.

C'est parce que selon l'opinion de ses amis, Job s'était totalement écroulé. Ils croient que Job ne pourra plus jamais se relever.

L'un d'entre vous pense-t-il que vous vous êtes entièrement écroulés sans avoir aucune force pour vous relever, de la manière où Job l'a fait? Alors, ce n'est pas par la foi mais par les pensées charnelles. Si Dieu commence à travailler, les choses peuvent se produire en un instant. Malgré que vous vous soyez écroulés, si vous vous repentez et revenez, et que vous êtes agréables à Dieu par votre foi, alors vous pouvez vous relever en un instant. Vous pourriez même être mieux qu'auparavant.

Le verset 18 dit, «Il rendra ce qu'il a gagné, et n'en profitera plus.» Cela signifie que malgré que Job ait gagné quelque chose d'une manière juste, il ne sera pas capable de le saisir, mais cela va simplement disparaître.

Ainsi le verset 19 nous dit pourquoi cela s'est produit. C'est parce que Job avait opprimé et abandonné les pauvres; il a saisi une maison qu'il n'a pas construite. Job n'a jamais fait pareilles choses, mais Tsophar dénonce faussement Job au départ de ses propres sentiments.

Dans l'histoire, de nombreuses autorités telles que des présidents ou des ministres ne se sont pas souciés des pauvres. C'est pareil à les opprimer et à les abandonner. Parce que ces autorités ne faisaient que chercher leur propre intérêt, c'est pareil à saisir la maison des pauvres.

Mais Job n'était pas une telle personne. Au départ de ses sentiments de malaise, Tsophar a fabriqué ce qui n'était pas vrai. Nous devons comprendre combien insensés et inutiles sont nos émotions enflammées et nos sentiments de malaise. C'est de commettre de grands péchés et de donner du mauvais temps aux autres.

Lorsque nos paroles sont tordues par nos émotions, nous devons éviter les paroles qui contiennent ou transfèrent des sentiments de malaise.

À cause des sentiments de malaise les querelles et les conflits se produisent, et c'est pourquoi nous devons chasser ce type de sentiment de malaise. L'expression externe de ces sentiments de malaise mettent l'autre personne en colère et irritée ou cause des plaintes contre quelqu'un. Cela n'est sûrement pas correct selon la vérité, et nous devons donc nous débarrasser de ce type de sentiment de malaise.

Lorsque nous prions continuellement et avec ferveur sur une base régulière, nous pouvons demeurer dans la grâce et recevoir la force de Dieu le Père et l'aide du Saint Esprit. Nous serons donc capables de chasser nos sentiments de malaise. Si nous offensons les autres avec nos sentiments de malaise et exprimons nos émotions enflammées dans nos relations en traitant avec les autres, nous allons commettre diverses espèces de péchés.

«Son avidité n'a point connu de bornes; Mais il ne sauvera pas ce qu'il avait de plus cher. Rien n'échappait à sa voracité; Mais son bien-être ne durera pas. Au milieu de l'abondance il sera dans la détresse; La main de tous les misérables se lèvera sur lui. Et voici, pour lui remplir le ventre, Dieu enverra sur lui le feu de sa colère, Et le rassasiera par une pluie de traits.» (Job 20:20-23)

Ici 'il' se réfère à un homme mauvais, mais en fait Tsophar se réfère à Job. Quand l'avidité entre dans le cœur de quelqu'un, il n'est satisfait de rien. L'avidité devient de plus en plus grande. Si la semence de notre foi grandit, nous pouvons même déplacer une montagne, mais quand la convoitise est conçue, cela donne naissance au péché.

«Puis la convoitise, lorsqu'elle a conçu, enfante le péché; et le péché, étant consommé, produit la mort.» (Jacques 1 :15). Si quelqu'un a de la convoitise au sujet de l'argent, la réputation ou l'autorité, il ne peut pas s'empêcher lui-même d'utiliser des méthodes injustes et il commettra des péchés.

Si nous avons de la convoitise pour l'argent, nous pouvons même essayer de blesser les autres en concevant des plans et en trompant ces personnes. Certaines personnes ne prennent pas garde , aux types de voies qu'ils utilisent pour obtenir la réputation ou l'autorité. Ils sacrifient tellement de gens et causent même des problèmes de verser le sang, jusqu'à ce qu'ils acquièrent la puissance.

Tsophar regarde Job dans la chair, et c'est pourquoi il continue à le critiquer. Mais Dieu raffinait Job pour en faire un meilleur vase et pour lui donner de plus grandes bénédictions. Cela n'est pas vrai que parce que Job était mauvais, il n'a pas rendu grâces pour ses biens et ses enfants et qu'il a tout perdu.

Le verset 21 dit, «Rien n'échappait à sa voracité; Mais son bien-être ne durera pas.» Cette parole en elle-même est vraie. Tsophar dit ce qu'il a entendu de ses ancêtres.

C'est-à-dire que lorsque l'avarice est conçue, tout semble bien marcher au commencement, mais tout sera enlevé par les gens, et ils disparaîtront de diverses manières.

Même dans l'histoire mondiale, lorsque la tête d'un pays a pensé et agi avec cupidité, tout, y compris leur réputation, leur autorité et leur prospérité se sont écroulées et ont disparues en un instant.

Il y avait aussi un président coréen qui aurait grandement été respecté s'il avait suivi convenablement la loi. Mais parce que la cupidité est née en lui, il a changé la constitution et il a donc renouvelé son mandat une deuxième fois. Ses promesses n'ont pas été tenues et il a conçu un autre plan. Finalement, il a dû faire face à une mort misérable.

Le verset 22 dit, «Au milieu de l'abondance il sera dans la détresse;» Qu'est-ce que cela signifie?

«Etre mis dans la détresse» signifie qu'il y aura des choses infortunées et difficiles. Parce que l'abondance est du mal, les promesses ne peuvent pas être tenues et la prospérité ne peut pas durer longtemps, il ne peut pas empêcher d'être dans la détresse. Cela veut dire que la prospérité de Job n'a pas duré longtemps, et il s'est écroulé, et donc il sera mis dans la détresse parce qu'il est mauvais.

Le verset 23 dit, «Et voici, pour lui remplir le ventre, Dieu enverra sur lui le feu de sa colère, Et le rassasiera par une pluie de traits.» Remplir son ventre signifie qu'il jouit de sa prospérité et qu'il sécurise son abondance.

Par exemple, un président a fait beaucoup d'œuvres et a transmis son pouvoir à son départ, mais parce qu'il l'a fait avec de la méchanceté, la colère de Dieu est tombée sur lui. Il ne peut donc pas s'empêcher de rester dans les ténèbres, et tous ses biens ont dû être repris.

Alors, que signifie, 'Dieu enverra sur lui le feu de sa colère,'? Maintenant, pour Job, combien de choses se sont-elles transformées en flèches qui tombent sur lui? Parce que Job était mauvais, il était entouré de ses amis et il est assailli.

«S'il échappe aux armes de fer, L'arc d'airain le transpercera. Il arrache de son corps le trait, Qui étincelle au sortir de ses entrailles, Et il est en proie aux terreurs de la mort. Toutes les calamités sont réservées à ses trésors; Il sera consumé par un feu que n'allumera point l'homme, Et ce qui restera dans sa tente en deviendra la pâture.» (Job 20:24-26)

Il est écrit, «S'il échappe aux armes de fer, L'arc d'airain le transpercera.» Cela peut être expliqué sous deux aspects.

La première signification est la suivante : «Job, tu essayes d'éviter les conseils de tes amis, c'est pourquoi nous ne pouvons que te conseiller avec des paroles qui sont acérées. Même si tu peux éviter nos conseils, l'arc de bronze que tu en peux éviter t'attend.»

Une autre signification est que lorsqu'une arme de fer attaque, vous pouvez la bloquer ou l'éviter, mais parce que la flèche d'un arc suit de près, ce n'est pas facile de l'éviter. C'est-à-dire qu'un arc d'airain est plus effrayant et douloureux que des armes de fer.

Le verset 25 dit, «Il arrache de son corps le trait, Qui étincelle au sortir de ses entrailles, Et il est en proie aux terreurs de la mort.»

Lorsqu'une flèche est figée dans le corps de quelqu'un, il aura une douleur insupportable. Mais quand la flèche est enlevée, la douleur devrait s'en aller, mais il est dit que la terreur vient sur lui.

Ce verset n'est pas facile à comprendre si on essaye de la comprendre littéralement uniquement. Par exemple, une personne est dépouillée de son argent. Il est tellement fâché et ne peut le supporter. Supposons que cette personne ait tué celui qui l'avait volé.

Il a tué cette personne selon son désir, mais quand il voit cette personne morte, il aura de la terreur en pensant, «Je suis devenu un meurtrier.» Lorsque tout sera terminé, il aura la peur et la terreur, et il regrettera ce qu'il a fait.

«Job! Après que la flèche soit retirée, tu auras une telle douleur et terreur.»

Tsophar menace Job pour l'effrayer. Nous ne devons pas faire cela pour donner de la douleur et de la terreur à une autre personne.

Ainsi, vers la fin du livre de Job, la colère de Dieu tombe sur les trois amis, et au travers de l'intercession de Job, ils ont été pardonnés.

Le verset 26 dit, «Toutes les calamités sont réservées à ses trésors; Il sera consumé par un feu que n'allumera point l'homme, Et ce qui restera dans sa tente en deviendra la pâture.»

D'un point de vue général, Tsophar était jaloux de grands biens de Job. C'est pourquoi Tsophar dit à Job que parce qu'il a de la cupidité pour l'argent et avait accumulé cette prospérité comme un homme mauvais, les ténèbres sont tombées sur lui et il ne peut plus bouger maintenant. C'est pourquoi il doit rester enfermé ou tourner en rond.

C'est comme de dire, «Job, les désastres sont venus sur toi parce que tu es mauvais. Dieu a détourné sa face et Satan travaille sur toi. Ce n'est donc aucun homme qui a porté le désastre sur toi et tu ne peux que périr.»

Dans les ténèbres, nous ne pouvons pas agir avec les autres ni bouger librement. Nous serons bloqués ou seulement capables de tourner en rond. La réputation, l'autorité et l'argent partiront parce que le cœur des gens se détournera de nous.

> «Les cieux dévoileront son iniquité, Et la terre s'élèvera contre lui. Les revenus de sa maison seront emportés, Ils disparaîtront au jour de la colère de Dieu. Telle est la part que Dieu réserve au méchant, Tel est l'héritage que Dieu lui destine.» (Job 20:27-29)

Tsophar dit que parce que Dieu révèle l'iniquité de Job, toutes ses voies sont terminées. Si le ciel ne pardonne pas toutes choses dans la vie sont insensées. Donc, sa maison, ses biens et tout dans sa vie vont disparaître.

La terre peut donner toutes les bénédictions matérielles aux hommes pendant leurs vies, et Tsophar dit que même toutes ces choses vont disparaître. Il dit que tout ce que Job expérimente est l'héritage que les hommes méchants recevront sûrement de Dieu.

Mais nous devons savoir que Dieu n'a rien planifié à l'avance de ce qui devait arriver à Job comme Tsophar le dit. Dieu a placé une barrière dans les principes de ce monde, dans ce qui va se passer si nous agissons de telle manière.

Le Dieu tout puissant connait toutes choses du futur et il est un Dieu de connaissance anticipée et de pré-planning dans la justice parfaite. Il a fixé les limites, mais Il ne décide pas d'avance ce qui doit arriver.

Si Dieu avait prédestiné le destin de chacun à l'avance, il ne peut plus nous juger et ne doit plus du tout nous juger.

L'auteur

Le Dr. Jaerock Lee

Le Dr. Jaerock Lee est né à Muan, dans la Province de Jeonam, en République de Corée en 1943. Dans sa vingtaine, le Dr. Lee a souffert d'une variété de maladies incurables pendant sept ans et il a attendu la mort avec aucun espoir de récupérer. Un jour du printemps 1974 il a été conduit dans une église par sa soeur et lorsqu'il s'est agenouillé pour prier, le Dieu vivant l'a immédiatement guéri de toutes ses maladies.

Dès que le Dr. Lee a rencontré le Dieu vivant au travers de cette merveilleuse expérience, il a aimé Dieu de tout son cœur et sincérité, et en 1978, il a été appelé à devenir un serviteur de Dieu. Il a prié avec ferveur de manière à clairement connaître la volonté de Dieu, l'a complètement accomplie et a obéi à toute la parole de Dieu. En 1982, il a fondé l'Eglise Centrale Manmin à Séoul en Corée et d'innombrables œuvres de Dieu, incluant des guérisons miraculeuses et des prodiges ont eu lieu dans son église.

En 1986, le Dr. Lee a été ordonné en tant que pasteur lors de l'Assemblée annuelle de l'Eglise Sungkyul Jésus de Corée, et quatre ans plus tard, en 1990, ses sermons ont commencé à être retransmis en Australie, en Russie, aux Philippines et dans beaucoup d'autres nations au travers de la Société de Retransmission d'Asie, la Station asiatique de retransmission et le Système Chrétien Radio de Washington.

Trois ans plus tard, en 1993, l'Eglise Centrale Manmin a été sélectionnée comme l'une des «50 Plus grandes églises du monde» par le magazine 'Monde Chrétien' (USA) et il a reçu un doctorat honoraire en Divinité du Collège Chrétien de la Foi, en Floride, aux USA. Et en 1996, un Ph.D. du ministère du Séminaire Théologique Kingsway, à Iowa, aux USA.

Depuis 1993, le Dr Lee a pris la direction de la mission mondiale au travers de nombreuses croisades outremer, aux USA, en Tanzanie, en Argentine, en Ouganda, au Japon, au Pakistan, aux Philippines, au Honduras, au Kenya, en Inde, en Russie, en Allemagne et au Pérou. En 2002, il fut appelé «Pasteur Mondial» par les principaux journaux chrétiens en Corée pour son travail dans les diverses Grandes Croisades Unifiées outremer.

Depuis Février 2012, l'Eglise Centrale Manmin possède une congrégation de plus de 120.000 membres. Il y a 10.000 églises branches en Corée et dans le monde, et à ce jour, plus de 138 missionnaires ont été commissionnés vers 23 pays, y compris les USA, la Russie, l'Allemagne, le Canada, le Japon, la Chine, la France, l'Inde et de nombreux autres.

Jusqu'au jour de cette publication, le Dr Lee a écrit 64 livres y compris les bestsellers, *Goûter à la Vie Eternelle avant la Mort, Ma Vie Ma Foi I et II, Le Message de la Croix, La Mesure de Foi, Le Ciel I et II, L'Enfer* et *La Puissance de Dieu*. Ses œuvres ont été traduites dans plus de 72 langues.

Ses chroniques chrétiennes paraissent dans *The Hankook Ilbo, The JoongAng Daily, le Dong-A Ilbo, le Munhwa Ilbo, le Seoul Shinmun, le Kyunghyang Shinmun, le Hankyoreh Shinmun, le Korea Economic Daily, le Korea Herald, le Shisa News, le Chistian Press, le Nation Evangelization Newspaper*.

Le Dr. Lee est présentement dirigeant de nombreuses organisations missionnaires et associations, y compris Président de l'Eglise Unifiée de Sanctification de Jésus Christ; Président, Mission Mondiale Manmin; Fondateur et Président du Conseil du Réseau Mondial Chrétien (GCN); fondateur et président du conseil du Réseau Mondial de Médecins Chrétiens (WCDN) et fondateur et président du conseil du Séminaire International Manmin (MIS)

Ciel I & II

Une esquisse détaillée de l'environnement merveilleux dont jouissent les citoyens célestes au milieu de la gloire de Dieu

Ma Vie, Ma Foi I & II

L'autobiographie du Dr. Jaerock Lee produit le plus odorant arôme spirituel pour les lecteurs, au travers de sa vie extraite de l'amour de Dieu qui a fleuri au milieu de vagues ténébreuses, d'un joug glacial et d'un profond désespoir.

Le Message de la Croix

Un puissant message réveil pour tous ceux qui sont spirituellement endormis! Dans ce livre, vous trouverez la raison pour laquelle Jésus est notre seul Sauveur et le véritable amour de Dieu

La Mesure de Foi

Quel type de lieu de séjour céleste et quelles espèces de couronnes et de récompenses sont préparés pour vous dans le ciel? Ce livre donne sagesse et direction pour mesurer votre foi et cultiver la foi la plus parfaite et mature

Enfer

Un message sérieux de Dieu à toute l'humanité, qui souhaite que même pas une seule âme ne tombe dans les profondeurs de l'Enfer! Vous découvrirez le compte rendu jamais révélé de la réalité cruelle de l'Hadès et de l'Enfer